新訂 7 版

情報リテラシー基礎

入門からビジネスまで

Windows Word Excel PowerPoint

齋藤真弓　著

海老澤信一　監修・著

同友館

はじめに

本書の立場

　本書（情報リテラシー基礎：㈱同友館発行）は，パソコン（Personal Computer）の基礎技術の習得とその応用を解説したロングセラー書です。本書は市販の解説本とは違い，主に Microsoft Office の基礎から応用までを教科書形態で体系的に解説しています。Office はバージョンアップの際に一部表示方法の変更も行われますが，一度体系的な知識を身につければ，これらの変更には十分対応できると考えています。

本書の目的

1. 本書は，仕事や学習にパソコンを活用する重要性が実感できることを目指しています。Office の基本機能を理解し，問題解決に応用できることを目的にしています。
2. 本書は，学生やまったくの初心者を対象に，やさしい例題から始めてビジネスに応用できるレベルまで，段階的に親切に導きます。
3. 本書は，個人での学習はもとより，高校や大学での情報教育授業，企業での新人教育，各種講習会等の教科書や参考書として役立つように編集してあります。
4. 本書は，初版が 1998 年に発刊されました。この間，Office 製品の何度かの大きなバージョンアップがあり，それに合わせて本書も改訂を重ねました。その場合も，本書の例題や練習問題および講義の進め方は，基本精神を守りながら，内容を吟味し，改良を重ねてきました。

本書の特長

1. 本書では，私達が授業を担当する際に工夫した教材内容や，経験から得た教育順序が，いろいろな場面に反映されています。これは私達が長い間，初級情報教育に携わってきた成果であると自負しています。
2. 本書では，例題を中心に順を追って演習しますので，情報リテラシー（literacy: 活用能力）が自然に身につきます。また練習問題は，その例題に関連する題材を吟味してありますから，活用能力が身についたかを確認するのに役立ちます。
3. 本書では，今回の改訂では OS Windows10 と Office2019（Word2019，Excel2019，PowerPoint2019）を元に解説しています。本書は演習を中心に据えていますので，Office365, Office Online に対しても，また Office の Version が少々違っても，テキストとして利用可能です。

　長期間に渡り，出版の機会を与えてくださる㈱同友館と同社編集者の武苅夏美様および表紙デザインの齋藤佐代子様に心から感謝すると共に，本書がわが国における情報教育充実の一助となれば幸いです。

2020 年 4 月

著 者

目次

第1章 パソコンの使い方― Windows

第2章 Word の使い方― Windows

第3章　Excel の使い方 — Windows

第4章 PowerPoint の使い方 ── Windows

第 1 章

パソコンの使い方

Windows

1-1 コンピューターとネットワークの発達

パソコンとは，**パーソナルコンピューター**(**PC** : Personal Computer)の略です。パソコンは，いろいろな方法でデータを処理したり，人々とコミュニケーションを取るための道具(ツール)です。この道具を上手に使いこなして，仕事や学習に役立てるためには，

・パソコンのしくみやその機能を知り，
・ネットワークのしくみやその利用を考えると良いでしょう。

1-1-1 人類社会の発展

人類社会は，狩猟社会，農業社会，工業社会，情報社会へと発達して来ました。ある時代の新しい技術が，次の新しい社会を築く契機になりました。人類は「食料は生産できる」ことを発見し，狩猟社会は農業社会へと移行しました。19世紀になると，蒸気機関の発明など「物質とエネルギーは制御できる」ことを発見し，世界中で工業社会が花咲きました。その中でも，20世紀末から21世紀初頭にかけて，人類は「情報には価値がある」ことを見出し，**情報**は**人**，**モノ**，**カネ**と共に生産要素の一つに数えられるようになりました。更にコンピューターとネットワークが結び付いた**情報社会**の発達は，人類の長い歴史の中でたった数十年の間に，社会に急速な変革をもたらしています。情報社会をみてみましょう。

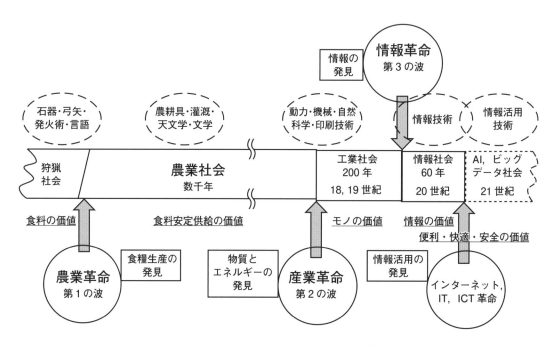

IT　：Information Technology　情報技術
ICT：Information Communication Technology　情報通信技術
AI　：Artificial Intelligence　人工知能

出所：新版情報管理の基礎　宮下幸一著　同文館
　　　2000年8月1日3ﾍﾟｰｼﾞ～6ﾍﾟｰｼﾞ引用
　　　：北陸の視座　戸所隆著
　　　：第3の波　アルビン・トフラー

図 1-1-1　人類社会の発展

　世界最初のコンピューターと言われる **ENIAC** は，1946 年弾道計算などの**軍事的応用**を目的としてアメリカで開発されました。その後，1964 年 IBM System/360 に代表される**大型汎用コンピューター**が大企業のデータ処理に利用されるなど，コンピューターは産業社会に普及するようになりました。初期のコンピューターは形状が大きく，価格も高価で，また台数も少なかったので，主に専門家が扱う機械でした。手作業で行われた昔の事務処理に代わって，コンピューターは「大量データの高速処理」や「単純な繰返し処理」に大きな効果を発揮しました。

　その後，1976 年世界最初のパソコン Apple Ⅰ が登場すると，**パソコン**は次々に改良されて多様な機種が登場し，サイズ，操作，機能，価格などの面から，職場や家庭の一人ひとりが使い易い形に進化しました。そして 1995 年 Microsoft 社 Windows95 の発売は，パソコンの操作性の統一という観点から，情報社会への大きな貢献となりました。パソコンは自分のデータを自分で処理したり，インターネットを利用して人と連携したり，企業や個人が取り引きをする手段として，人々が社会生活を送る上で不可欠なツールとなってきました。コンピューターの**経済的応用**と言えます。

　1969 年コンピューター同士を接続する歴史的な **ARPANET** の研究はインターネットの起源です。その後，1991 年 **WWW** が開発されて，インターネットが世界的に広がり，膨大な数のホームページが作成されて公開されると，目的のホームページを効率良く見つけ出す**検索エンジン**（Search Engine）の必要性が出てきました。そして **Yahoo!** や **Google** が，独自の検索技術を社会に提供する企業として登場しました。一方，PC を数多く導入した職場や学校では，PC 同士を LAN で結合してインターネットに接続する **CSS** が普及しました。また，スマートフォンやタブレット型パソコンの普及は，**SNS** や**クラウドコンピューティング**（1-1-3 項「クラウドコンピューティングの誕生と発達」参照）の広がりを後押ししています。クラウドコンピューティングを利用した多様なサービスの社会への浸透や，テレビ・ラジオ・新聞など従来のマスメディアにも大きな影響を与えている SNS の普及など，人類が「情報の発見」さらに「情報活用の発見」を成し得たことは，コンピューターの**社会的応用**と言えるでしょう。以上の「情報用語」の詳細は，1-1 節 OnePoint「情報用語の説明」を読んでください。

1-1-2　ハードウェアとソフトウェアのしくみ

　パソコンは，パソコン本体や周辺機器などのハードウェアとソフトウェアから構成されます。**ハードウェア**とは，パソコンの各種装置など物理的なものを指します。**ソフトウェア**とは，狭義ではプログラムそのものを指し，広義では利用技術を指します。パソコンは，人間がプログラムの形で命令を与えなければ稼働しません。ハードウェアには，入力，出力，演算，制御，記憶などの機能があり，それがソフトウェアと有機的に結びついてデータの処理を行います。パソコンのしくみについて，考えてみましょう。

　ハードウェアには，入力装置，出力装置，演算装置，制御装置，記憶装置の 5 つの装置があり，これを **5 大装置**と呼びます。その中で特に演算装置と制御装置を中央処理装置（CPU：Central Processing Unit あるいは MPU：Micro Processing Unit）と呼び，入力装置，出力装置，補助記憶装置を周辺装置と呼びます。

　1)　**入力装置**…データを入力する装置：キーボード，マウス，スキャナー，バーコードリーダー，
　　　　タッチパネル，タブレットなど
　2)　**出力装置**…処理されたデータを人間が分かる形で提示する装置：プリンター，ディスプレイ，
　　　　スピーカーなど
　3)　**中央処理装置**…パソコン本体

・**演算装置**…加減乗除の四則演算をはじめとして，各種計算や論理演算を行う装置
・**制御装置**…主記憶装置内に記憶されているプログラムの命令を取り出して解読し，各装置へ
　　　　命令を伝達する装置
4) **記憶装置**…プログラムやデータを記憶する装置（主記憶装置あるいはメモリー，外部と区別する場合は内部メモリーとも呼ぶこともある）
5) **補助記憶装置**…主記憶装置の記憶容量の不足を補うために使用する装置（外部記憶装置とも呼ぶこともある）

（注）HD（Hard Disk），SSD（Solid State Drive），USBメモリー（Universal Serial Bus），SDカード，CD（Compact Disk/CD-ROM,CD-R,CD-RW），DVD（Digital Versatile Disc/DVD-ROM,DVD-R, DVD-RAM,DVD-RW），オンラインストレージ（1-1-4項「オンラインストレージの実際」参照）かつてはFD（Floppy Disk），磁気テープなど

プログラムとは，パソコンに対する命令の集まりです。例えば，
・データを入力しなさい　・次のデータを計算しなさい　・結果をプリンターに表示しなさい
というように，命令が集まってプログラムが構成されています。プログラムは，OSとアプリケーションソフトに分類できます。**OS**とはOperating System（オペレーティングシステム）の略です。OSの役目は，パソコンのハードウェアを管理・監視し，アプリケーションソフトを効率よく動かして，人間に対してパソコンを使いやすく提供することです。OSがなければパソコンを動かすことはできません。Microsoft社の**Windows**は，パソコンの代表的なOSとしてその地位を築いてきまし

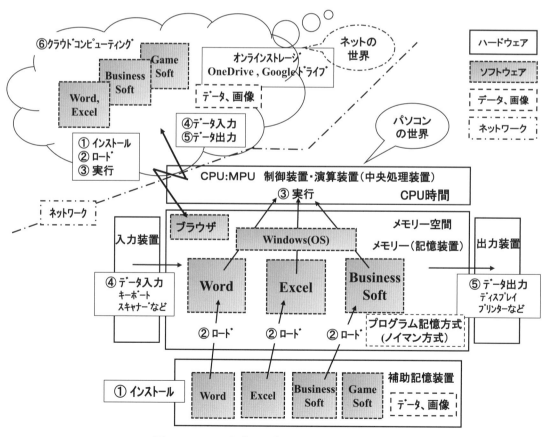

図1-1-2　ハードウェアとソフトウェアのしくみ

た。一方，Apple 社の Mac パソコンの OS である **Mac OS** や，オープンソースソフトウェア（無料で使える）として有名な OS な **Linux**（リナックス）等もあります。またスマートフォンやタブレットのモバイル OS として，Apple 社の **iOS** や Google 社の **Android**（アンドロイド）が登場しました。

　一方，**アプリケーションソフト**とは，ユーザー（人間）がパソコンで実際に仕事をする時に使用するソフトウェアです。例えば文章を作成したい，データの集計をしたい，グラフを作りたい，在庫品を管理したい，成績管理をしたい，ゲームをしたいなどの仕事に合わせて使いやすいように開発されたソフトウェアの総称です。図 1-1-2「ハードウェアとソフトウェアのしくみ」を参照しながら，コンピューターの 5 大装置とソフトウェアの関係をみてみましょう。この場合，ソフトウェアとは，OS とアプリケーションソフトウェア（以下アプリと略称する）の 2 つを指します。**Windows** を例として説明します。

　①まず，ワープロソフト（例えば Microsoft Word）や表計算ソフト（Excel）あるいはビジネスソフトやゲームソフトがインストールされて（組み込まれて）いるとします。これらのアプリは，通常はハードディスクなどの補助記憶装置に組み込まれています。

　②そして，これらのアプリをクリックして動かすと，このアプリは補助記憶装置から記憶装置であるメモリーに搭載されます。この搭載する作業を**ロード**（**load**）と呼び，OS 自身が行います。複数のアプリを同時にメモリーに搭載することが可能です。メモリーに搭載することは，各アプリに空間（メモリー）を与えることになります。

　③OS は制御装置や演算装置に指令を出して，メモリーに搭載されたこのアプリに CPU 時間（CPU による処理）を与えて，一連のプログラムを実行します。OS は各アプリに交互に CPU 時間を与えてプログラムの処理作業を行います。

　④アプリが入力データを要求している場合は，OS が介在して入力装置に命令を出し，データを入力します。

　⑤同様に，アプリからデータの出力要求があれば，やはり OS が介在して出力装置に命令を出し，データを出力します。

　⑥スマートフォンやネットワークの急速な発達に伴い，企業から個人までクラウドコンピューティングの利用が広範囲になり，比重もますます高まっています。ビジネスやゲームのアプリの各種の処理やデータ（画像や写真や音楽なども含む）の保存もネットの向こう側にあるクラウドサーバーで行われます。図 1-1-2 に即して言えば，①インストール，②ロード，③実行も，④データ入力，⑤データ出力も，今や⑥クラウドコンピューティングで行われます。

　このようにアプリ（プログラム）を記憶装置（メモリー）に搭載してから稼働させるという方式を，「**プログラム記憶方式**あるいは**プログラム内蔵方式**」と呼びます。フォン・ノイマンなどの科学者が，1940 年代に考え出した歴史的にも画期的な方法で，現代でもこの方式でコンピューターは動いています。通称では**ノイマン方式**と呼ばれています。

1-1-3　クラウドコンピューティングの誕生と発達

　企業内で行われる各種業務のコンピューターによる情報処理は，かつては多くの場合，企業内に設置したコンピューターで行われていました。情報処理を行うには，情報システムの開発や改造，コンピューター自体の稼働やメンテナンスなどに，企業は莫大な費用と時間を掛けなければなりません。これらの負荷は設置した企業に重くのし掛かって来ました。トラブルが起きた場合のメンテナンスな

ど，かなりの費用や時間がかかります。また，個人でパソコンを扱う場合も同様で，いろいろな処理を行うには目的にあった各種ソフトウェア（アプリ）を購入してパソコンに組み込む必要がありました。

　そのような中で，ネットワークの急速な発達を背景に，クラウドコンピューティング（**Cloud Computing**）という技術が普及しています。クラウドコンピューティングとは，これらの処理をネットワークに接続された「あちら側（注）」のコンピューター（サーバーと呼びます）で処理をしようという考え方です。あえていえば，情報処理は「こちら側（注）」で行うのは手間がかかるから，「あちら側」のサーバーに処理を依頼して使用料を払うというのが，クラウドコンピューティングの基本的な考え方です。まるでクラウド（Cloud：雲）の中で処理する様です。こうすれば，システム開発費用も開発期間も短縮されます。コンピューターのメンテナンスやトラブルも心配が少ないという訳です。顧客管理，会計管理などの様々な企業の業務システムから，個人の向けの多種多様なサービスまで，現代はクラウドコンピューティングが広がっています。

　かつて，ネットワークが未発達で，情報処理の中心がパソコンであった時代は，様々のデータや画像や音楽はパソコン自体に保存しました。パソコンの記憶容量が足りない場合は，補助記憶装置であるHD，USB，CD，DVD，SSD，FD等に保存するのが普通でした。これらの記憶媒体自体も技術が進み，処理速度や記憶容量も大きくなりました。

（注）あちら側／こちら側　　梅田望夫『ウェブ進化論』ちくま新書

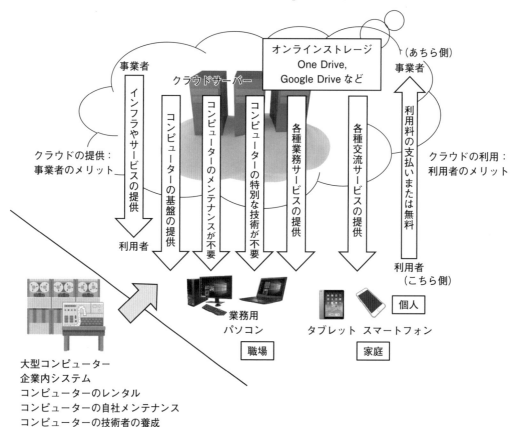

出所：イラスト出典：かわいいフリー素材集　いらすとや
https://www.irasutoya.com/2016/06/blog-post_21.html

出所：インターネット　無料イラスト素材-2
https://internet-illustration.com/02-network/102-free-image.html

図1-1-3　クラウドコンピューティングの概念

　またかつてメールの交換ではメール専用ソフトを使って，受信したメールも送信したメールもパソコンの中に保有しておきました。そのためメールが一杯になると，不要なメールを消去する必要がありました。ところがクラウド企業の先駆者であるGoogleが登場した1990年代後半頃から，メールは専用ソフトではなく，Webメールを利用する方法が広がりました。消去する必要があった多くのメールもGoogleがサーバーに保存しています。メールの容量は気にせず，むしろGoogleはメールを保存することを奨励しました。

　その後，携帯電話，スマートフォン，タブレット端末が社会に普及し，ネットワークが急速に発達して，メールだけでなく，企業の各種データ，画像や写真や音楽などもクラウドサーバーに簡単に保存できます。インターネット技術も多様化し，情報検索や企業のホームページや各種案内だけではなく，SNSのmixi，Facebook，Twitter，LINE，Instagramなどと並行して，ショッピング，音楽配信，ゲーム，ニュース，会計，ビジネスソフトなどインターネットの様々なサービスが普及しました。一方で，インターネットによるサーバーへの不正アクセスや情報漏洩等の被害も増えてきました。これはクラウドコンピューティングの負の側面です。

　Google(グーグル)，**Amazon**(アマゾン)，**Facebook**(フェイスブック)，**Apple**(アップル)，**Microsoft**(マイクロソフト)，**Salesforce**(セールスフォース)は，有名なクラウド企業です。私たちが利用するクラウドサービスとしては，例えばGoogleではGmail，Drive，Map，Earthなどであり，Amazonでは有名なネット通販があり，SalesforceのCRM(：Customer Relationship Management／顧客関係管理システム)は，営業支援・顧客支援として沢山の企業で利用されています。

　またWordやExcelやPowerPointに準じるオフィスソフトウェアや各種アプリをクラウドサーバーで実行することも可能です。このようにクラウドコンピューティングはデータの保存だけでなく，パソコンで行っていた処理自体もクラウドで行なう傾向です。

1-1-4　オンラインストレージの実際

　更に近年，普及しているインターネットを使ったサービスには，**オンラインストレージ**(あるいはクラウドストレージ)があります。インターネット環境下で，各自のパソコンやスマートフォンからオンライン上のストレージ(記憶領域)に，ファイルや画像などを保存，検索，閲覧，変更，コピー，削除が簡単にできて，そのファイルを複数の人と共有もできます。USBやHDに保存するのとほとんど同じ操作です。

　オンラインストレージの身近な例としてMicrosoft社の**OneDrive**，Google社の**Googleドライブ**，Dropbox, Inc.の**Dropbox**などが普及しています。それぞれのアカウントを取得すれば，簡単に利用できるクラウド上のストレージ(記憶領域)です。オフィスで扱う文書類はもとより，写真や動画やデータをクラウドに手軽に保存でき，家族や仲間や職場でそれらを共有できます。また各種ファイルのBackup(バックアップ)としても利用できます。例えば，OneDriveは自分専用のストレージです。USBメモリーやHD(ハードディスク)などと同じ様にアクセスできる無料の記憶領域です。「名前を付けて保存」を選ぶと，図1-1-4のような通常使われる保存画面が表示されますので，OneDriveの「ドキュメント」に文書を，「画像」に写真などを保存してみましょう。Googleドライブも練習してみましょう。使い勝手は，USBメモリーなどと同じ感覚ですね。

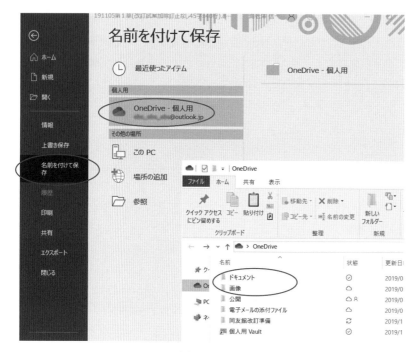

図 1-1-4(A)　OneDrive の利用

図 1-1-4(B)　Google ドライブの利用

　最後に、クラウドコンピューティングに関連する用語として、「ダウンロード」と「アップロード」について、確認しておきましょう。

　ロード (load) とは、積み込むあるいは負担をかけるなどの意味ですが、**ダウンロード (download)** とは、クラウドに保存されているデータを、ネットワークを介してパソコンやスマートフォンに入れることを指します。言ってみれば、「あちら側」の雲の中にあるデータを「こちら側」である地上に降ろしてくるイメージですね。この場合、データとは文字や数値のデータは元より、画像・動画・写真・音楽なども含みます。

　アップロード（upload）は逆に、パソコンやスマートフォンに保存されているデータを、ネットワークを介してクラウドに送ることを指します。言ってみれば、地上の「こちら側」にあるデータを雲の上に上げるイメージですね。スマートフォンで撮影した画像を、友人や家族と共有するために、Facebook や LINE や Instagram に公開するような場合ですね。

　ネットワークやスマートフォンの発達で、私たちはダウンロードもアップロードも意識しないで使っています。

One Point　｜　情報用語の説明

ENIAC：Electronic Numerical Integrator and Computer／エニアック
　1946 年に軍事利用等で開発された世界最初の大型コンピューター，膨大な真空管の使用と配線による計算手順（プログラム）の作成が特徴

IBM System/360
　1964 年に発表された IC（Integrated Circuit／集積回路）を全面的に使用し，世界的に普及した IBM 社の大型汎用（はんよう）コンピューター，機種やプログラムやデータの互換性（統一アーキテクチャ）を持ち，小型から大型まで，科学技術計算用にも事務処理用にも使える汎用性を持った画期的なコンピューター

ARPANET：Advanced Research Projects Agency NETwork／アルパネット
　1969 年アメリカ国防総省高等研究計画局（ARPA）で構築されたパケット交換方式のコンピューターネットワーク，インターネットの原型

WWW：World Wide Web
　文書に別の文書や画像へのリンクを埋め込むハイパーテキスト技術で，複数の文書が結びつき（ハイパーリンク），世界中（World Wide）の無数の文書が，蜘蛛の巣（Web）の様に張り巡らされていることから，名付けられたインターネット機能の一つ，1989 年イギリスの計算機科学者ティム・バーナーズ＝リーの提案が原型

Search Engine：サーチエンジン／検索エンジン
　膨大なインターネット上の Web サイトから，キーワードを入力して求める Web ページを見つけ出す機能を持つサービスやそのシステム，Yahoo! や Google が代表的

LAN：Local Area Network／ラン／構内通信網
　同じ敷地や建物，フロア内のコンピューターや通信機器，プリンター，FAX 等をケーブルや無線で接続したネットワーク

CSS：Client Server System
　情報や機能を提供するサーバー（パソコンやワークステーション）と，その情報を要求して受け取るクライアント（パソコン）を LAN 等のネットワークで接続したシステム，メールサーバ，Web サーバ，プリントサーバ，ファイルサーバなどがあり，インターネットの基礎になるネットワーク

SNS：Social Networking Service
　人と人のつながりを Web 上でサポートする社会的なネットワークを構築できるサービスやシステムで，Facebook，mixi，LINE，Instagram，YouTube，Twitter など，SNS の利点と同時に，負の面にも注意が必要

1-2 Windows の開始と終了

Windows を起動して，画面各部の名称と意味および操作方法を確認しましょう。

次にアプリ（ペイント）を起動して，アプリケーションウィンドウ各部の名称と意味および操作方法も確認しましょう。

1-2-1 Windows の開始

操作手順

1）パソコンの電源を入れサインインします。Windows が起動するとデスクトップが表示されます。

2）基本用語をよく読んで，各部の名称と位置および意味を確認します。

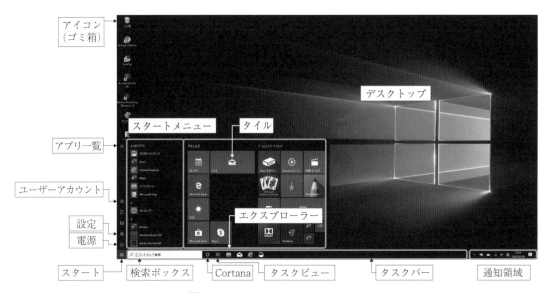

図 1-2-1　Windows スタートメニュー

【基本用語】

1）**デスクトップ**　　　　Windows を起動するとデスクトップが表示されます。画面を「机に本やノートを広げた」ように見立てているので，デスクトップ（DeskTop）と呼びます。Windows 10 では，複数のデスクトップを利用できるようになりました。用途に応じて使い分けることができるようになり，これを仮想デスクトップといいます。デスクトップ上には必要に応じてショートカットアイコンを作成することができます。

2）**スタートメニュー**　　〔スタート ■ 〕をクリックすると，［**スタートメニュー**］が表示されます。またスタート画面には，タイルが一覧で表示されます。スタートメニューのアプリ一覧から，アプリを開いたり，タイルからニュースや SNS の最

新情報を確認したり，またお気に入りの Web サイトや各種のファイルに
アクセスできます。

・[**電源**] ⏻ は，シャットダウンや再起動やスリープが制御できます。

・[**設定**] ⚙ は，Windows の設定ができます。システム，デバイス，ネッ
トワーク，アカウント，時刻などの運用上の設定ができます。

・[**ユーザアカウント**] 👤 は，アカウント設定の変更やサインアウトがで
きます。

・[**アプリ一覧**]は，インストールされているアプリが，ABC，あいうえお
順で表示されます。

・[**スタート**]を右クリックすると[**ファイル名を指定して実行(R)**]などを選
択することができます。（注）

3）**タイル**　　　　　　アプリにアクセスするアイコンです。従来のアイコンより大きくなってお
り，タイルには最新情報が表示され，自動的に更新される機能があります。
タイルは，追加したり画面から外したり，サイズを選ぶことができます。

4）**検索ボックス**　　　タスクバーの検索ボックス内に直接文字を入力してインターネットでの検
索をしたり，パソコン内の情報を検索することができます。探している情
報を音声で入力したい場合は，検索ボックスの横にある ⦿ をクリック
します。音声アシスト機能の **Cortana**（コルタナ）が起動します。

5）**タスクバー**　　　　画面の下部に表示されている枠です。フォルダやアプリの実行状況が表示
されます。

・[**タスクビュー**] ▤ は，タスクバーの左端にあり現在開いているアプリや
フォルダーの一覧を画面上に表示します。複数のアプリを同時に使用する
場合に，アプリの切換えが簡単になります。

・[**エクスプローラー**] 🗀 は，フォルダーやファイルの検索や確認ができま
す。

6）**通知領域**　　　　　動作状態を表示する[**アクションセンター**]，[**ネットワーク**]の状況，[**音
量**]制御，[**時計**]などがあります。

7）**アイコン**　　　　　デスクトップに置かれる「絵文字」です。頻繁に利用するアプリは必要に応
じてデスクトップ上にショートカットアイコンを作成します。ショートカ
ットアイコンには，アイコンの左下に矢印が表示されています。

8）**マウスポインター**　マウス操作に伴ってデスクトップ上を移動する矢印です。場面によってそ
の形は変化します。図 1-2-2 を参照してください。

　（注）コントロールパネルは，[**スタート**][**W**][**Windows システムツール**]の中にあります。

↖	標準の選択	↕	上(下)方向にウィンドウサイズを変更
○	作業中（待機状態）	↔	左(右)方向にウィンドウサイズを変更
↖○	バックグラウンドで作業中	↘	左上(右下)方向にウィンドウサイズを変更
＋	領域選択	↗	右上(左下)方向にウィンドウサイズを変更
I	テキスト選択	⊘	アイコンを禁止区域にドラッグした場合

図 1-2-2　マウスポインタの形

1-2-2　Windows の基本操作

1) **クリック**　　　　マウスの左ボタンを 1 度押して，すぐに離す動作をいいます。メニューを開く時や項目を選ぶ時などに行う動作です。ダブルクリックとはクリックを 2 度続けてすばやくクリックすることです。

2) **右クリック**　　　マウスの右ボタンを 1 度押してすぐに離す動作です。そのときマウスポインタが位置付け(ポイント)されている場所に対応したショートカットメニューが表示されます。単にクリックといった場合は，左クリックをさします。

3) **ドラッグ**　　　　マウスの左ボタンを押したまま，デスクトップ上のマウスポインタを動かすことをいいます。

4) **ポイント**　　　　マウスポインタを位置付ける(マウスのボタンは押さない)ことです。

5) **ショートカット**　右クリックによって表示されるメニューをいいます。ショートカットとは「**近**　　 **メニュー**　　**道**」の意味です。

スマートフォンやタブレット端末のタッチスクリーンの場合，次のような操作方法があります。

6) **タップ**　　　　　画面上のアイコンメニューなどを，指で軽く押す動作です。マウスのクリッ　　 **ダブルタップ**　　クやダブルクリックに相当する動作です。

7) **フリック**　　　　指で画面を押してから，指をさっと滑らす動作です。スマートフォンで日本語を入力するときに，例えば「あ」のキーから上下左右にフリックして，「い」「う」「え」「お」を選ぶ動作です。慣れると入力が速くなるといわれています。

8) **スワイプ**　　　　指で画面を押して，一定方向へ掃くようにする動作です。画面の切り替えなどに使います。

9) **ピンチイン**　　　二本の指を画面上に置き，幅を狭めるようにする動作です。画面表示を小さくする時などに使います。ピンチクローズとも呼びます。

10)**ピンチアウト**　　逆に，二本の指を広げるようにする動作です。画面表示の拡大などに使います。ピンチオープンとも呼びます。

11)**長押し**　　　　　ボタンを少し長く押し続ける動作です。スマートフォンの電源のオンやオ　　 **(ロングタッチ)**　フ，強制的にパソコンの電源を切る時などに使われる機能です。

1-2-3　キーボードの特殊キー

キーボード上のキーの名称や働きを確認しましょう。機種により位置が違う場合があります。

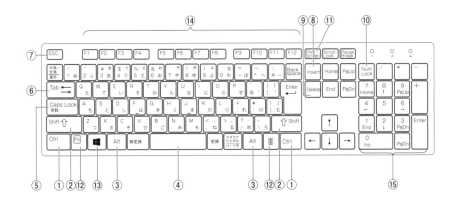

①**Ctrl**（Control Key）コントロールキー

　他のキーを組み合わせて使用されます。特にショートカットキーなどで多く利用されます。

②**Shift**（Shift Key）シフトキー

　大文字やキーボード最上段の数字の上の記号を入力するときに使用します。

③**Alt**（Alternate Key）オルトキー

　他のキーを組み合わせて，いろいろな場面で使用します。

④**スペース**（Space Key）スペースキー

　空白を入力したり，漢字変換に使用します。

⑤**Caps Lock**（Capitals Lock Key）キャップスロックキー

　キーの下段に「英数」とあり，そのまま押すと英数モードに切り替わります。**Shift** と **Caps Lock** を同時に押すことで CapsLock 状態の ON, OFF を切り替えることができます。Capitals とは「大文字」の意味です。続けて英大文字を入力したいときに使います。意図しないのに大文字状態に切り替わり戸惑うことが多いので，しっかり確認しておきましょう。押すたびにオン・オフが切り替わります。

⑥**Tab** タブキー

　このキーを押すと，タブの位置まで入力する位置が移動します。Excel でのセルの移動，Word でのカーソルの移動，表内の移動，ダイアログボックスでの項目の移動などに使用します。

⑦**Esc**（Escape Key）エスケープキー

　いろいろな場面で，「現在の状態から抜け出す」ために操作されます。

⑧**Insert**（Insert Key）インサートキー

　文字の入力中，上書きモードと挿入モードの切り替えに使用します。意図せずに上書きモードになってしまうことも多いので，このキーもしっかり

確認しておきましょう。押すたびにオン・オフが切り替わります。

⑨**Delete**（Delete Key）デリートキー

　ファイルや文字などを削除するとき，使用します。

⑩**Num Lock**（Numeric Lock Key）（別名ナムロックキー）

　キーボードの右側，電卓のように数字が並んでいる部分を総称して**テンキー**（ten key）といいます。テンキーの「7」の上にあるのが NumLock キーです。このキーがオンの場合は数字（半角）が入力できますが，オフの場合はキーの下部に表示されている機能になります。例えば，「6」のキーは「→」と「6」の両方が書かれていますね。「→」ではカーソルが右に移動します。押すたびにオン・オフが切り替わります。

⑪**Print Screen**（または PrintScreen キー）プリントスクリーンキー

　モニター画面のスクリーンショットを取り込むことができます。**Fn** キーと組み合わせて使用します。

⑫**Fn** エフエヌキー

　音量や明るさの調節やプリントスクリーンなど，他のキーと組み合わせて使用します。

⑬**⊞** ウインドウズキー

　[**スタート**]メニューを表示することができます。

⑭**F1**～**F12** ファンクションキー

　文字の入力時の変換や，処理の繰り返しなど様々な役割をもっています。

⑮テンキー（ten key）

　キーボード右側の電卓のように数字が並んでいるキーの領域をいいます。

1-2-4 アプリケーションの開始と終了

操作手順 1 アプリケーションの開始

1) ［**スタート**］をクリックするか，キーボードの［**Windows**］⊞ ボタン（キーボード図⑬）を押して
スタートメニューを表示させます。

2) ［**アプリ一覧**］から目的のアプリを選択して起動させます。

3) ここでは，Windows 付属の**ペイント**を開いてみましょう。通常ペイントは，［**Windows アク
セサリ**］などのグループ内に入っているため，どこに入っているのか迷うことがあります。

4) スタートボタンの右側の検索ボックスに，「**ペイント**」と入力して検索すると便利です。

5) ペイントは Windows 付属のアプリです。絵を描くための簡単なアプリのひとつです。また，
写真の画像のサイズを，変更したり加工することができます。

操作手順2　アプリケーションウィンドウの終了

1) タイトルバーの右上隅にある☒[閉じる]をクリックします。
2) ウィンドウが閉じ，アプリは終了します。

One Point　│　2画面を並べる　アプリの切替

　　2つのアプリやファイルを画面上で並べて表示するには，以下の方法があります。それぞれの画面で，以下の
ショートカットキーを使用すると，2画面が整列します。

⊞+→または⊞+←

4画面なら，2画面の状態から⊞+↓または⊞+↑を使用します。アプリの切替は，[Alt]+[Tab]により切り替
えることができます。

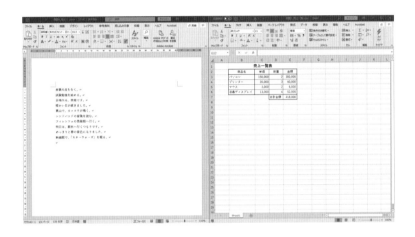

One Point　│　Windows の各種アプリ

　　Windows 付属のアプリのなかには，便利に利用できるアプリがあります。

①メモ帳

　メモ帳は Windows 標準の「テキストエディタ」です。テキストエディタは文字情報だけを扱うので，プログラミ
ングなどいろいろな場面で便利に利用されます。アプリ一覧の[W][Windows アクセサリ][メモ帳]をクリックし
ます。[メモ帳]は[notepad]ともいいます。

②付箋

　デスクトップ上に付箋紙を貼るように覚書を書くことができます。

③ Snipping Tool

　Snipping Tool は，画像や Web ページの一部など，デスクトップ上のあらゆる部分のスクリーンショットを撮
ることができます。[アプリ一覧][Windows アクセサリ][Snipping Tool]をクリックします。

④電卓

　標準(通常の電卓)，関数電卓，日付の計算などを選択することができます。

↓[問題]

練習　①[**アプリ一覧**]から，電卓を立ち上げましょう。

②次の計算を行って結果を確認しましょう。必要に応じて電卓の種類を切り替えましょう。

$$1234 + 5678 \qquad 456 \times 852 \qquad \sqrt{5} \qquad 20 \text{ の 8 進数} \qquad 15 \text{ の 2 進数}$$

1-2-5 Windows の終了

操作手順　電源

1) スタートボタンをクリックして[**スタートメニュー**]から[**電源**][**シャットダウン**]をクリックすると，Windows は終了し電源が OFF になります。
2) [**スリープ**]を選ぶと，パソコンが休止状態になります。
3) [**再起動**]を選ぶと，一度電源が切れてから再度起動します。
4) [**スタートメニュー**]の[**ユーザーアカウント**]ボタンをクリックすることで，[**サインアウト**]を選択することができます。サインアウトは，電源を切らずにサインインしなおすことです。
5) [**ロック**]を選択すると，パソコンの画面がロックされます。離席する場合などに使用します。

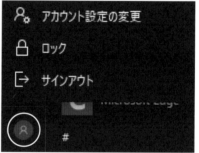

One Point | パソコンのフリーズ

パソコンの画面が動かなくなった状態をフリーズ(freeze)といいます。なんらかの理由でパソコンがフリーズした場合は，いきなり電源を切ったりせずに以下のようにしましょう。

1. Ctrl と Alt と Delete を同時に押し，[**タスクマネージャー**]を起動させます。
2. 起動しているアプリの一覧から不要なものを終了します。終了したいアプリ名を右クリックして[**タスクの終了**]をクリックしてみましょう。

以上の操作をしても動かない場合は，最終手段として電源ボタンを「**長押し**」して強制終了します。この場合は少し時間を置いてから電源を入れましょう。

1-3 ┃ ファイルの操作

フォルダーの新規作成やファイルのコピーや削除など，ファイルの基本操作を確認しましょう。

ここでは保存したファイルが，既に存在することを仮定します。具体的には，ワープロソフト「Word」や表計算ソフト「Excel」で作成した幾つかのファイルがあるものとします。したがって Word（第2章）と Excel（第3章）の学習がある程度進んでから，この節に戻って練習するとよいでしょう。

1-3-1 ┃ ファイルの表示

練習に入る前に，基本的な用語について説明します。

【基本用語】

1）**ファイル**　ハードディスクや USB メモリー，OneDrive などの記憶媒体に保存された[**あるまとまりのあるデータ**]をさします。文書の集まりを特に**文書ファイル**と呼びます。ファイルは**ファイル名**と**拡張子**から構成されます。拡張子は，そのファイルを扱っているアプリによって自動的に付与され，ファイルの種類を区別するための記号です。また，そのアプリのバージョンによっても記号が相違しますので，拡張子を表示して，確認しながら使用しましょう。2-4-1 項 OnePoint「ファイルの保存形式」と 2-4-4 項 OnePoint「古いバージョンの Word 文書との互換」も確認してください。

おもな拡張子

拡張子	アプリ
・docx	ワード
・xlsx	エクセル
・pptx	パワーポイント
・jpg	写真の圧縮形式
・png	画像の圧縮形式
・gif	画像の圧縮形式
・zip	圧縮ファイル

Word の場合　　　　　　　Excel の場合

短文 1.docx　　　　　　　売上一覧.xlsx

└──拡張子　　　　　　└──拡張子

└──ファイル名　　　　└──ファイル名

（注）拡張子の表示は，タスクバーの[**エクスプローラー**] をクリックし，[**表示**]タブ[表示／非表示]〈**ファイル名拡張子**〉にチェックを入れます。

2）**フォルダー**　ファイルを保存する格納場所です。フォルダーをダブルクリックするとウィンドウが開き，保存されているファイル名を表示できます。フォルダーはフォルダー名を付けて他と区別します。フォルダーの中にフォルダーを作成することも可能です。

3）**ドライブ**　駆動装置のことをドライブと呼びます。Windows の中では，ハードディスクは[**C:**]ドライブ，USB メモリーは[**E:**]や[**F:**]ドライブなど，オンライン上のストレージである **OneDrive** などとなります。

4) **エクスプローラー**　ファイルやフォルダーを操作するときに利用します。ファイルなどのコピー，移動，削除や閲覧，検索などができます。前述のように，ファイル名の拡張子の表示も，[**表示**][**表示/非表示**][**ファイル名拡張子**]のチェックボックスをクリックすれば，簡単に拡張子が表示できます。

| 操作手順 1 |　**ファイルの表示**

保存されているファイル名をいろいろな形で表示しましょう。

1) **エクスプローラー** 📁 をクリックし開きます。

2) 保存されているファイル名を確認します。[**表示**]メニューから，**特大アイコン**，**大アイコン**，**中アイコン**，**小アイコン**，**一覧**，**詳細**，**並べて表示**，**コンテンツ**を順次クリックし，それぞれの表示形式を確認します。詳細の場合は，サイズや日付等についても確認しましょう。

| 操作手順 2 |　**フォルダーの新規作成**

パソコンの Windows に標準装備されているフォルダー「**ドキュメント**」に，新規フォルダーを作成しましょう。**エクスプローラー**から[**PC**]の[**ドキュメント**]を開きます。

1) [**ホーム**]タブ[**新規**][**新しいフォルダー**]をクリックします。

2) フォルダーが新規作成されたら，[**新しいフォルダー**]を「**Word**」という名前に修正し，[Enter] を押して確定します。フォルダー「**Word**」が新規作成されたことを確認します。同一フォルダー内に，同名のフォルダーを作ることはできません。同様に「Excel」「PowerPoint」のフォルダーを適宜作って利用しましょう。

1-3-2　ファイルのコピー・移動

| 操作手順 1 |　**ファイルの複写（コピー）**

「**例題 4_短文 1.docx**」(2-3-5 項「文字の削除・挿入・修正」参照)を作成したら，フォルダー「**Word**」の中に**コピー**しましょう。

1) 「**例題 4_短文 1.docx**」を右クリックし，続けて[**コピー**]を選択します。

2) フォルダー「**Word**」をダブルクリックして開き，右クリックし，続けて[**貼り付け**]を選択します。

3) フォルダー「**Word**」に「**例題 4_短文 1.docx**」がコピーされていることを確認します。

| 操作手順 2 |　**ファイルの移動**

「**例題 4_短文 2.docx**」(2-3-5 項参照)を作成したら，フォルダー「**Word**」の中に**移動**しましょう。

1) 「**例題 4_短文 2.docx**」を右クリックし，続けて[**切り取り**]を選択します。

2) フォルダー「**Word**」をダブルクリックして開き，[**貼り付け**]を選択します。

3) フォルダー「**Word**」に「**例題 4_短文 2.docx**」が移動していることを確認します。

4) ファイル名を右クリックし，[**送る(N)**]から，USB メモリーなどにコピーすることも可能です。

One Point | ファイル名の変更

　ファイル名の上で右クリックして，ショートカットメニューから[**名前の変更(M)**]を選択すると，（拡張子の前の)ファイル名の部分が選択されるので，ファイル名を変更することができます。

　但し，ファイルを開いていると，名前の変更はできません。また，ドットから後ろに表示されている拡張子を消してしまうと，ファイルが使えなくなる可能性があるので気をつけましょう。

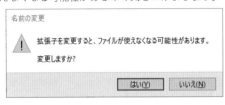

1-3-3 ファイル・フォルダーの削除

操作手順 1 ファイルの削除

フォルダー「Word」にコピーした文書ファイルを削除しましょう。

1) フォルダー「Word」を開き，「**例題 4_短文 1.docx**」を右クリックして選択し，続けて[**削除**]をクリックします。

2) 確認メッセージに，〈**はい(Y)**〉をクリックします。確認メッセージが出ない場合は，[**ホーム**]タブ[**整理**][**削除**]の▼ボタンから[**削除の確認の表示**]にチェックを入れておきましょう。

3) フォルダー「Word」内で，「**例題 4_短文 1.docx**」ファイルが削除されたことを確認します。

4) 複数ファイルを同時に削除するには，[Shift] または [Ctrl] を押しながら削除したいファイルをクリックして選択します。[Shift] を使うと連続するファイルをすべて選択でき，[Ctrl] は離れたファイルをとびとびに選択できます。

　また[**ホーム**]タブ[**整理**]から[**削除**]をクリックすると，複数ファイルが同時に削除されます。右クリックした後のショートカットメニューからも削除できます。

操作手順 2 フォルダーの削除

フォルダー「Word」自体を，削除しましょう。

1) フォルダー「Word」にマウスポインタを置いて右クリックします。ショートカットメニューから[**削除**]をクリックします。

2) 確認メッセージに，〈**はい(Y)**〉をクリックします。

3) デスクトップ上にフォルダー「Word」がなくなり，フォルダーが削除されたことを確認します。

4) 削除されたファイルやフォルダーは，デスクトップ画面の[**ごみ箱**]に入ります。フォルダー「Word」が，「ごみ箱」に入ったことを「ごみ箱」を開いて，確認してみましょう。

5) [**ごみ箱**]内のファイルは，[**ごみ箱ツール**][**管理**]の[**選択した項目を元に戻す**]ボタンをクリックすることで復元できます。フォルダー「Word」を復元してみましょう。

6) [**ごみ箱を空にする**]をクリックすると，ごみ箱内のファイルをすべて削除できます。

One Point | ファイルの圧縮

　Windows では，標準でファイルを圧縮できる機能が備わっています。ZIP 形式でファイルを圧縮することができます。複数のファイルをまとめて圧縮すれば，メールに添付して送る場合などに大変便利です。圧縮したいファイルをまとめて選択して，右クリックのショートカットメニューより[**送る（N）**][**圧縮（zip 形式）フォルダー**]を選択すると，「**.zip**」という拡張子がついた圧縮ファイルが作成できます。

　圧縮ファイルをダブルクリックすることで，中のファイルを確認することができます。zip ファイルを選択し，[**展開**][**圧縮フォルダーツール**]タブ[**すべて展開**]をクリックすると，展開先の選択とファイルの展開ができます。展開は解凍ともいいます。

　フォルダーの中のファイルを，フォルダーごと一括してメールに添付して送信したい場合，フォルダーをそのまま添付することはできませんが，フォルダーを圧縮することで添付が可能になります。

One Point | ファイルの検索

　別のフォルダー内に誤ってファイルを保存してしまうなど，ファイルの所在がわからなくなった場合，エクスプローラーから，ファイルを検索する方法を知っておくと便利です。

　〈**ドキュメントの検索**〉の 🔍 をクリックすると，下図の[**検索ツール**]タブが表示され，更新日，分類，サイズなどからの検索ができます。

　また，ワイルドカードを使った検索も便利に使えます。「*販売」で検索すると，「販売」という文字が含まれるファイルを探すことができます。「*.docx」で検索すると，Word ファイルを検索できます。ワイルドカードについては，3-13-3 項操作手順 3「ワイルドカード」を参照してください。

第2章

Wordの
使い方

Windows

2-1 Wordの基本

「Word」を起動して，画面各部の名称と意味を学び，Word を終了しましょう。操作の意味を考えながら演習すると理解が進み，応用できるようになります。

2-1-1 Word の開始と終了

操作手順 1 Word の開始

1) **Word** を起動すると，Word のテンプレート選択画面が開きます。テンプレートとは，ひな型のことです。繰り返し使用できる便利なファイルや定型書式などが利用できます。
2) 〈**白紙の文書**〉をクリックすると新しい文書画面が表示されます。

操作手順 2 Word の終了

1) [**ファイル**]タブ〈**閉じる**〉をクリックすると Word を終了することができます。また，タイトルバーの ⊠ [**閉じる**]をクリックしても，Word を終了することができます。
2) 「**このファイルの変更内容を保存しますか？**」のメッセージが表示されたら，（この段階では）保存しないので，〈**保存しない(N)**〉を選択して Word を終了させます。

2-1-2　画面の名称と意味

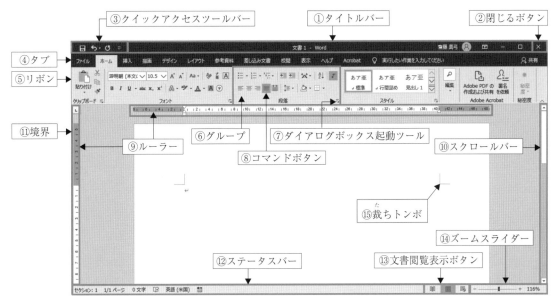

図 2-1-1　Word のスタート画面と画面構成

①**タイトルバー**

アプリケーションソフト（アプリ）名とファイル名を表示します。初
期画面ではファイル名は文書 1 と表示され，アプリ名は Word と
なります。

②**閉じるボタンなど**

タイトルバーの右側にあり，**リボンの表示オプション**，画面の**最小**
化ボタン，**最大化／元に戻す（縮小）ボタン**，**閉じるボタン**の順に並んでいます。

・リボンの表示オプション：2-1-2 項 OnePoint「リボンの表示オプション」参照

・最小化ボタン：開いているウィンドウを閉じて，デスクトップ上の表示からタスクバーのアイコ
ン表示に変えるボタンです。

・最大化／元に戻す（縮小）ボタン：ウィンドウを画面全体に表示したり，元に戻すためのボタンで
す。

・閉じるボタン：ウィンドウを閉じるボタンです。アプリが終了します。

③**クイックアクセスツールバー**

タイトルバーの左側にあり，よく使う命令（コマンド）
を表示しています。初期状態では，[**上書き保存**][**元に**
戻す][**やり直し**]などが表示されていますが，ユーザ設
定ボタンなので追加編集することができます。

④**タブ**

タブをクリックすると，使いたい命令（コマンド）ボタンが配置されたリボンが表示されます。

⑤リボン

ワープロソフトの機能が収められています。リボンはいくつかのグループに分かれ，その中に命令(コマンド)ボタンが配置されています。

⑥**グループ**

同じ種類のコマンドボタンがまとめて配置されています。

⑦**ダイアログボックス起動ツール**

グループ名の右端にあり，クリックするとその
グループに関連したダイアログボックスが開きます。図は，[**フォント**]ダイアログボックス起動
ツールです。

⑧**コマンドボタン**

命令(コマンド)を実行するボタンです。クリックすると命令が実行されます。

各コマンドボタン右端の▼(オプションボタン)をクリックするとサブメニューがでてきます。さらに詳細な設定が指定できます。

⑨**ルーラー**

タブ位置，インデント，余白の設定などができます。初期設定では非表示です。(2-1-2項
OnePoint「ルーラーの表示」参照)

⑩**スクロールバー**

画面をスクロール(移動)して，表示されていない文書領域を表示します。

⑪**境界**

ウインドウの外枠です。

⑫**ステータスバー**

セクション番号，現在のページ番号，文字カウント，スペルチェックと文章校正，言語などの情報を表示します。カスタマイズもできます。

⑬**文書閲覧表示ボタン**

ステータスバーの右側には，作業内容に応じて，画面の表示モードを切り替えるボタンが配置されています。**閲覧モード**，**印刷レイアウトモード**，**Webレイアウトモード**があり，初期設定は印刷レイアウトモードが設定されています。[**表示**]タブ[**表示**]でも切り替えることができます。[**フォーカス**]はツールバーが非表示になり，全画面表示となります。

⑭**ズームスライダー**

コントローラーをスライドするか，－＋ボタンをクリックすることで，表示倍率を変更することができます。

⑮**裁ちトンボ**

本文領域と余白の境界を示す文書画面の四隅にあるL形のマークのことです。

リボンの表示オプション

②の[**リボンの表示オプション**]ボタンは，リボンを非表示にしたり，リボンのタブのみ表示するなどの切り替えができます。

 ルーラーの表示

⑨のルーラーの表示は，[**表示**]タブ[**表示**]の〈**ルーラー**〉をクリックしチェックを入れます。ルーラーの表示により，**タブ**の設定，**インデントマーカー**の操作ができるようになります。(2-9-2項操作手順(5)「インデントマーカー」参照)ルーラーの中でクリックすると，左揃えタブの設定ができます。

☑ ルーラー
☐ グリッド線
☐ ナビゲーション ウィンドウ
表示

インデントマーカー　　　　　　　タブ　　　　　　　　　　インデントマーカー

キーボードの特殊キー

1) [Num Lock]キー（Numeric Lock Key）（別名　ナムロックキー）

　　キーボードの右側，電卓のように数字が並んでいる部分を総称して**テンキー**といいます。テンキーの「**7**」の上にあるのが[Num Lock]キーです。このキーがオンの場合は数字(半角)が入力できますが，オフの場合はキーの下部に表示されている機能になります。例えば，「6」のキーは「→」と「**6**」の両方が書かれていますね。「→」ではカーソルが右に移動します。切り替えは[Num Lock]キーを押します。押すたびにオン・オフが切り替わります。

2) [Caps Lock]キー（Capitals Lock Key）キャップスロックキー

　　キーボードの「**A**」キーの左側にあるのが[Caps Lock]キーです。キーの下段に「英数」とあります。そのまま押すと英数モードに切り替わります。CapsLockと，[Shift]キーを同時に押すことでCapsLock状態に切り替えることができます。**Capitals**とは「**大文字**」の意味です。続けて英大文字を入力したいときに使います。押すたびにオン・オフが切り替わります。

3) [Alt]キー（Alternate Key）オルトキー

　　他のキーを組み合わせて，いろいろな場面で使用されます。

4) [Ctrl]キー（Control Key）コントロールキー

　　他のキーを組み合わせて使用されます。特にショートカットキーなどで多く利用されます。

5) [Esc]キー（Escape Key）エスケープキー

　　いろいろな場面で，「現在の状態から抜け出す」目的で操作されます。

6) [Print Screen]キー（またはPrintScreenキー）プリントスクリーンキー

　　モニター画面のスクリーンショットを取り込むことができます。

2-1-3 ローマ字変換表

あ行	あ A	い I	う U	え E	お O
か行	か KA	き KI	く KU	け KE	こ KO
さ行	さ SA	し SI	す SU	せ SE	そ SO
た行	た TA	ち TI (CHI)	つ TU (TSU)	て TE	と TO
な行	な NA	に NI	ぬ NU	ね NE	の NO
は行	は HA	ひ HI	ふ HU FU	へ HE	ほ HO
ま行	ま MA	み MI	む MU	め ME	も MO
や行	や YA		ゆ YU		よ YO
ら行	ら RA	り RI	る RU	れ RE	ろ RO
わ行	わ WA				を WO
ん	N	NN			
が行	が GA	ぎ GI	ぐ GU	げ GE	ご GO
ざ行	ざ ZA	じ ZI (JI)	ず ZU	ぜ ZE	ぞ ZO
だ行	だ DA	ぢ DI	づ DU	で DE	ど DO
ば行	ば BA	び BI	ぶ BU	べ BE	ぼ BO
ぱ行	ぱ PA	ぴ PI	ぷ PU	ぺ PE	ぽ PO
うぁ	うぁ WHA	うぃ WI		うぇ WE	うぉ WHO
きゃ	きゃ KYA	きぃ KYI	きゅ KYU	きぇ KYE	きょ KYO

しゃ	しゃ SYA SHA	しぃ SYI	しゅ SYU SHU	しぇ SYE SHE	しょ SYO SHO
ちゃ	ちゃ TYA CYA CHA	ちぃ TYI CYI	ちゅ TYU CYU CHU	ちぇ TYE CYE CHE	ちょ TYO CYO CHO
つぁ	つぁ TSA	つぃ TSI		つぇ TSE	つぉ TSO
にゃ	にゃ NYA	にぃ NYI	にゅ NYU	にぇ NYE	にょ NYO
ひゃ	ひゃ HYA	ひぃ HYI	ひゅ HYU	ひぇ HYE	ひょ HYO
ふゃ	ふゃ FYA	ふぃ FYI		ふぇ FYE	ふょ FYO
みゃ	みゃ MYA	みぃ MYI	みゅ MYU	みぇ MYE	みょ MYO
りゃ	りゃ RYA	りぃ RYI	りゅ RYU	りぇ RYE	りょ RYO
ぎゃ	ぎゃ GYA	ぎぃ GYI	ぎゅ GYU	ぎぇ GYE	ぎょ GYO
じゃ	じゃ JA ZYA	じぃ ZYI	じゅ JU ZHU	じぇ JE ZHE	じょ JO ZHO
ぢゃ	ぢゃ DYA	ぢぃ DYI	ぢゅ DYU	ぢぇ DYE	ぢょ DYO
でゃ	でゃ DHA	でぃ DHI	でゅ DHU	でぇ DHE	でょ DHO
びゃ	びゃ BYA	びぃ BYI	びゅ BYU	びぇ BYE	びょ BYO
ぴゃ	ぴゃ PYA	ぴぃ PYI	ぴゅ PYU	ぴぇ PYE	ぴょ PYO
ヴぁ	ヴぁ VA	ヴぃ VI		ヴぇ VE	ヴぉ VO
ぁ	ぁ LA XA	ぃ LI XI	ぅ LU XU	ぇ LE XE	ぉ LO XO
ゃ	ゃ LYA (XYA)		ゅ LYU (XYU)		ょ LYO (XYO)
っ			っ LTU (XTU)		

拗音（しゃ，しゅ，しょ等）の入力…子音と母音の間に Y または H が入る。
促音（っ）の入力…後ろの子音を続けて入力。もっと⇒ MOTTO いっかい⇒ IKKAI

第2章

2-2 タイピング

　高速に文字入力ができるようになるには，タイピング(Typing)練習が必要です。欧米では 100 年以上前から英文タイプライターを使って，文字を活字にしていました。現在のコンピュータのキーボードの配列は昔使われていた英文タイプライターとほぼ同じです。どの指でどのキーを押すのか決まり事を守って練習すると，意外と簡単にマスターできます。

2-2-1　ホームポジション

　キーボードの上から 3 段目左から**ＡＳＤＦ**二つ飛んで**ＪＫＬ**；(セミコロン)の 8 つのキーを**ガイドキー**と呼び，左手小指から人差し指までと，右手人差し指から小指までをガイドキーの上にのせた状態を**ホームポジション**といいます。

1）指の置き方

　ガイドキー ASDF と JKL；に指を置く。この時，両手の手首をキーボードにふれないように置くのがポイントです。高速に入力できるようになる秘訣です。やりにくいと感じたら，手首をつけてガイドキーに指を置いて始めましょう。Enter は右手の小指を使うと，入力が速くなります。

2）キーボード上の指の配分

3）指の動かし方

　キーを押すのではなく，「トン」とたたく感じで入力します。キーを押さえ込むとそのキーの文字が連続して入力されてしまいます。

4）大切なのは，キーボードを見ないことです。

　ガイドキーにのせた指の位置から，指の配分どおりにななめ上，ななめ下に指を移動してキーを「ポン」と押して，元の位置に戻ります。

5）入力の練習

　あいうえお　あいうえお　あいうえお　あいうえお　あいうえお　あいうえお　と手の動きを覚えるまで繰り返します。以降，先頭に K をいれて，かきくけこ　先頭に S をいれて，さしすせそ　と練習していきましょう。

　母音である「あいうえお」が基本です。「か」は「K」を打ち，つづいて「A」を打ちます。

2-3　文章の作成

　Office には，日本語入力システム **Microsoft IME** が標準搭載されています。IME（アイ・エム・イー）とは Input Method Editor の略で，日本語などの入力を補助するソフトのことです。IME は学習機能を持っているので，一度変換して選択した文字の候補が上位になります。また，文節単位に入力すると変換効率が上がります。

　文字入力は基本です。知っているようで知らない機能を確認することは大切です。ファンクションキーによる変換も覚えましょう。

2-3-1　漢字の変換

まず，単語を中心に漢字変換を練習し，「**確定**」と「**候補**」について理解しましょう。

［例題1］

厚生　校正　後世　公正な　校正者　福利厚生　記者　記者が　汽車で　帰社する

操作手順　単語の入力

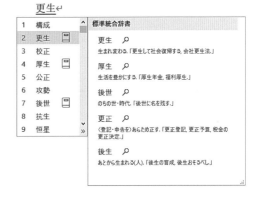

1) **KOUSEI** とローマ字で入力すると，画面上は**こうせい**となります。

2) **スペース** あるいは **変換** を押し，さらに続けて押すと同音異義語の変換候補が複数表示されます。（注）ここで直接番号を入力するか，あるいは **スペース** を押して番号を進め **Enter** で確定します。

3) 通常，漢字の入力は単語で変換せず，**文節で変換**したほうが選択肢が少なくなり合理的です。

　例えば，「**こうせいな**」と入力すると選択肢は実質1つになります。

　　（注）変換は **スペース** あるいは **変換** を使用しますが，2-3-2 項以降は **スペース** で統一します。

One Point　予測候補の表示

　入力の途中に，図のように予測候補が表示された場合，そこから選択することもできます。**Tab** または↓により選択します。ただし，過去の入力履歴を使用して候補が表示されるので，不都合な候補が現れることもあります。不要な候補は **Ctrl** ＋ **Delete** で削除できます。IME オプションのプロパティから予測候補の表示を OFF にして利用することもできます。（2-3-3OnePoint「日本語入力の切り替え」参照）

2-3-2　文章の変換

文章を入力しながら漢字変換を練習し，「**一括変換**」と「**文節の区切りの変更**」について理解しましょう。

［例題 2］

公園の桜が満開だ。

公園のサクラが満開だ。

私は医者へ行きます。

私歯医者へいきます。

ここで履物を脱ぐ。

ここでは着物を脱ぐ。

彼は走っている。

枯葉は知っている。

操作手順 1　隣の文節へ移動

1) KOUENNNOSAKURAGAMANKAIDA.（注）

と入力すると，画面上は<u>こうえんのさくらがまんかいだ。</u>となります。ここで スペース を押して，文全体を変換します。

2) → を押しながら，変換対象を文の前方から 1 文節ずつ進めていきます。**桜が**　のところで，スペース を押し，「サクラが」を選ぶと，「**公園のサクラが満開だ。**」となります。

操作手順 2　文節の区切りを変更する

Shift ＋ →	文節の区切りを広げる
Shift ＋ ←	文節の区切りを狭くする

1) WATASIHAISHAHEIKIMASU.　と入力すると，画面上は

<u>わたしはいしゃへいきます。</u>となります。ここで スペース を押し，文全体を変換します。

「**私は医者へ行きます。**」となります。

2) もう一度 WATASIHAISHAHEIKIMASU.　と入力し，スペース を押し，文全体を変換します。

今度は，変換する範囲を Shift ＋ ← で<u>わたし</u>にして，もう一度 スペース を押します。

行きますを**いきます**にするには → で文節を移動します。「**私歯医者へいきます。**」となります。

（注）「ん」を入力するには，N か NN とします。

KOUENNOSAKURAGA と入力すると，こうえんおさくらがとなります。この場合は NN とします。

MANKAI のように，N の後に子音（この場合 K）が来る場合は N を使います。

One Point | 変換と再変換

1) **入力中の各キーの役割**（まとめ）

スペース	変換	→ ←	隣の文節に移動
変換	再変換	Shift + →	文節の区切りを広げる
Enter	確定	Shift + ←	文節の区切りを狭くする
Esc （エスケープキー）	変換中の文字の取り消し （文章全体を取り消したいときは何度か押す）	エスケープ（Escape）とは，逃げるとか脱出するという意味です。	

2) **再変換**

全文を確定した後でも，再変換という便利な機能があります。再変換したい文節にカーソルを表示し，変換を押します。文章全体を再変換したいときは，マウスで範囲選択して変換を押します。

2-3-3 ファンクションキーの機能

キーボードの上方にある**ファンクションキー（Function Key）**による変換を学びましょう。

通常，ひらがなや漢字は全角文字で表示されますが，カタカナや英数字は全角，半角のどちらでも変換できます。英単語などは半角で表示します。（注）

（注）一部のコンピュータでは，ファンクションキーには音量などの別の機能が設定されている場合があります。

［例題 3］

あいうえお　　アイウエオ　　ｱｲｳｴｵ(半角)　　　ａｉｕｅｏ(全角)　　　ＡＩＵＥＯ(半角)

UGANDA(半角)　　ウガンダ(全角)　　　タンゴ　Tango(半角)　　　ﾀﾝｺﾞ(半角)

America(半角)　　アメリカ　U. S. A.(半角)　　　Ｕ．Ｓ．Ａ．(全角)　　　Ａ－１(全角)

※練習した文章を保存する場合は 2-4 節「文書ファイルの保存・開く」を参照して保存しましょう。

操作手順 ファンクションキーによる変換

1) AIUEO とローマ字で入力すると，
   あいうえお(ひらがな)と表示されます。

   F7 を押すと，**アイウエオ**(カタカナ変換)

   F8 を押すと，**ｱｲｳｴｵ**(半角変換：カタカナ)

   F9 を押すと，**ａｉｕｅｏ**(無変換：全角英小文字)

   もう一度 F9 を押すと，**ＡＩＵＥＯ**(全角英大文字)

   もう一度 F9 を押すと，**Ａｉｕｅｏ**(全角英大小文字)

   F10 を押すと，**Aiueo**(半角英数変換：英大小文字)

   F6 を押すと，**あいうえお**(ひらがな変換)

2) U. S. A. は，「う。s。あ。」と入力して変換し，Ａ－１は，「あー1」と入力して変換します。

F6	ひらがな変換
F7	カタカナ変換
F8	半角変換 カタカナなら半角のカタカナ 英数字なら，半角英数字
F9	無変換(全角英数字) 何度か F9 を押すと ａｉｕｅｏ → ＡＩＵＥＯ → Ａｉｕｅｏ
F10	半角英数変換 何度か F10 を押すと aiueo → AIUEO → Aiueo

第2章

One Point｜日本語入力の切り替え

半角/全角 を押すと日本語入力 ON/OFF の切り替えができます。
「IME オプション」ボタンを右クリックし，入力モードを変更することもできます。[ひらがな(H)]をクリックすると日本語入力が ON になります。

One Point｜英文の入力

　英文を入力するときは，日本語入力を OFF にしておくと便利です。大文字は，通常 Shift を押しながら入力しますが，Word ではオートコレクト機能があり，文頭では Shift を押さなくても自動的に大文字になります。
　オートコレクト機能は他にもあり，[ファイル][オプション][文章校正]〈オートコレクトのオプション〉から，設定を確認し，変更することができます。長文を入力するときは，日本語と同様，段落内は改行せず，続けて入力しましょう。ワードラップ機能が働き，単語の区切りで自動改行されます。

2-3-4　特殊文字の入力

　特殊文字の入力を練習しましょう。IME パッドには，手書き，文字一覧，ソフトキーボード，総画数，部首の機能があります。

操作手順　IME パッド

1) IME のアイコンの「あ」と表示されている部分を右クリックすると，図のようなオプションが表示されます。[IME パッド(P)]をクリックします。表示されたダイアログボックス左端の各メニューを選択し，いろいろな文字を自由に入力してみましょう。

IME のオプション

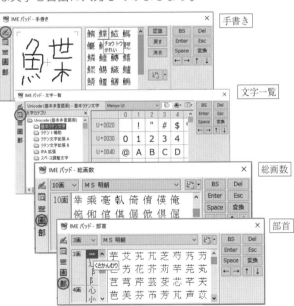

図 2-3-1　IME パッド

2-3-5 文字の削除・挿入・修正

入力した文章を，削除・挿入などを行って修正してみましょう。

[例題4]

ファイル名：例題4_短文1

> 林檎の皮をむく。
> 試験の勉強をする。
> 病院内は、禁煙です。
> 暖かい日が続きました。
> 裏山で、カッコウが鳴く。
> シンドバッドの冒険を読む。
> フィレンツェの美術館へ行く。
> 明日は、眼科へ行くつもりです。
> めっきりと春の景色になりました。
> 映画館で、「スターウォーズ」を観る。

ファイル名：例題4_短文2

> 蜜柑の皮をむく。
> 試験勉強を始める。
> 会場内は、禁煙です。
> 寒い日が続いています。
> 山奥で、ヒヨドリが鳴く。
> ピーターパンの冒険を読む。
> ウフィッツィ美術館へ行こう。
> 耳鼻科と眼科へ行くつもりです。
> めっきりと、春景色になりました。
> テレビで、「スタートレック」を観る。

操作手順1 文書の保存

1) 例題4の左の文章を入力し，ファイル名「**例題4_短文1**」で保存しましょう。文書の保存に関しては2-4節「文書ファイルの保存・開く」を参照してください。変換については，2-1-3項「ローマ字変換表」を参照しましょう。

操作手順2 文書の修正

1) 操作手順1で作成した「**例題4_短文1**」を右の「**例題4_短文2**」のように修正してみましょう。修正箇所は網掛けで示してあります。

2) でき上がったらもう一度[**ファイル**]タブの[**名前を付けて保存**]を選び，ファイル名「**例題4_ 短文2**」と名前をつけて保存しましょう。

One Point | 文字の削除・上書きモード

1) [Back space] と [Delete] の違い

文字の削除については，[Back space] または [Delete] を必要に応じて使い分けましょう。

[Back space]	削除したい文字の右側にカーソルを移動し，キーを押す	12|345→1345
[Delete]	削除したい文字の左側にカーソルを移動し，キーを押す	12|345→1245

2) [Insert]

文字入力中に，上書きモードになってしまうことがありませんか？そんなときは，[Insert] を押しましょう。[Insert] で，挿入モードと上書きモードの切り替えができます。

↓［問題］

練習 1　基礎 1

1）同音異義語やカタカナの言葉の入力練習

花　鼻　医師団　石段　三角　参画　盛夏　製菓　聖火　成果　貴社　記者　帰社　修了
終了　秋涼　湖底　固定　過信　家臣　販売　案内　一寸　注文　お爺ちゃん　人々　鋏　真
珠　シンジュ　餡蜜　アンミツ　パソコン　マルチメディア　ワード　スープ　データ　コーヒ
ーカップ　シャーベット　リテラシー　アールヌーヴォー　ヒェヒェ　ディテール　ジュレ　ヴ
ァイオリン　フォーマット　バージョン　プロパティ　フォルダー　イシュー

2）ファンクションキーを使っての変換の練習

ＮｅｗＺｅａｌａｎｄ　ニュージーランド　ﾆｭｰｼﾞｰﾗﾝﾄﾞ　にゅーじーらんど　Ｔａｎｇｏ　タ
ンゴ　Tango　ﾀﾝｺﾞ　ウガンダ　うがんだ　ＵＧＡＮＤＡ　Uganda　(1)(2)(5)(6)　03-
3777-1817　３丁目１０番２１号　Attention Please!!　1．2．3．　No.4　#15　15番

3）読みを入力しての変換の練習

株式会社　㈱　KK.　いち　一　壱　I　①　i　電話　℡　郵便　〒　5頁　5ページ　5
㌻　アルファ　α　ベータ　β　シグマ　Σ　掛ける　×　割る　÷　イコール　＝　≠
星　★　☆　こめ　※　丸　○　●　◎　矢印　↑　↓　→　←　⇒　⇔　しめ　〆　セク
ション　§　から　〜　℡ 3456-1234　※ご注意ください※　締切　20日〆　人々　毎々
度々　摂氏(せっし)　50℃　ギリシャ　α β π Ω δ　ローマ数字　Ⅰ Ⅱ Ⅲ Ⅳ Ⅴ Ⅵ Ⅶ Ⅷ
Ⅸ Ⅹ

One Point | 記号の入力

　記号の入力には，以下の３つの方法があります。
①「**IME パッド（P）**」の文字一覧で選択（図 2-3-1「IME パッド」参照）
②記号の読みを入力して変換
　「**いち**」と入力して スペース を押すと，「**一**」「**壱**」「**①**」「**i**」などが選択できます。
③［**挿入**］タブ［**記号と特殊文字**］ボタンから選択
　［**記号と特殊文字**］ボタンのリストになければ，「**その他の記号（M）**」をクリックします。［**記号と特殊文字**］ダイ
アログボックスが表示されますので，入力したい文字・記号を選択します。

One Point | 単語の登録

　よく使う単語で，１回で変換できない固有名詞や専門用語などは辞書に登録しておくと便利です。IME アイコ
ン上で右クリックすると表示される［**IME オプション**］から，［**単語の登録（O）**］を選択し，「**単語**」「**よみ**」を入力し，
「**品詞**」を選択します。登録した単語の削除は，［**IME オプション**］の「**ユーザー辞書ツール（T）**」から削除することが
できます。ただし，利用環境によっては単語登録などができないように設定されている場合もあります。

基礎2

ファイル名：練習1_基礎2

省エネだ。

農園で働く。

審議会に諮る。

庭で麦茶を飲む。

この際開発しよう。

この再開発は成功だ。

カードを昇順に並べる。

成績を降順にソートする。

アイコンをクリックしよう。

1－Aクラスの案内板を見る。

この再変換の機能は大変便利だ。

その会議時間は午後1時～3時だ。

移動とコピーを文書作成に利用する。

基礎3

ファイル名：練習1_基礎3

① 大臣の諮問にこたえる。

② 彼は，鱚が大の好物だ。

③ 正月に宮中へ参内する。

④ 彼女は徐に口を開いた。

⑤ 日本人は迎合しやすい。

⑥ 若手選手の台頭が目立つ。

⑦ 死の床で末期の水をとる。

⑧ 銅のカビンが緑青をふく。

⑨ 生け花の宗家をたずねる。

⑩ 高原の清澄な空気をすう。

⑪ 人によい功徳を施しておく。

⑫ 謹んで哀悼の意を捧げます。

⑬ 比肩する者のいない大人物。

⑭ 山あいの湯治場へ出かける。

⑮ 生兵法は大けがの元である。

One Point | スマート検索

　問題3は，読み方や意味が分からない単語があると思います。文字は入力できても，読み方や意味が分からない場合があります。スマート検索を利用して，分からない言葉を調べましょう。

・まず調べたい単語を範囲選択して，右クリックし表示されたメニューから，スマート検索(L)を選びます。するとウィキペディアやWeb検索の結果が表示されます。

One Point | リボンを折りたたむ

　リボン表示領域の右図のような[リボンを折りたたむ ⌃ (Ctrl＋F1)]ボタンをクリックすることでリボンを折りたたむことができます。リボンを折りたたむことで，文字などの表示領域が広く使えますね。

　再度表示するには，どれか1つタブをクリックして，再度同じ場所に表示される[リボンの固定 ⌖ (Ctrl＋F1)]ボタンをクリックすることで，再度リボンを固定して表示することができます。タブをダブルクリックしても固定することができます。

2-4 文書ファイルの保存・開く

作成した文章を文書ファイルとして保存し，再びその文書ファイルを開きましょう。文書ファイルを保存することで，作成途中の文章を後で編集したり，必要に応じて修正して別の文書に作り直すことができます。文書保存の方法や，文書ファイル形式についても学びましょう。

2-4-1 文書ファイルの保存

作成した新しい文章を Word 文書として保存しましょう。

操作手順　ファイルの保存

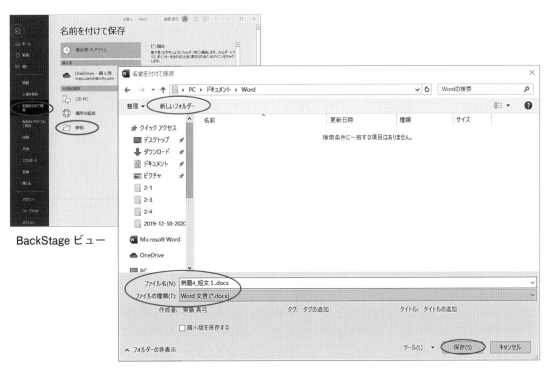

BackStage ビュー

図 2-4-1　文書ファイルの保存（BackStage ビューとダイアログボックス）

1）2-3-5 項「**例題 4_短文 1**」を使用します。
2）画面左上部の［**ファイル**］タブをクリックすると，**BackStage ビュー**と呼ばれる画面が表示されますから［**名前を付けて保存**］をクリックします。
3）一度入力画面に戻りたい場合は，⬅ボタンをクリックします。
4）［**名前を付けて保存**］画面上で［**参照**］ボタンをクリックすると，図のような［**名前をつけて保存**］ダイアログボックスが表示され，ハードディスク，USB メモリー，OneDrive など適宜保存先を選択できます。1-3-1 項操作手順 2「フォルダーの新規作成」で作成した［**PC**］［**ドキュメント**］の

中にあるフォルダー「Word」に保存するのも良いでしょう。以降，各例題や問題で作成したファイルの保存に関しても同様です。

5) ［ファイル名(N)］に「**例題 4_ 短文 1**」と入力します。（注 1）

6) ［**新しいフォルダー**］ボタンをクリックしてフォルダーを作成し，そのフォルダー内に保存することもできます。前ページ図 2-4-1 は，ドキュメント内に「Word」というフォルダーを作っています。

7) 〈**保存(S)**〉をクリックします。すると，画面上部のタイトルバーに表示されている文書名が「**文書 1**」から「**例題 4_ 短文 1**」に変わります。

8) これで，「**例題 4_ 短文 1**」という名前の文書ファイルとして補助記憶装置に保存されました。（注 2)この後，終了してパソコンの電源を切っても，データは消えません。

（注 1）Word の場合，文書ファイル名は全角 127 文字(半角 255 文字)以内であれば，長いファイル名をつけることもできます。ただし，ファイル名に制御文字や一部の記号　／¥〈〉？＊" | ：：は使用できません。

（注 2）1-1-2 項「ハードディスクとソフトウェアのしくみ」5)補助記憶装置」参照

One Point ｜ ファイルの保存形式

　通常は，保存時のファイルの種類は，「**Word 文書**」になっていますが，保存するにあたって，いくつかの保存形式を選ぶことができます。

　旧バージョン(Word2003 以前)の形式で保存する場合は，［**Word97-2003 文書**］をクリックします。［**Word 文書**］(Word2007 以降の Word)で保存すると「**.docx**」，Word97-2003 で保存すると「**.doc**」がファイル名の最後につきます。これは**拡張子**と呼ばれ，ワープロソフトが自動的に付与する記号です。この拡張子を表示して確認しましょう。(詳しくは 1-3-1 項操作手順 1「ファイルの表示」参照)

　PDF，**Word テンプレート**，**Open Document**，**書式なし**(テキスト文書)などの形式でも保存することができます。拡張子は使用するソフトによって違い，拡張子をみることによって，どのようなソフトで作成したファイルなのかがわかります。

第2章

One Point | パスワード

1）パスワードを設定する

①第三者がファイルを開けたり，改ざんすることを防ぐため，ファイルにパスワードを設定することができます。たとえば，情報を保護したいファイルにパスワードを付けて，メールに添付して送信できます。

②パスワードの設定は，[**ファイル**]タブで〈**名前をつけて保存**〉を選択し，ファイル名を入力した後，〈**ツール（L）**〉から〈**全般オプション（G）**〉をクリックすると，パスワード設定画面になります。

③ファイルを開く時のパスワードは[**読み取りパスワード（O）**]の欄に，ファイルに書いたり編集する時のパスワードは[**書き込みパスワード（M）**]の欄にパスワードを入力し，OK をクリックします。どちらか片方だけを設定することもできます。次に[**パスワードの確認**]ウィンドウが開きます。パスワードを確認しながら再入力して，OK をクリックします。パスワードは英数字（大文字・小文字）と記号を組み合わせて設定します。

④再び保存画面にもどりますので，〈**保存**〉をクリックして設定完了です。パスワードを忘れてしまうと，ファイルを読み書きできなくなりますので，注意しましょう。

2）パスワードが設定されたファイルを開く

①パスワードが設定されているファイルを開くと，パスワードの入力を促すウィンドウが表示されます。パスワードを入力して OK をクリックします。

②「**読み取り専用で開きますか？**」と表示された場合は，〈はい〉か〈いいえ〉をクリックして開きます。「**（ファイル名）は（ユーザー名）さんにより保護されています。**」と表示された場合は，書き込みパスワードが設定されていますのでパスワードを入力します。

3）パスワードを解除する

①パスワードは解除することができます。[**ファイル**]タブの〈**名前をつけて保存**〉から保存場所を指定すると[**名前をつけて保存**]ウィンドウが表示されます。

②ファイル名を入力し，〈**ツール**〉の〈**全般オプション（G）**〉をクリックし，〈**読み取りパスワード（O）**〉〈**書き込みパスワード（M）**〉の該当欄を空欄にして，OK をクリックします。

③再び，ウィンドウに戻るので OK をクリックします。これでパスワードが解除されます。

2-4-2　文書ファイルの上書き保存

　文章を修正し，文書ファイルを上書き保存しましょう。一度保存した文章を追加，修正した場合には，再び元の文書ファイルに保存し直さなければなりません。これを**上書き保存**と呼びます。

操作手順　上書き保存

1）あらかじめ保存した「**例題 4_ 短文 1**」や「**練習 1_ 基礎 1**」に，項目を追加したり，修正したりしてみましょう。

2）追加修正したら，[**ファイル**]タブから[**上書き保存**]をクリックします。（注）

3）これで文書ファイルが上書き保存されます。以前に保存した名前でファイルが保存されるので確認の画面は出てきません。

　　　（注）画面上部の[**クイックアクセスツールバー**]の 💾 をクリックしても上書き保存ができます。

4）ショートカットキー Ctrl ＋ S でも上書き保存できます。

One Point | [情報]画面

1) 文書の保護

[ファイル]タブの[情報]画面に，[文書の保護]があります。[文書の保護▼]ボタンからも，ファイルを開く時のパスワードを設定することができます。[パスワードを使用して暗号化(E)]を選択し，パスワードを設定します。

2) 文書の検査

ドキュメント検査により，Word文書内の非表示のデータと個人情報を見つけて削除することができます。また，[問題のチェック▼]ボタンから，[ドキュメント検査(I)][アクセシビリティチェック(A)][互換性チェック(C)]を行うこともできます。

3) 文書の管理

保存されていないファイルや上書き保存していないファイルを回復できます。（詳しくは2-4-4項 OnePoint「Wordの自動回復」を参照）

4) ファイルのプロパティ

[情報]画面の右側の[プロパティ]にはファイルに関する情報が表示されています。[プロパティ▼]ボタンから，[詳細プロパティ]をクリックすると，さらに詳しいファイルの情報を確認することができます。

2-4-3 Wordの終了

操作手順 Wordを閉じる

1) 文書ファイルを保存したら，Wordを閉じましょう。

2) [ファイル]タブから[閉じる]をクリックします。または画面右上の ✕ [閉じる]ボタンをクリックします。（注）

（注）[閉じる]をクリックしたときに，「**ファイル名.docxに対する変更を保存しますか？**」というダイアログボックスが表示されることがあります。これは文書ファイルを修正した後，上書き保存することを忘れた場合などの警告メッセージです。

One Point | Wordの自動回復

Wordは編集中のデータを定期的に自動保存しています。[ファイル][情報]の[文書の管理]に自動回復用のデータが表示されます。「今日13:46(自動回復)」をクリックすると，その時間に自動保存されたデータを回復することができます。

また，[文書の管理▼]ボタンをクリックすると，[保存されていない文書の回復]も可能です。詳しくは，[ファイル][オプション][保存]の[文書の保存]で設定することができます。

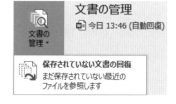

（注）Officeの他のアプリも同様に文書の回復ができます。Excelでは「保存されていないブックの回復」，PowerPointでは「保存されていないプレゼンテーションの回復」と表示されます。

2-4-4　文書ファイルを開く

一度保存した文書ファイルを開きましょう。

操作手順　Wordのファイルを開く

1）［**ファイル**］タブから［**開く**］をクリックします。

2）［**開く**］画面から，**最近使ったアイテム**，または**参照**からファイル名をクリックします。

　ファイルの新規作成

　ファイルを閉じたあと，保存してあるファイルを開くのではなく，新規作成の画面を開きたい場合は，［**ファイル**］タブから［**新規**］をクリックします。［**白紙の文書**］を選択します。

One Point　古いバージョンのWord文書との互換

　Word2019は，Word2003などの**旧バージョンのファイル**を読み込んだり，編集することができる**互換性**があります。ただし以下の点に注意しましょう。

①**Word2019**で，旧バージョンのファイルを読み込むと，Word2019の新機能は使えなくなり旧バージョンの機能だけが使える**互換モード**が表示されます。編集は可能ですが，コマンドボタンの表示が異なる箇所があります。

②旧バージョンの文書ファイルは**Word2019ファイル**に変換することができます。旧バージョンで作成した文書ファイルを**Word2019**で開きます。タイトルバーのファイル名が［**互換モード**］と表示されます。

　［**ファイル**］タブをクリックして，［**情報**］画面から［**互換モード**］と表示されている左の［**変換**］ボタンをクリックすると，Word2019の文書ファイルに変換され最新のファイル形式に**アップグレード**されます。

③**Word2019**では，Word2003などの**旧バージョンのファイル形式**（Word97-2003文書）で保存することもできます。2-4-1項OnePoint「ファイルの保存形式」でも説明しましたが，Word2007から2019文書の拡張子は「**docx**」ですが，Word2003形式で保存すると「**doc**」となります。

④Microsoft Office 2007以降のWordでは，新しいファイル形式（**Officeオープン XML形式**）が採用されています。そのためWord2003以前の旧バージョンでは，新しい形式のファイルは開くことができません。

2-5 文書の印刷

　文書は印刷して使用することが多いです。印刷する前に必ず設定を確認しましょう。文書ファイルを開き，印刷の練習をします。

2-5-1 印刷の実行

プリンターと用紙の準備をして，簡単な印刷をしてみましょう。

[操作手順]

1）2-3-5 項で作成した文書ファイル「**例題 4_ 短文 1**」を開きます。文書ファイルを開くには，保存したファイルの場所を指定しなければなりません。ファイルの場所をしっかり意識してください。

2）[**ファイル**]タブをクリックし，[**印刷**]をクリックします。（注）

3）[**印刷**]ダイアログボックスが開き，右側に**印刷プレビュー画面**が表示されます。

4）この画面で用紙サイズ，用紙の向き，余白などのページ設定を行うことができます。

（注）複数のプリンターに接続しているときは，場合によりプリンター名の指定が必要です。設定は「プリンターのプロパティ」をクリックします。

図 2-5-1　印刷画面

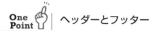 ヘッダーとフッター

　Word 文書の上と下の余白には，文字やページ番号，画像を入れることができる領域があります。**ヘッダー**（header）は上の余白，**フッター**（footer）は下の余白の領域です。ヘッダーやフッターに文字などを入力すると，複数ページの文書の場合，すべてのページに表示される仕組みになっています。偶数ページや奇数ページに表示させることもできます。ヘッダーとフッターをうまく利用すれば，本文の領域に影響がないので便利に使えます。[**挿入**]タブ[**ヘッダーとフッター**]から利用できます。ヘッダーやフッターはスタイルを選択して挿入することができます。フッターを利用したページ番号の挿入は 2-9-1 項操作手順 2「ページ番号」で解説しています。

2-6　移動・コピー

移動とは，「切り取り」して「貼り付け」ることをいいます。**コピー**とは，「コピー」をとり，それを「貼り付け」ることをいいます。移動・コピーが文書内や文書間で思い通りに操作できると，文書作成が速く行えます。

2-6-1　範囲選択

移動やコピーを行う場合は，その対象となる部分を**範囲選択**します。いろいろな範囲選択の方法を覚えましょう。（注）

●文字単位の範囲選択

> 20 世紀半ばからのコンピューター技術術の社会への影響を超えたとも言えよう。

マウスポインタが ｜ の形状で，範囲選択したい部分をドラッグします。 Shift +→ ← ↑ ↓でも範囲選択できます。

●単語単位の範囲選択

> 20 世紀半ばからのコンピューター技術術の社会への影響を超えたとも言えよう。

選択したい単語上で，マウスポインタが ｜ の形状のときダブルクリックします。

●行単位の範囲選択

> 20 世紀半ばからのコンピューター技術術の社会への影響を超えたとも言えよう。は、パソコンの発明と世界的な普及で庶民

範囲選択したい行の左余白で，マウスポインタが⇗の形状のときクリックします。

●矩形単位の範囲選択

> 20 世紀半ばからのコンピューター技術術の社会への影響を超えたとも言えよう。は、パソコンの発明と世界的な普及で庶民たパソコンと高速大容量ネットワークを結

 Alt を押しながら，マウスをドラッグすると，矩形で選択することができます。

●段落の範囲選択

範囲選択したい行の左余白で，マウスポインタが⇗の形状のときダブルクリックします。

●文書全体の選択

文書の左余白で，マウスポインタが⇗の形状のとき，トリプルクリック（3 回クリック）します。または， Ctrl + A を押します。

（注）2-8-1 項「校正記号」例題 7 の文章を利用して説明しています。

2-6-2 行単位の移動・コピー

「**例題4_短文1**」「**例題4_短文2**」を使用して行単位で移動・コピーしましょう。2-6節で説明したように，「**移動**」という名前のボタンはありません。移動とは，「**切り取った文字**」を別の場所に「**貼り付ける**」ことです。コピーとは，「**コピーした文字**」を，別の場所に「**貼り付ける**」という考え方です。

切り取り，コピー，貼り付けは，右クリックをよく使用しますが，ショートカットキーも使えるように練習しましょう。

［例題5］

2−3−5項「**例題4_短文1**」を開き，以下のように順序を逆に移動してみましょう。さらに「**例題4_短文2**」の内容を移動して下部にコピーしましょう。

ファイル名：**例題5_移動コピー**

映画館で、「スターウォーズ」を観る。
めっきりと春の景色になりました。
明日は、眼科へ行くつもりです。
フィレンツェの美術館へ行く。
シンドバッドの冒険を読む。　　　　　　　　　　「例題4_短文1」の逆順
裏山で、カッコウが鳴く。
暖かい日が続きました。
病院内は、禁煙です。
試験の勉強をする。
林檎の皮をむく。

蜜柑の皮をむく。
試験勉強を始める。
会場内は、禁煙です。
寒い日が続いています。
山奥で、ヒヨドリが鳴く。　　　　　　　　　　「例題4_短文2」のまま
ピーターパンの冒険を読む。
ウフィッツイ美術館へ行こう。
耳鼻科と眼科へ行くつもりです。
めっきりと、春景色になりました。
テレビで、「スタートレック」を観る。

操作手順 1　移動

1）切り取り範囲（移動元）を指定します。

①最終行「**映画館で…**」の文章全体を選択します。行全体を移動しますから，必ず行末 ↵ の（段落記号マーク）も加えて選択します。（2-6-1 項「範囲選択」参照））

②文字がグレーの矩形で囲まれるので，選択された範囲を確認します。

③[**ホーム**]タブをクリックし，[**クリップボード**]の ✂ **切り取り** ［**切り取り**］ボタンをクリックします。クリックすると同時に，選択された範囲の行が切り取られ画面から一時的に消えます。（注 1）

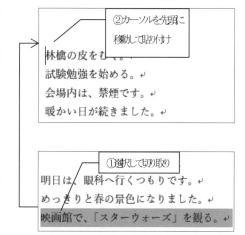

②カーソルを先頭に移動して貼り付け

林檎の皮をむく。↵
試験勉強を始める。↵
会場内は，禁煙です。↵
暖かい日が続きました。↵

①選択して切り取り

明日は，眼科へ行くつもりです。↵
めっきりと春の景色になりました。↵
映画館で，「スターウォーズ」を観る。↵

2）貼り付け先（移動先）の行を指定します。貼り付け先と移動先は，同じ意味です。

①貼り付けたい行（1 行目）の先頭にマウスポインタを位置づけ，クリックします。

②[**ホーム**]タブをクリックし，[**クリップボード**]の 📋 **貼り付け** ［**貼り付け**］ボタンをクリックします。クリックすると同時に，切り取られていた行が，画面に表れます。（注 2）

3）移動（切り取りと貼り付け）した結果を確認してから，「**短文 1**」の文章をすべて逆順にしましょう。

　（注 1）〈**切り取り**〉〈**貼り付け**〉は，右クリックでも行うことができます。

　（注 2）クリップボードに一時的に保存された文字が再び表れます。貼り付けた後もクリップボードには文字が残っていますから，何度でも続けて貼り付けを行うことができます。コピーの場合も同様です。

操作手順 2　コピー

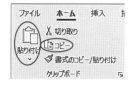

1）「**例題 4_ 短文 2**」を開き，文章全体をコピーしましょう。

①コピー範囲（コピー元）を指定します。

②複数行の選択または，文書全体を選択（[Ctrl]＋[A]）します。

③[**ホーム**]タブをクリックし，[**クリップボード**]の 📋 コピー ［**コピー**］ボタンをクリックします。移動のときと違い画面は何も変化しません。（注 3）

2）貼り付け先（コピー先）の「**例題 4_ 短文 1**」を開きます。

①貼り付けたい行（最終行の 1 行下）の先頭にマウスポインタを位置づけ，クリックします。

②[**ホーム**]タブをクリックし，[**クリップボード**]の[**貼り付け**]ボタンをクリックします。クリックすると同時に，コピーされた行が画面に表れます。（注 4）

3）完成したら，ファイル名「**例題 5_ 移動コピー**」で保存します。

　（注 3）〈**コピー**〉は，右クリックでも行うことができます。

　（注 4）[**貼り付け**]を選択すると，[貼り付けのオプション]が表示されます。（2-6-5 項 OnePoint「**貼り付けのオプション**」参照）

2-6-3 クリップボード

切り取りやコピーを行った文字列は，**Office** の**クリップボード**という場所に一時的に保存されます。最大 24 個まで保存でき，保存されたデータは Office アプリケーションで共通して利用できます。たとえば Word の文字列を PowerPoint に貼り付けて利用することができるというわけです。クリップボードに保存されている間は，**何度でも貼り付ける**ことができます。

操作手順 クリップボード

1) クリップボードの表示は，[**ホーム**]タブ[**クリップボード**]ダイアログボックス起動ツール ⎘ をクリックします。
2) [**クリップボード**]作業ウインドウが左に表示され，クリップボードに保存されたデータが，[**貼り付けるアイテム**]として一覧表示されます。
3) 必要なときに右の▼ボタンより貼り付けができます。
4) クリップボードから削除したい文字列は，同様に▼ボタンから削除できます。
5) マウスを右クリックしても，簡単に切り取りやコピーができますが，この場合もクリップボードにデータが保存されます。

2-6-4 ショートカットキーによる移動・コピー・削除

ショートカット（shortcut）とは，英語で近道という意味です。[Ctrl] と英文字との組み合わせから，以下のような機能が実行できます。ショートカットの利用は，大変有効な方法ですから，ぜひ覚えておきましょう。下表のショートカットキーのほとんどは，他のアプリでも共通して利用できます。(注)
　たとえば，コピーしたい範囲を選択し，[Ctrl] を押しながら [C] を押すと，コピーできます。貼り付けたい場所にカーソルを移動し，同じく [Ctrl] を押しながら [V] を押すと貼り付けることができます。ショートカットキーによる切り取り，コピーされたデータも[**クリップボード**]に保存されます。

ショートカットキー	機能
[Ctrl]＋[C]	選択範囲をコピー
[Ctrl]＋[X]	選択範囲を切り取る（カット）
[Ctrl]＋[V]	選択範囲を貼り付ける（ペースト）
[Ctrl]＋[Z]	元に戻す
[Ctrl]＋[Y]	繰り返し　[F4] キーも同じ
[Ctrl]＋[A]	すべて選択（文書全体選択）
[Ctrl]＋[S]	上書き保存

　例えば，リボンの中の[貼り付け]ボタンにマウスをポイントすると，ポップヒントに「貼り付け（Ctrl＋V）」と表示されるので，ショートカットキーが Ctrl ＋ V であることが分かります。他のショートカットキーも試してみましょう。キーボードを見ると， X ， C ， V のキーは横に並んでいるので覚えやすいです。

　　　（注）Windows 上で，ファイル自体をコピーしたり，切り取ったり，貼り付けたりするときもこのショートカットキーが使用できます。

2-6-5　ドラッグ＆ドロップによる移動・コピー

　次にマウスのドラッグ＆ドロップ機能を使って，瞬時に移動・コピーする方法を練習しましょう。行単位での移動を練習しますが，文字単位の時も同じです。

操作手順　移動・コピー

1）移動したい行（または文字列）を選択してから，選択範囲の中にマウスポインタを置きます。

2）マウスポインタが 🔖 の形になります。「蜜柑の皮…」の「蜜」の文字の左側にドラッグします。

3）カーソルが現れたら，マウスの指を放します。これを**ドラッグ＆ドロップ**といいます。

4）Ctrl を押しながら，**ドラッグ＆ドロップ**するとコピーになります。コピーして貼り付けることを**コピー＆ペースト**といいます。

↓［問題］

練習2

2-3-5項「例題4_短文1」「例題4_短文2」および2-6-2項「例題5_移動コピー」を開き，ショートカットキーやドラッグ＆ドロップ機能を使って，完成させましょう。

ファイル名：**練習2_移動コピー2**

①「短文2」
②「短文2」の逆順
③「短文1」
④「短文1」の逆順

2ページになります。これは，Wordのページレイアウトの初期値は，1ページに36行入る設定になっているからです。ページレイアウトについて，2-9-1項「ページ設定」で説明します。

One Point　書式のコピー

例えば，複数の文字列に対して「赤い文字にする」「太字にする」「フォントサイズを変える」など，他の文字列が持つ同じ書式を設定したいとき，一箇所ずつ設定するのは面倒です。

この場合，書式をコピーしたい文字列を選択し，[**ホーム**]タグの[**書式のコピー／貼り付け**]ボタンをクリックしてから，次に，貼り付けたい場所をドラッグするだけで，同じ書式がコピーされます。

繰り返し貼り付けたいときは，[**書式のコピー／貼り付け**]ボタンを**ダブルクリック**すると，繰り返し貼り付けることができます。再度[**書式のコピー／貼り付け**]ボタンをクリックすると解除できます。

One Point　貼り付けのオプション

[貼り付け]を選択すると，画面内に[貼り付けのオプション]が表示されます。

▼ボタンから，貼り付け方を選択することができます。

①**元の書式を保存（K）**（初期値）　元の書式とともに貼り付ける。

②**書式を結合（M）**　元の書式と貼り付け先の書式が結合される。

③**図（U）**　図として貼り付ける。

④**テキストのみ保存（T）**　文字情報のみ貼り付ける。

貼り付けのオプション

2-7　文字の装飾

文字列に，文字飾り，文字サイズ，文字の配置を設定してみましょう。

2-7-1　文字飾りと罫線・網かけ

［例題 6］

　まず，「**青い空と白い雲**」という文字を，22 行作成します。1 行入力したら残りはコピーして，22 行を効率よく作成しましょう。次に各行の「**青い空と白い雲**」に対して，その行の説明にしたがった文字装飾の練習をしましょう。(1)文字飾り，(2)罫線と網かけ，(3)行揃えと均等割り付け，の装飾をして 22 行の「**青い空と白い雲**」を作成しましょう。この時，行数・説明及び罫線は不要です。完成したら，ファイル名「**例題 6_ 文字装飾**」で保存します。

(1)　**文字飾り**

ファイル名：例題 6_ 文字装飾

行数	文字飾り	説明	
1 行目	青い空と白い雲	日本語用フォント	游明朝
2 行目	**青い空と白い雲**	游明朝　　　∨	游ゴシック
3 行目	青い空と白い雲		10.5 ポイント(標準)
4 行目	青い空と白い雲		12 ポイント
5 行目	青い空と白い雲	フォントサイズ　10.5 ∨	16 ポイント
6 行目	青い空と白い雲		8 ポイント
7 行目	**青い空と白い雲**	スタイル　**B** *I*	太字
8 行目	*青い空と白い雲*		斜線
9 行目	青い空と白い雲	下線	一重下線
10 行目	青い空と白い雲	U ∨	二重下線
11 行目	青い空と白い雲	ab	取り消し線
12 行目	青い空と白い雲	x_2	下付き
13 行目	青い空と白い雲	x^2	上付き

(2)　**罫線と網かけ**

14 行目	青い空と白い雲	罫線	罫線外枠
15 行目	青い空と白い雲		罫線影付き
16 行目	青い空と白い雲	網かけ	網かけ 10%
17 行目	青い空と白い雲		網かけ 30%

（3）行揃えと均等割り付け

18 行目	青い空と白い雲	左揃え
19 行目	青い空と白い雲	中央揃え
20 行目	青い空と白い雲	右揃え
21 行目	青　　い　　空　　と　　白　　い　　雲	均等割り付け
22 行目	青 い 空 と 白 い 雲	均等割り付け(割り付け幅10文字)

操作手順 1 文字飾り

1）文字飾りする範囲（青から雲まで）をドラッグします。 Shift ＋□でドラッグするとマウスより便利に選択できます。

2）[**ホーム**]タブ[**フォント**]グループの各コマンドボタンを使って装飾します。各種の文字飾りがありますので，例を見ながら順に変更してみましょう。

操作手順 2 罫線と網かけ

1）文字列（**青**から**雲**まで）を Shift ＋□で範囲選択でします。

2）[**ホーム**]タブ[**段落**]の [**罫線**]ボタン右端の▼をクリックし，[**線種とページ罫線と網かけの設定(O)**]をクリックし[**線種とページ罫線と網かけの設定**]ダイアログボックスを表示します。この中には，罫線や網かけを設定するためのタブがあります。文字を囲むときは[**設定対象(L)**]で〈**文字**〉を指定します。

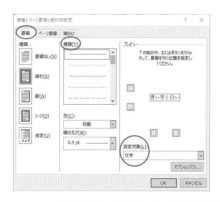

図 2-7-1　線種とページ罫線と網かけの設定ダイアログボックス

One Point 縦書きで横を向いた英数字を直す

[**ホーム**]タブ[**段落**]の[**拡張書式**]の[**縦中横**]を選択し，**OK**をクリックします。

昭和56年　昭和56年

第2章

｜フォントダイアログボックスからの装飾

[**ホーム**]タブ[**フォント**]の [**ダイアログボックス起動ツール**]をクリックし，[**フォント**]ダイアログボックスを表示します。日本語用のフォント，スタイル，サイズ，文字飾りなどをまとめて指定できます。

2-7-2　文字列の配置

文字列を行のどの位置に配置するかを指定します。

操作手順3　行揃えと均等割り付け

段落

1）文字列（**青**から**雲**まで）を範囲選択します。（注）
2）[**ホーム**]タブ[**段落**]の ≡ [**左揃え**]，≡ [**中央揃え**]，≡ [**右揃え**]，≡ [**両端揃え**]，および 凹 [**均等割り付け**]で配置の指定を変更します。

　（注）左揃え，中央揃え，右揃えはカーソルが，その文字列の行にあれば，範囲選択しなくても揃えられます。

3）均等割り付けは，何も範囲選択をしないで行うと，21 行目のように印字幅いっぱいに割り付けされます。[Shift]＋→で範囲選択してから[**均等割り付け**]をクリックすると，[**文字の均等割り付け**]ダイアログボックスが表示され，割り付けたい文字数を設定できます。

｜均等割り付けの具体例

　複数行の項目の文字列の幅は，一番長い文字列を基準に均等割り付けをするのが，文書作成の基本です。図のように，一番長い 4 文字の世田谷区，江戸川区以外の文字列を [Shift]＋→でドラッグしてから，[**ホーム**]タブ[**均等割り付け**]をクリックします。

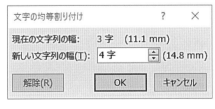

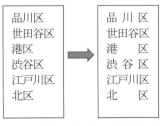

2-8 文章の校正，検索・置換

　校正記号に従って文章を訂正し，基本的な校正記号について理解しましょう。作成した文章を編集する際，検索・置換の機能を活用すると大変便利です。

2-8-1 校正記号

[例題7] 例題7の文章は同友館よりダウンロードすることができます。(注)

ファイル名：**例題7_科学技術**

科学技術と人類

　科学技術が人類に与えた影響について振り返ってみよう。15世紀半ば，グーテンベルクは活版印刷技術を考案し，初めて印刷を聖書したと言われている。この技術は中世社会に急速に普及して大量の印刷物を世に送り出し，ルネサンス期において情報が伝播する速度を飛躍的に向上させた。18世紀半ば，ワットが発明した蒸気機関の動力への活用は，工業社会のエネルギー生産の基本的な原動力になると共に，燃料であった石炭を時代の主役にした。そして18〜19世紀は，交通手段が大きく変わり，人や物資を運ぶ手段が帆船から蒸気船へ，馬車から蒸気機関車へ移り変わり，人類は地球規模の大量移動手段を手に入れた。20世紀半ばからのコンピューター技術の発達速度と世界的な拡大は，それまでの科学技術の社会への影響を超えたとも言えよう。大企業国家やの独占物であったコンピューターは，パソコンの発明と，世界的な普及で庶民の道具となった。21世紀初頭，更に高度化したパソコンと高速大容量ネットワークを結合する技術は，スマートフォンとクラウド・コンピューティングの普及を促した。現在，クラウドに蓄積された大量情報を活用するビッグデータ技術とAI(artificial intelligence：人工知能)技術は，更なる変革を近未来社会にもたらすと言えよう。

文京学院大学経営学部紀要第23巻より一部抜粋

（注）同友館 http://www.doyukan.co.jp/download/

操作手順 校正記号

1）校正記号に従って，文章を修正し，ファイル名「**例題7_科学技術**」に上書き保存しましょう。　**表題**は，**中央揃え**，**14**ポイントです。行や文字の挿入，削除，移動，複写などの基本機能を復習しましょう。

One Point | 段落をつくる

　各段落の最初は，全角で1文字空白を空けてください。原稿用紙に書くことをイメージしましょう。

[校正後]

科学技術と人類

　科学技術が人類に与えた影響について振り返ってみよう。

　15 世紀半ば，グーテンベルクは活版印刷技術を考案し，初めて聖書を印刷したと言われている。この技術は中世社会に急速に普及して大量の印刷物を世に送り出し，ルネサンス期において情報が伝播する速度を飛躍的に向上させた。18 世紀半ば，ワットが発明した蒸気機関の動力への活用は，工業社会のエネルギー生産の基本的な原動力になると共に，単なる燃料であった石炭を時代の主役にした。そして 18〜19 世紀は，交通手段が大きく変わり，人や物資を運ぶ手段が馬車から蒸気機関車へ帆船から蒸気船へ移り変わり，人類は地球規模の大量移動手段を手に入れた。

　20 世紀半ばからのコンピューター技術の発達速度と世界的な拡大は，それまでの科学技術の社会への影響を超えたとも言えよう。国家や大企業の独占物であったコンピューターは，パソコンの発明と世界的な普及で庶民の道具となった。21 世紀初頭，さらに高度化したパソコンと高速大容量ネットワークを結合する技術は，スマートフォンとクラウド・コンピューティングの普及を促した。現在，クラウドに蓄積された大量情報を活用するビッグデータ技術と AI(artificial intelligence：人工知能)技術は，更なる変革を近未来社会にもたらすと言えよう。

文京学院大学経営学部紀要第 23 巻より一部抜粋

2-8-2　検索・置換

　指定した文字列を探すことを**検索**といいます。**置換**は指定した文字列を別の文字列に置き換えることです。ここでは，置換の機能を使って「**例題 7_ 科学技術**」を変更してみましょう。

操作手順 1　検索

1) ［**ホーム**］タブ［**編集**］から［**検索**］をクリックします。
2) 左に表示された［**ナビゲーション**］ウインドウに「**技術**」と入力します。
3) 結果が表示され，検索する言葉(ここでは「**技術**」)がある文中の位置や件数が確認できます。

操作手順 2　置換

1) まず，文頭にカーソルを移動しておきましょう。［**ホーム**］タブ［**編集**］から［**置換**］をクリックすると［**検索と置換**］ダイアログボックスの〈置換〉が開きます。［**検索する文字列(N)**］に技術，［**置換後の文字列(I)**］に Technology と入力します。
2) 〈**次を検索(F)**〉をクリックすると，表題の「**科学技術と人類**」の技術がグレーの矩形に囲まれ，置換する場合には，〈**置換(R)**〉をクリックすると，次の**技術**の文字にカーソルが移動します。
3) 本文 2 行目の「**活版印刷技術**」の「**技術**」は置き換えずに，他の「**技術**」は「**Technology**」に置き換えましょう。
4) 置換えにより変更した「**Technology**」の部分を〈**すべて置換(A)**〉を使って元に戻し，上書き保存しましょう。〈**すべて置換(A)**〉をクリックすると，確認なしで，全ての対象文字が置き換えられます。

2-9 ページ設定と編集

1ページの行数や1行の文字数や，用紙の向きなどのページ設定を学びましょう。実際に印刷する場合は，[**印刷**]のプレビュー画面で確認しましょう。印刷前に確認すれば，印刷ミスが少なくなり，用紙やインクの節約にもなります。

2-9-1 ページ設定

次のように文書スタイルを指定し，文章を編集しましょう。その後，保存して印刷します。

操作手順1 ページ設定

1）2-8節「文章の校正，検索・置換」で作成した「**例題7_科学技術**」を使用します。[**レイアウト**]タブの[**ページ設定**]ダイアログボックス起動ツール 🔲 をクリックします。

2）[**ページ設定**]ダイアログボックスでは，次のような項目を指定します。

①[**文字数と行数**]タブ

文字方向：

横書き（Z）縦書き（V）（初期値：**横書き**）

文字数と行数の設定（注）：

行数だけを指定する（初期値）

文字数： 1行の文字数（初期値：**40字**）

行数： 1ページの行数（初期値：**36行**）

（注）初期設定では，[**行数だけを指定する(O)**]になっています。1行の文字数を変更するときは，[**文字数と行数を指定する(H)**]をクリックしてください。文字数も設定できるようになります。

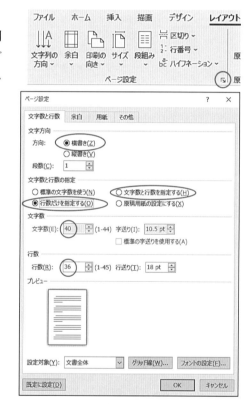

図2-9-1 ページ設定ダイアログボックス
文字数と行数

図 2-9-2 余白タブ

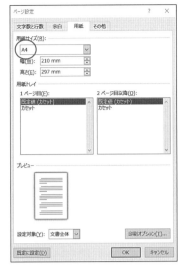

図 2-9-3 用紙タブ

図 2-9-4 その他

② [余白] タブ

余白：上下左右の余白を mm で指定（初期値：**上 35 mm　下 30 mm　左 30 mm　右 30 mm**）

印刷の向き：縦 (P) 横 (S)（初期値：**縦**）

③ [用紙] タブ

用紙サイズ (R)：用紙のサイズを A4，B5 などから選択（初期値：**A4**）(注)

　　（注）接続しているプリンターにより選択できる用紙サイズは変わります。

↓[問題]

練習 3　「例題 7_科学技術」のページ設定を変更してみましょう。

ファイル名：**練習 3_科学技術**

① ページ設定を，用紙サイズ (**A4**)，印刷の向き (**縦**)，文字方向 (**横書き**)，文字数は **35** 字に変更します。行数は変更せず，**36** 行のままにしておきましょう。文字間隔が少し広くなったことを [**ファイル**] タブ [**印刷**] の〈**印刷プレビュー**〉画面で確認しましょう。(注)

② つぎに，再度ページ設定から，行数を **23** 行に変更して，〈**印刷プレビュー**〉画面で確認してみましょう。行間隔が広くなりましたね。

③ [**ファイル**] タブ [**名前を付けて保存**] を選びファイル名「**練習 3_科学技術**」として保存します。

　　（注）文字間隔が広く感じられる場合は，[**レイアウト**] タブ [**ページ設定**] ダイアログボックス起動ツールをクリックして，[**余白**] タブを開き，左右の余白を広げます。余白を広げたら，必ず [**文字数と行数**] タブの文字数を確認しましょう。文字数が自動的に変更されていることがあります。

| 操作手順 2 | ページ番号

文章が 2 ページ以上になる場合は，ページ番号の設定をします。

1) [**挿入**]タブ[**ヘッダーとフッター**][**ページ番号**]をクリックします。[**ページの下部(B)**]の[**番号のみ 2**]を選択すると，ページの下部中央にページ番号が表示されます。

2) [**ヘッダーとフッターを閉じる**]ボタンをクリックするか，本文をダブルクリックすると，通常のページに戻ります。

図 2-9-5　ヘッダー／フッターツールリボン

 | ページ番号の削除

　ページ番号を削除するときは，淡色表示されているページ数をダブルクリックしてフッターを表示させます。[**ヘッダー／フッターツール**][**デザイン**]タブ[**ヘッダーとフッター**]「**ページ番号**」をクリックして[**ページ番号の削除(R)**]で削除できます。ページ番号をダブルクリックして Delete を押しても数字が削除できます。ヘッダー／フッターの表示を消すには，[**ヘッダー／フッターツール**]リボンの[**ヘッダー／フッターを閉じる**]ボタンをクリックします。

↓[問題]

練習 4

　「**練習 3_科学技術**」(35 字，23 行)を開き，以下のようにページ設定を変更し，印刷プレビューで確認した後，印刷しましょう。印刷の向きや余白を変更することで，文字数や行数が再計算されることがありますから注意しましょう。印刷後，それぞれのファイル名で保存しましょう。

ファイル名：**練習 4_科学技術**

　文字方向(横書き)，印刷の向き(横)，用紙サイズ(A4)，文字数(54 字)，行数(17 行)

ファイル名：**練習 5_科学技術**(注)

　文字方向(縦書き)，印刷の向き(横)，用紙サイズ(A4)，文字数(30 字)，行数(25 行)

　　　(注) 縦書きの場合，題目は中央揃えを解除し，中央より少し上に配置しましょう。

　　　　　縦書き文書の算用数字は，2-7-1 OnePoint「縦書きで横を向いた英数字を直す」を参照して修正しましょう。7 箇所あります。

ファイル名：**練習 6_科学技術**

　文字方向(横書き)，余白上下(45 mm)，余白左右(55 mm)，印刷の向き(横)，用紙サイズ(A4)，文字数(30 字)，行数(17 行)，ページ番号は下部中央(2-9-1 項操作手順 2「ページ番号」参照。2 ページになります)

ファイル名：**練習 7_科学技術**

　「練習 3_科学技術」から変更します。本文のみ選択し，[**レイアウト**]タブ[**ページ設定**][**段組み**][**段組みの詳細設定(C)**]をクリックします。種類(**2 段**)，段の幅(**17 字**)，間隔(**1 字**)，設定対象(A)は「**選択している文字列**」として，OK をクリックします。

［完成例］

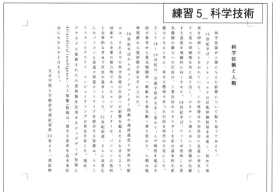

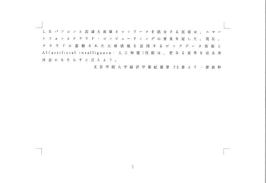

（注）練習 7_ 科学技術は，文章の最終行で
[Enter] を押すことで段の区切り位置を
調整できます。

図 2-9-5　ページ設定

2-9-2 タブ・インデントマーカー（社内文書）

［例題 8］ 次の文章を入力しましょう。 ファイル名：**例題 8_ 社内文書 1**

> ２０２０年９月２１日
>
> 支店長各位
>
> 東京本社営業部長
>
> 髙 田 卓 也
>
> <u>会議開催のお知らせ</u>
>
> 下記のとおり、定例会議を行いますので出席をお願いします。
>
> 記
>
> １．日　　時　　　１０月１５日（木）午前１０時～午後１時
> ２．場　　所　　　本社営業本部　第１会議室
> ３．出 席 者　　　支店長および本社営業課長
> ４．議題内容　　　次の議題を予定しています。
> 　　　　　　a.　　各課事業推進状況の報告
> 　　　　　　b.　　新製品プロジェクト発足について
> 　　　　　　c.　　販促スケジュールについて
>
> なお、事前配布の資料を、お持ち寄りください。
>
> 以上

操作手順 1 社内文書の作成

1) 上の文書を作成し，ファイル名「**例題 8_ 社内文書 1**」で保存します。文字数 **40 字**，行数 **30 行** に設定しましょう。

2) はじめは文書全体を左詰めで入力し，その後配置を整えます。

　①「**記**」と入力し，**Enter** を押すと「**記**」の文字が中央揃えになり，自動的に「**以上**」が右揃えで挿入されます。これは，**オートコレクト機能**によるものです。

　②「**日時**」「**場所**」などの別記事項の入力は，**Tab** を押してから OnePoint 2-9-2 項「オートコレクトのオプション」参照）番号は入力せずに「**日時**」と入力し，さらに **Tab** を押して空白を作り「**10 月 15 日（木）**…」と入力します。**Tab** で挿入した空白は，後から調整できます。

3) 作成例を参照し，**日付**（右揃え），**表題**（中央揃え・下線），**差出人の位置**（右揃えの後スペースなどで調整）を整えます。

操作手順2 編集記号の表示／非表示

タブやスペースなどの編集記号は通常表示されていませんが，文章を編集する際に不便なこともあります。編集記号を**非表示**から**表示**にするには，[**ホーム**]タブ[**段落**][**編集記号の表示／非表示**]ボタンで切り替えます。

操作手順3 段落番号

1) 別記事項に段落番号をつけましょう。

   段落番号をつけたい行を範囲選択します。ここでは4行分です。

2) [**ホーム**]タブ[**段落**]の 段落番号 ・[**段落番号**]ボタンの▼をクリックし，段落番号を選択します。番号を全角文字にしたいときは，[**新しい番号書式の定義(D)**]でも変更することができます。その他，箇条書きやアウトラインの設定があります。

3) また，先頭に1文字だけ空白を入れて，文字列を入力していくと，[Tab]を押したときに，自動的に[**字下げ**]のインデントが設定されます。

One Point オートコレクトのオプションボタン

別記事項の「日時」を入力する前に[Tab]を押すと，4文字カーソルが移動します。しかし，[**ホーム**]タブ[**段落**]の[**編集記号の表示／非表示**]をクリックして表示状態にしておくと，[Tab]の編集記号が表示されず，オートコレクトのオプションボタン ⧉ が表示されます。これは，行頭や行末で[Tab]を押すとインデントマーカーとして表示されるからです。

オートコレクトのオプションボタンが表示されたら，図のように「**タブに戻す(H)**」を選択するとタブに戻すことができます。ただし，必ずタブに戻す必要はなく，不都合があれば変更すればよいでしょう。

設定の初期値を変更したい場合は，[**ファイル**]タブ[**オプション**][**文章校正**]の[**オートコレクトのオプション(A)**]から変更することができます。

One Point ✍ │ オートコレクト／入力オートフォーマット

オートコレクトとは，入力ミスを自動的に修正する機能です。
[ファイル][オプション][文章校正]の〈オートコレクトのオプション (A)〉をクリックすると設定を確認できます。

例えば，英文を書く場合に，「2 文字目を小文字にする(O)」「文の先頭文字を大文字にする(S)」「入力中に自動修正する(T)」などがあり，必要に応じて，設定を変更して使用できます。

入力オートフォーマットは，オートコレクト機能の一部ですが，書式を自動的に設定する機能です。

URL を入力してハイパーリンクに変更したり，箇条書きの段落番号を自動で作成したり，頭語に対応する結語を挿入する(「記」と入力して，「以上」が自動的に表示されたりする)などがあります。これも必要に応じて，設定を変更して使用できます。

操作手順 4　均等割り付け

1) 「出席者」を「議題内容」(項目のなかで一番長い文字)に文字幅を合わせましょう。
　ここでは，「議題内容」が 4 文字ですから，4 文字に広げます。

2) [ホーム]タブの[段落]内にある 目 [均等割り付け]ボタンをクリックします。

操作手順 5　インデントマーカー

1) まず，[表示]タブ[表示／非表示]の[ルーラー]にチェックを入れて，ルーラーを表示させます。

2) 行の先頭で [Tab] を押した行は一行目のインデントマーカーが自動的に移動していることが確認できます。行頭以外で [Tab] を押した部分は，[ホーム]タブ[段落][編集記号の表示・非表示]ボタンをクリックすると確認できます。(2-9-2 項操作手順(2)「編集記号の表示／非表示」参照)

3）インデントマーカーの意味は次のとおりです

▽	1行目のインデント	段落の1行目の開始位置を示す
△	ぶら下げインデント	段落の2行目以降の開始位置を示す。⬒の形で移動します
▢	左インデント	行全体（段落）の開始位置を示す。⧗の形で移動します。
△	右インデント	行末全体（段落）の位置を示す

4）「a, b, c」も［**ホーム**］タブ［**段落**］の ≔▾［**段落番号**］をクリックし，［**新しい番号書式の定義（D）**］
［**番号の種類（N）**］から，「**a. b. c.**」を選んで設定します。インデントマーカーを使って，例題8
の「a. b. c.」の位置を揃えましょう。移動したいこの3行を範囲選択してから，ルーラー上の，
左インデントマーカーをドラッグして位置を揃えることができます。

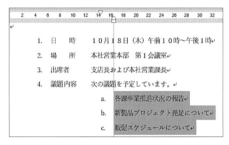

 箇条書きの入力

> ［**ホーム**］タブ［**段落**］の［**箇条書き**］ボタンで，同様に箇条書きの設定ができます。▼ボタンをクリッ
> クし，行頭文字ライブラリから，●■◆などの箇条書きのスタイルを変更することができます。

⬇［問題］
練習8

「**例題8_社内文書1**」を開き，下のメモ書きを元に各項目を修正し，別の内容の社内文書
を作成しましょう。別記事項の項目は，「議題内容」の4文字で，**均等割り付け**しましょう。

ファイル名：**練習8_社内文書2**

発信日	2020年9月17日（木）
宛先	課長各位
発信元	東京本社総務部長　山本　健吾
日時	9月25日（金）10：00～12：00
場所	第1支社A研修室
出席者	各課課長及び主任
議題内容	a. 本年度の総括
	b. 来年度各課の計画について
	c. 新入社員研修会について

2-9-3　タブの種類

[**例題9**]　各種タブの設定をして入力しましょう。（注）　　　ファイル名：**例題9_タブの種類**

→	りんご	→	AAAAA	→	10.5kg ....→........................5↵
→	かき	→	BBBB	→	9.65kg ....→........................10↵
→	きうい	→	CCC	→	100.457kg ....→........................50↵
→	ぱいなっぷる	→	DD	→	0.4kg ....→........................100↵

（注）編集記号を表示しているので，→が表示されています。（2-9-2 操作手順 2「編集記号の表示」参照）

操作手順 1 タブの詳細設定

1) 「例題8_社内文書1」作成時に Tab を利用しましたが，ここでは Tab の種類や設定の方法を確認しましょう。

2) 初期設定では Tab を押すたびに，4文字カーソルが移動していきます。

3) 任意の位置にタブを設定したいときは，［**レイアウト**］タブ［**段落**］の［**段落**］ダイアログボックス起動ツール ⬚ をクリックし，［**段落**］ダイアログボックスの［**タブ設定(T)**］をクリックします。

4) ［**タブとリーダー**］ダイアログボックスが表示されます。［**タブ位置(T)**］［**配置**］［**リーダー**］を指定して，タブを設定するごとに［**設定(S)**］をクリックします。すべて設定が終わったら，**OK** をクリックします。

5) 以下の表のように設定し，Tab を押しながら，文字を入力しましょう。

6) タブ位置の指定を修正したい場合は，範囲選択してから修正しましょう。

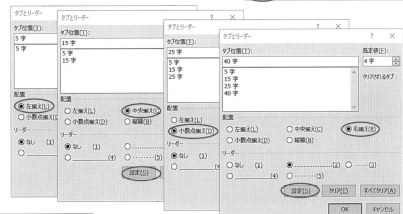

タブ位置	配置	リーダー	表示
5字	左揃え	なし	∟
15字	中央揃え	なし	⊥
25字	小数点揃え	なし	⊥
40字	右揃え	…………(2)	⌐

左揃えタブ　　　　　中央揃えタブ　　　　　小数点タブ　　　　　右揃えタブ

7) タブの設定が完了したら，〔Tab〕を利用しながら，例題9の文字を入力してみましょう。

↓[問題]

練習9　ファイル名「**例題7_科学技術**」を使用します。タブやインデントマーカーを使用して作成しましょう。（2-9-2 操作手順(5)インデントマーカー参照）

ファイル名：**練習9_ インデントマーカー**

グーテンベルク　　15 世紀半ば、活版印刷技術を考案し、初めて聖書を印刷したと言われている。この技術は中世社会に急速に普及して大量の印刷物を世に送り出し、ルネサンス期において情報が伝播する速度を飛躍的に向上させた。

ワット　　18 世紀半ば、発明した蒸気機関の動力への活用は、工業社会のエネルギー生産の基本的な原動力になると共に、単なる燃料であった石炭を時代の主役にした。

18〜19 世紀　　交通手段が大きく変わり、人や物資を運ぶ手段が馬車から蒸気機関車へ帆船から蒸気船へ移り変わり、人類は地球規模の大量移動手段を手に入れた。

左インデント3字　　　　　　　　　　　　　　**右インデント3字**

　　20 世紀半ばからのコンピューター技術の発達速度と世界的な拡大は、それまでの科学技術の社会への影響を超えたとも言えよう。国家や大企業の独占物であったコンピューターは、パソコンの発明と世界的な普及で庶民の道具となった。21 世紀初頭、さらに高度化したパソコンと高速大容量ネットワークを結合する技術は、スマートフォンとクラウド・コンピューティングの普及を促した。現在、クラウドに蓄積された大量情報を活用するビッグデータ技術と AI(artificial intelligence：人工知能)技術は、更なる変革を近未来社会にもたらすと言えよう。

作成のヒント：

ルーラー上のインデントマーカーをマウスでドラッグして合わせることもできますが，詳細に設定したい場合は，段落を選択してから，[**ホーム**]タブ[**段落**]の[**段落**]ダイアログボックス起動ツールをクリックして，右のような[**段落**]ダイアログボックスから，文字数を指定することができます。この例ではぶら下げインデント 10 文字にして1行目にいれたタブの位置に合わせています。

右インデントと左インデントも同様です。この例では左右3文字インデントしています。

2-10 ビジネス文書（通信文）の作成

ビジネスで使われる通信文を，いろいろな要素を含めて作成し理解を深めましょう。

2-10-1 社外文書

[**例題10**] 「ビジネス文書形式」を参考にして，次のような通信文を作成しましょう。

ファイル名：**例題10_社外文書**

総務部０３－１号
令和２年１２月１２日

東西物産株式会社
　営業部長　森本　浩介　様

南北商事株式会社
　　総務部長　小林　洋

事務所移転のお知らせ

拝啓　時下ますますご清祥のことと、お慶び申し上げます。平素は格別のお引き立てを賜り、厚く御礼申し上げます。
　さて、この度弊社におきましては、下記のとおり新事務所を移転することになりました。これを機に社員一同、一層の努力を重ねていく所存でございます。今後とも一層のお引き立てを賜りますようお願い申し上げます。
　まずは、略儀ながら書中をもちましてご挨拶申し上げます。

敬具

記

新 住 所　　　東京都武蔵野市吉祥寺３－４　旭ビル5F
電話番号　　　0422-23-3456
移 転 日　　　令和３年２月１日（月）

以上

添付書類
1. ダイヤルイン電話番号表　　1部
2. 新事務所ご案内図　　　　　1部

担当：総務課　斉藤

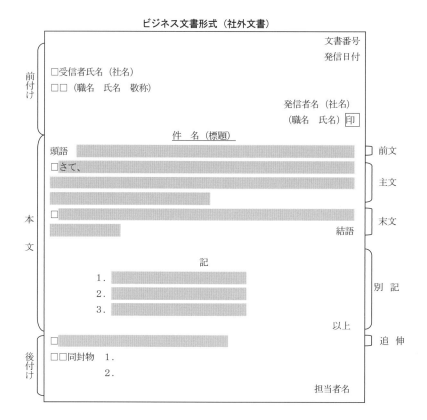

ビジネス文書形式（社外文書）

頭語と結語

	頭　語	結　語
一般的	拝啓	敬具
丁重な場合	謹啓	敬白
	謹呈	謹白
前文省略	前略	草々
返信の場合	拝復	敬具

敬称について

宛　名	敬　称	使用例
官庁・会社など	御中	ABC 株式会社　御中
職名	殿，様	総務課長殿
個人	様	篠原　美江 様
多数	各位	総務部　各位

件名は印字幅の 1/3 から 1/2 ぐらいが目安です。

操作手順 あいさつ文

例題 10 の「**社外文書**」などを参考に作成します。

1）「**拝啓**」と入力し 1 スペース空け，[**挿入**][**テキスト**]の[**挨拶文**]から[**あいさつ文の挿入(G)**]をクリックします。

2）右図のように，選択して OK をクリックすると，あいさつ文の文章が挿入されます。

3）[**月のあいさつ(G)**]は「**(なし)**」にしています。「**時下**（じか）」は，「今この時」という意味の語で，これを用いる場合，時候の挨拶は必要ありません。時候の挨拶は，同じ月でも上旬，下旬により選ぶ言葉が違いますから，注意が必要です。

↓[問題]

練習10　以下の案内状を，校正記号の通りに修正し入力しましょう。

（）には下記の選択肢より選び，適切な言葉を入れて入力してください。

(1)殿　御中　各位　宛　(2)毎度　日ごろ　時下

(3)本社　弊社　御社　貴社

印刷プレビューで確認した後，印刷しましょう。　　　　ファイル名：**練習10_案内状**

2020年11月2日

お得意様　　（1）

山藤株式会社　東京支店

代表取締役社長　三浦　潔

創業20周年記念パーティのご案内　*12ポ*

拝啓　　（2）ますますご清祥のこととお喜び申し上げます。平素は格別のご高配を賜り、厚く御礼申し上げます。

さて、（3）は本年12月をもちまして創業20周年を迎えることとなりました。これも、*いたしており*

ひとえに 皆様方の変わらぬお力添えの賜物と深く感謝申し上げる次第でございます。つきましては、感謝の気持ちを込めまして、下記のとおり記念パーティを催したく存じております。ご多忙中恐縮ではございますが、なにとぞご来臨くださいますようお願い申し上げます。*トルツメ*

敬具

記

1．日　時　　2020年12月18日（金）

午後2時〜4時

2．場　所　　港区赤坂9-2-3　℡ 03-3585-1616

赤坂パークホテル　桜の間

以上

なお、お手数ではございますが、同封ハガキにて12月10日までに、ご出席の有無をお知らせください。

2-11 図形描画・画像の挿入・表の作成

2-11-1 図形描画

［例題 11］

図形描画は Word だけでなく PowerPoint でもよく利用する機能です。覚えておくと便利です。次の文書を作成しましょう。元の文書は同友館からダウンロードできます。(注)

ファイル名：例題 11_ 店舗移転

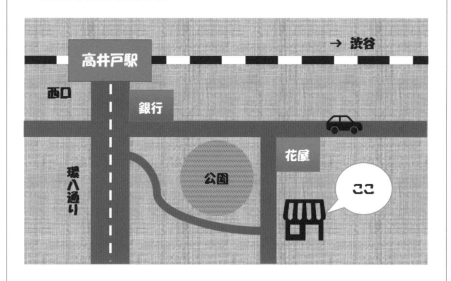

（注）同友館 https://www.doyukan.co.jp/download/

第2章

[操作手順 1]　図形描画

まず，［**レイアウト**］タブ［**ページ設定**］［**余白**］をクリックして，余白を〈**狭い**〉に変更しておきます。
直線や，四角形，円などの図形を描きましょう。道路は直線の幅を太くして作ります。

1）図形の選択

　［**挿入**］タブ［**図**］［**図形**］をクリックして，リストの中から描きたい図形を選びます。基本図形やブロック矢印，フローチャート，吹き出しなど，いろいろな図形があります。

2）四角形の選択

　［**四角形：角を丸くする**］を選択してから，文章の左端でドラッグします。文章に重なってしまいますが後で調整しましょう。ドラッグした直後に「店舗移転のお知らせ」の文字を入力します。

3）ハンドルマーク

　図のように図形の中に文字が入ります。さらに図形の周りにハンドルマークがつきます。ハンドルをドラッグすることで大きさを調整できます。

4）フォント

　図形の中のフォントを［**ホーム**］タブ［**フォント**］から［**HGP 創英角ポップ体**］［**28pt**］に変更します。文字色も「黒」に変更しましょう。文字を範囲選択して変更する方法もありますが，図形の選択状態により範囲選択をしなくても変更ができます。（2-11-1項 OnePoint「図形の選択」参照）

5）図形の書式

　図形を選択していると，［**描画ツール**］［**書式**］タブ（注）が表示されます。［図形の塗りつぶし］［図形の枠線］［図形のスタイル］などを選択できます。また，繰り返して図形を作成するために［図形の挿入］も表示されています。

　　　（注）Word2019. office365 のバージョンにより，［描画ツール］は表示されない場合があります。

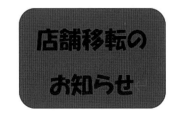

図形の選択状態を理解しておくとは重要です。図形の移動時にも利用します。

←図形のなかでクリックすると，枠線が点線になり，文字列にカーソルが表示されます。

→再度枠線上でクリックすると，枠線が実線になり，カーソルが消えます。図形全体が選択されました。

6）図形の塗りつぶし

[**描画ツール**][**書式**]タブ[図形のスタイル][**図形の塗りつぶし**]から色を変更したり，[図(P)]，[グラデーション(G)]，[テクスチャ(T)]を選択できます。

ここでは，[グラデーション][淡色のグラデーション]〈中央から〉を選択しています。グラデーションの色は[その他のグラデーション(M)]から選択できます。

7）図形の枠線（色・太さ・実線／点線）

[**描画ツール**][**書式**]タブ[図形のスタイル][**図形の枠線**]を選択します。初期設定では，「青」の枠線がついています。

①枠線の色

[図形の枠線]から〈色〉は「**黒、テキスト1、白＋基本色50％**」にしています。〈太さ〉は[**6**pt]，〈点線／実線〉は[**点線（丸）**]を選択しています。

②枠線の太さ

枠線の太さは0.25ptから6ptまで選択できますが，〈**その他の線(L)**〉を選択するとより太い線に変更できます。

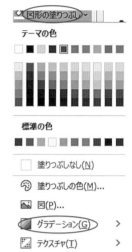

③実線／点線の種類

実線／点線は，図のような種類があります。〈その他の線(L)〉を選択すると，〈一重線／多重線〉などに変更することもできます。

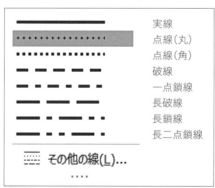

実線
点線（丸）
点線（角）
破線
一点鎖線
長破線
長鎖線
長二点鎖線
その他の線(L)…

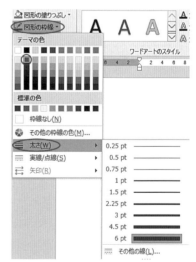

図形全体を選択し（枠の上で2回クリック），→ ← ↑ ↓を押すことで図形の位置を微調整することでできます。

操作手順 2　文字列の折り返し

図形と重なっている文字列を図形の右に折り返すように設定しましょう。図形を含む画像オブジェクトを，文中にどのように配置するかを設定するのが[**文字列の折り返し**]です。

1) 図形をクリックし，図形の横に表示される ⌒〈**レイアウトオプション**〉ボタンをクリックして設定を変更することができます。（注）

   　（注）[**描画ツール**][**書式**]タブ[**配置**][**文字列の折り返し**]ボタンから，詳しく設定することもできます。

2) 文字列の折り返しを「**四角**」に設定しましょう。文字は[**HGP 創英角ポップ体**][16pt]にしています。

⌒ 行内	文字の一つとして挿入される。（初期値）			
⌒ 四角	画像の四角形の枠に沿って文章が折り返す	⌒ 上下	文字列が画像の上下に配置される	
⌒ 外周	画像の形に添って文章が折り返す	≡ 背面	文字列の背面に配置，文字列は折り返さない	
⌒ 内部	画像の透明な部分にも文字列が折り返す	⌒ 前面	文字列の前面に配置され，文字列は折り返さない	

操作手順 3　漢字ルビ（ふりがな）

1) ルビをふりたい文字列「玲音」をドラッグします。
2) [**ホーム**]タブ[**フォント**]の[**ルビ**] ボタンをクリックします。
3) [**ルビ**]ダイアログボックスの[**ルビ（R）**]の入力ボックスのルビ文字（ふりがな）を確認します。

操作手順 4　地図の作成

図形を重ねて地図を作成します。以下の順に作成してみましょう。

1) 地図の土台となる大きな四角形を作ります。[**挿入**]タブ[**図形**]〈**四角形**〉から[**正方形／長方形**]を選択します。 Shift を押さえながらドラッグすると正方形を作ることができ，円の場合は真円が作れます。

2) [**図形の塗りつぶし**]から[**テクスチャ**]を選択します。ここでは，「**紙**」というテクスチャを選んでいます。

3) 線路や道路を作成します。[**図形**]の[**線**]を選択し， Shift を押さえながらドラッグすると，水平や垂直な線を引くことができます。メインストリートは[**枠線の太さ**]を 50pt，その他の直線道路は 20pt として灰色にします。白線（センターライン）は破線で 3pt としています。線路は 10pt で 2 本作成して，1 本は白，もう 1 本は黒・破線とし，図形を重ねています。

　図形全体を選択してから，**矢印キー**を使って細かく移動させ重ねます。

4) 駅，銀行，花屋は[**四角形**][**正方形／長方形**]で作成しますが，まず駅を作成して，文字（高井

戸駅)を入力して，フォントを[**HGP 創英角ポップ体**]に変更しておきます。次に図形全体を選択して，コピーをとり，貼り付け，文字を「銀行」や「花屋」に修正すると便利です。

5) 「公園」は真円で作成します。[**図形**]の[**楕円**]を選択してから，Shift を押さえてドラッグすると真円になります。

6) 「→渋谷」「西口」「環八通り」は，「高井戸駅」をコピーしてから，文字を修正し，[**図形の塗りつぶし**]を[**塗りつぶしなし**]として[**図形の枠線**]を[**枠線なし**]にします。必要に応じて文字色を変更しましょう。

7) 公園の脇道は，[**コネクタ：曲線**]を選択してから，黄色いハンドルマークでカーブを調節します。他の道と同じ色にして，太さを 10pt としています。

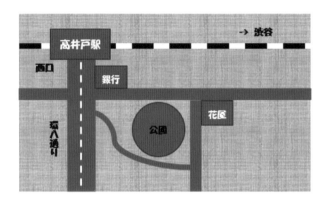

| **操作手順 5** | 図形の**スタイル** |

図形は**スタイル**から選択してみましょう。

1) 「高井戸駅」の図形をクリックし，ハンドルマークを表示させます。

[**描画ツール**][**書式**]タブ[**図形のスタイル**]のなかから選択することができます。スタイルには，それぞれ名前があります。スタイルの上でマウスをポイントすると，スタイル名を確認できます。〈**塗りつぶし-オレンジ、アクセント 2**〉を選択します。同様に「銀行」は，〈**グラデーション-青、アクセント 5**〉を，「花屋」は〈**グラデーション-緑、アクセント 6**〉を選択しています。

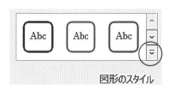

2）「公園」の図形をクリックして，[**描画ツール**][**書式**]タブ[**図形のスタ
　　イル**]ダイアログボックス起動ツールをクリックします。

右側に[**図形の書式設定**]ウインドウが表示されます。

[**塗りつぶし**]から[**塗りつぶし（パターン）(A)**]を選択すると[**パターン**]の種
類と〈**前景(F)**〉の色と〈**背景(C)**〉の色を選択できます。緑の草むらのような色
を自由に選びましょう。

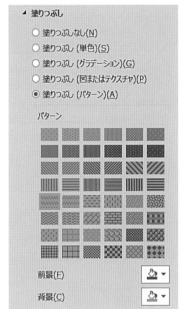

操作手順 6　アイコンの挿入

「店や車の画像」はアイコンを使用しています。

1）カーソルを地図の外におき，[**挿入**]タブ[**図**][**アイ
　　コン**]をクリックします。

2）〈**建物**〉の中から「店の画像」を選択し[**挿入**]をクリッ
　　クします。

3）図形の横に表示される〈**レイアウトオプション**〉ボタンを
　クリックして，[**四角形**]に変更することで地図内にドラッ
　グすることができます。

4）〈**車両**〉のなかから「車の画像」を選択し挿入したら，〈**レイ
　アウトオプション**〉ボタンから同様に[**四角形**]に変更して，
　大きさを調整してから地図内にドラッグします。画像の大
　きさはハンドルマークをドラッグしますが，縦横比が変わ
　らないように斜めからドラッグするようにしましょう。

操作手順 7　リンクの挿入

1）まず，地図の左下で[**挿入**]タブ[**図**][**図形**]〈**基本図形**〉〈**四角形：メモ**〉を選択し，図形のスタイ
　ルは[**パステル–オレンジ、アクセント 2**]とし，住所の文字を入力したら，[**HGP 創英角ポップ
　体**][**16pt**]に変更します。（右側の「ペットショップ吉田」の文字に重なりますが後で調整します）
　☒ の文字は「めーる」で変換します。

2）〈**レイアウトオプション**〉ボタンをクリックして，[**文字列の折り返し**]を[**四角形**]に変更し
　ます。「ペットショップ吉田」の文字が図形の右側に配置されます。

3）文字を[**HGP 創英角ポップ体**]にして，店名は
　[**28pt**]，URL は[**16pt**]とします。URL は行末
　で[Enter]を押すとリンクが設定されます。ここ
　では，URL は架空なのでリンクされませんが，
　実際に存在する URL であればそのページにリンクされます。

操作手順 8　画像の挿入

1）「犬」の画像は同友館からダウンロードします。「ペットショップ」の文字の左側をクリックし
　て，[**挿入**]タブ[**図**][**画像**]をクリックして「犬」の画像を選択します。大きさを調整します。

2）この画像は〈**レイアウトオプション**〉ボタンをクリックして，[**文字列の折り返し**]は初期値であ
　る[**行内**]のままにしておきます。

c One Point ☝ ｜ オンライン画像

　Word 上で，オンライン上の画像をインターネットから検索して利用することができます。

　[挿入]タブ[図][**オンライン画像**]をクリックし，[**オンライン画像**]ダイアログボックスから，ジャンルを選ぶか，キーワードを入力します。右端に[Powered by Bing]と表示されていますが，「**bing**」とは，Microsoft 社のブラウザーの名前です。つまり，「**bing**」**の画像（イメージ）検索画面**が表示されることになります。画像のサムネイルが表示されます。画像を選択し[**挿入**]をクリックします。図の画像検索では，[**ライセンス**]を[**クリエイティブ・コモンズのみ**]を選択しています。これらの画像は，クリエイティブ・コモンズ・ライセンスによって保護されていますが，利用に関しては注意が必要です。bing 検索のキーワードを，「フリー素材　イラスト　家」で検索した結果が図（検索結果の一例）です。

　画像を選択すると，画像の下部の[詳細とその他の操作]をクリックすると，サイズや掲載されているサイト名が表示されるので，確認してから使用してください。オンライン画像でのイメージ検索は，Word を閉じないで利用できるので便利ですが，Word の外でブラウザから画像検索をしてダウンロードしておき，[**挿入**]タブ[**画像**]で利用することもできます。

　インターネット上の画像を検索して利用する場合も，「**フリー素材**」などのキーワードを入れて，利用規則を確認の上使用しましょう。

One Point　配置

　[描画ツール][書式]タブ[配置][前面へ移動]や[背面へ移動]を使うことで，画像の前後関係を変更することができます。

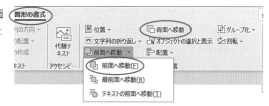

One Point　図形のグループ化

　地図のように図形を重ねていくと図形の配置がずれてしまうことがあります。[Shift]を押しながらすべての図形をクリックしてハンドルマークがついた状態から，[描画ツール][書式]タブ[配置][グループ化]を選択することで，1つの画像となりずれることはなくなります。すべて配置が整ったらためしてみましょう。

2-11-2　ワードアート・画像のスタイル・ページ罫線

[例題 12]　写真を取り込み，ワードアートやページ罫線などを利用し，次のようなチラシを作成しましょう。文章と画像は同友館からダウンロードできます。

（注）

ファイル名：例題12_放置自転車

（注）同友館　http://www.doyukan.co.jp/download/

操作手順 1 ワードアート

まず，余白は〈狭い〉に変更しましょう。

1) はじめにタイトルの「**自転車を放置しないで！**」という
文字を選択してワードアートを適用してみましょう。

① [**挿入**] タブ [**テキスト**] [**ワードアート**] をクリックし
ます。

② 好きなデザインをどれか1つ選んでクリックします。
（後からでも変更できます。）

自転車を放置しないで！

③ 〈レイアウトオプション〉ボタンが表示されるので，[**文字
列の折り返し**] は [**上下**] ∩ を選択すると，他の文字列
は改行されます。フォントサイズを大きくするとワード
アートのサイズが大きくなります。

④ でき上がったワードアートをクリックし，[**描画ツール**]
[**書式**] [**ワードアートのスタイル**] から再度ワードアート
スタイルを変更したり，[**文字の塗りつぶし**] [**文字の輪郭**]
[**文字の効果**] などを変更することで，さらにワードアー
トのスタイルを編集することができます。〈変形〉は [**文字
の効果**] ボタン内にあります。（右図参照）

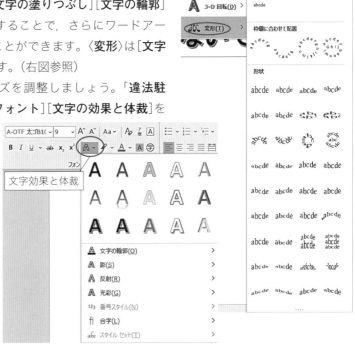

2) 文章部分のフォントやサイズを調整しましょう。「**違法駐
輪**」の文字は [**ホーム**] タブ [**フォント**] [**文字の効果と体裁**] を
クリックします。ワードアー
トと似ていますが，これ
は文字単位で効果をつけ
るときに使います。レイア
ウトやフォントなどは，例
題通りではなく自由に変
更してもかまいません。

操作手順2　写真の挿入・トリミング

1）放置自転車の写真は，同友館サイトからダウンロードできます が，別の写真でもかまいません。

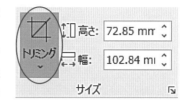

2）[**挿入**]タブ[**図**][**画像**]をクリックして，あらかじめ保存して おいた写真画像を選択します。〈**挿入（S）**〉をクリックし，写 真が挿入されたら，[**図ツール**][**書式**]タブ[**サイズ**]の[**トリ ミング（C）**]により，写真のトリミングなども可能です。トリミングの確定は[**トリミング（C）**] ボタンをクリックします。トリミング（trimming）とは必要とする画像の一部を切り出すことで す。

トリミング前

トリミング後

4）貼り付けた写真画像をクリックすると，[**図ツール**][**書式**]タブが表示されます。[**図のスタイ ル**]から好きなデザインを選びましょう。

操作手順 3 ページ罫線

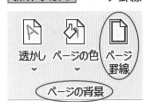

1) 例題 12 は，全体が「ピンで留めてあるように見えるチラシ」になって
います。このようにするには [**デザイン**] タブ [**ページの背景**] [**ページ
罫線**] [**絵柄 (R)**] をクリックして作成します。[**線の太さ (W)**] の数値
を大きくすることで，ピンの画像が大きくなります。

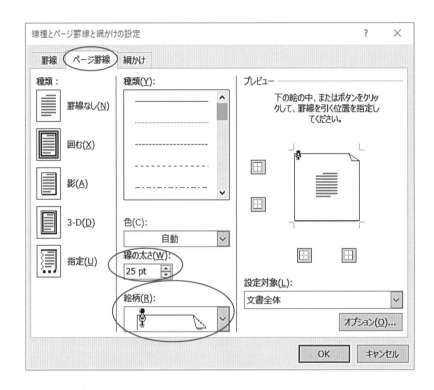

2-11-3　表の作成

[例題 13]　　次の文書を作成しましょう。　　　　　ファイル名：**例題 13_計画書**

> ２０２１年６月２５日
> かえで祭実行委員会

２０２１年度　かえで祭実施計画書

■　日　　時　　２０２１年１０月３０日（土）、３１日（日）
■　参加形式　　①展示参加：学年・クラス・クラブ・有志
　　　　　　　　②舞台参加：演劇部・ハンドベル部・ダンス部・コーラス部・有志
■　準備日程

日　　時	担　　当	内　　容
7月 7日（水）	かえで祭実行委員会	テーマの決定
		参加チーム申込受付
		予算書の提出
	学生委員会	展示参加者の決定
		各係決め
		招待状作成
１０月２２日（金）	学生委員会／学年 参加チーム	講堂・使用教室清掃
		展示準備
		机・椅子の移動準備
１０月２９日（金） 前日	全学生 参加チーム	入場受付所設置
		机・椅子の移動
		展示準備
		舞台リハーサル

■　留意事項
　　➤　活動時間は午後５時までとし、午後６時に完全下校とする。
　　➤　講堂使用については、各部で話し合いの上、使用時間を決める。
　　➤　作品の管理場所は、実行委員会の指定場所とする。
　　➤　準備で出たゴミは、各自責任を持って片づけること。

|操作手順 1|　表の挿入

表
表

1）表を作成する場合は，はじめに行と列の数を指定します。

　①表を作成したい位置にカーソルを置いて[**挿入**]タブ[**表**][**表の追加**][**表の挿入(I)**]をク
　　リックし，[**表の挿入**]ダイアログボックスから，表のサイズの**列数(C)** と**行数(R)** を
　　指定します。14 行 3 列の表の場合，**列数 3**，**行数 14** となります。

②〈OK〉をクリックすると，14行3列の表が表示されます。

2) 表に関する基本的な操作を覚えましょう

行と列およびセルを選択します。

①**表全体の選択**　表の左上角の ⊞ ボタンをクリック

②**行（横方向）の選択**……表の左外側をクリック

（マウスポインタの形　）

③**列（縦方向）の選択**……表のすぐ上をクリック

（マウスポインタの形　↓　）

④**セルの選択**……セルの内側の左端をクリック

（マウスポインタの形　）表の中の1つ1つのマスをセル（Cell）と

いいます。

　いずれの場合も複数の行や列やセルをドラッグすると，一括選択で指定できます。

3) 列の幅や行の高さなどを変えて，表のサイズを変更します。

　罫線の上にマウスを合わせて ╫ や ╤ のマークをドラッグすると，表の罫線の位置を移動させることができます。これを使ってこの表を，文章の横幅より内側に配置しましょう。

操作手順2　セルの結合と分割

1) セルの結合と分割をしてみましょう。

　表内の隣接する複数個のセルを，1つのセルにまとめることを**セルの結合**といいます。反対に1つのセルを複数個のセルに分けることを**セルの分割**といいます。これらの操作により，表内部の形を部分的に変えることができます。

2) セルの結合

①隣接する複数個のセルをドラックして一括選択します。

②表の内部を選択すると，新しいタブが追加されます。[**表ツール**]の下に[**デザイン**]と[**レイアウト**]タブが表示されます。

③[**表ツール**][**レイアウト**]タブ[**結合**][**セルの結合**]をクリックします。（注）結合したいセルを選択し，右クリックし，[**セルの結合(M)**]を選択することも可能です。

　（注）Word2019. Office365 のバージョンにより，[表ツール]は表示されない場合があります。

3) セルの分割

①分割したいセルを選択します。

②[**表ツール**][**レイアウト**]タブの[**セルの分割**]をクリックします。

③作成するセルの個数を行数と列数で指定します。

操作手順3 表のスタイル

1) 表の左上の⊞をクリックし，表全体を選択します。

2) [**表ツール**][**デザイン**]タブ[**表のスタイル**]から，表のデザインや色を選択することができます。

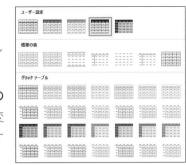

3) [**表スタイルのオプション**]の〈**最初の列**〉〈**縞模様（行）**〉などのチェックを変更することで，表のデザインを調整することができます。

 表を揃える

複数の行または列を選択しておいて，[**表ツール**][**レイアウト**]タブから[**高さを揃える**]，[**幅を揃える**]をクリックすると，選択した部分がすべて同じ間隔になり，表の体裁が整います。

 線の種類や太さの変更

1) 表の任意の場所をクリックし，[**表ツール**][**レイアウト**]タブをクリックし，[**罫線の作成**][**罫線を引く**]をクリックすると，マウスのポインタがペンの形に変わり，線を引くことができます。セルの中を対角線に引くと斜め線になります。

2) 引いた線を消す場合は，[**罫線の削除**]ボタンをクリックして，マウスポインタを消しゴムに変えます。その後，消したい線の上をドラッグすると線が消えます。

3) [**罫線を引く**]や[**罫線の削除**]をもう一度押すと，元の文字入力状態に戻ります。

操作手順4 セル内の文字の配置

1) セル内の文字を縦中央に配置したいときは，縦中央の配置したいセルを選択します。

2) [**表ツール**][**レイアウト**]タブ[**配置**]から[**中央揃え**]をクリックします。

操作手順5 セルの網かけ

1) 表のスタイルからではなく，セルに網かけをしたい場合は，そのセルを選択します。

2) [**表ツール**][**デザイン**]タブ[**塗りつぶし**]をクリックします。

 **表の解除　文字列を表にする**

表の任意の場所をクリックし，[**表ツール**][**レイアウト**]タブの[**表の解除**]ボタンをクリックします。

また，文字列の部分を表にしたい場合は，文字列を選択し[**挿入**][**表**]の[**文字列を表にする(V)**]をクリックします。

 F4 での繰り返し

セルの結合などを繰り返し行う場合，1つ1つ結合を選択するのはめんどうです。そのようなときに，F4 を使用すると，直前の動作を繰り返します。これは，表操作だけでなく，いろいろな場面で利用できます。

2-12 レポート・参考資料

　Word にはレポート作成などに便利な機能がたくさんあります。スタイルの設定，そのデザインの変更，校閲，参考資料などの設定の仕方を確認しましょう。

2-12-1 文章のスタイル

[**例題 14**]　例題 14 の文書は同友館よりダウンロードできます。（注）

ファイル名：**例題 14_レポート**

（注）同友館　http://www.doyukan.co.jp/download/

操作手順 1　スタイルの利用・スタイルの作成

1) 表題の部分を選択します。[**ホーム**]タブ[**スタイル**]]〈スタイル一覧〉を図のように表示させましょう。最初は「**標準**」が設定されていることを確認してから，「**表題**」をクリックします。[**ホーム**]タブ[**段落**]〈**中央揃え**〉と[**ホーム**]タブ[**フォント**]〈フォントサイズ〉を **14**pt に設定しましょう。誤ってスタイルを適用してしまった場合は，[**書式のクリア(C)**]をクリックします。

2) 著者名のスタイルは標準のままで，中央揃えとします。

3)「**企業情報システムの発展**」に「**見出し 1**」のスタイルを設定してから，[**ホーム**][**段落**][**段落番号**]をクリックして[**番号の整列：左**]を選択して段落番号をつけ，「**1. 企業情報システムの発展**」とします。

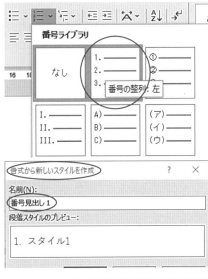

4)「**1. 企業情報システムの発展**」の部分を選択してから，[**スタイル**]下部の[**スタイルの作成(S)**]をクリックし，[**書式から新しいスタイルを作成**]ダイアログボックスが表示されたら，名前を「**番号見出し 1**」とし，OK をクリックします。新しいスタイルとして〈スタイル一覧〉に追加されましたね。

5) 残りの見出しの部分を順に選択すると，〈スタイル一覧〉から「**番号見出し 1**」をクリックするだけで適用されます。

追加されたスタイル

操作手順 2　ページ設定

1) ここでは，40 字，36 行で設定しています。余白は標準のままです。

2) 2-12-1 項例題 14 の表（右表）の部分は，本文の幅より出ないようにします。表を見て左右に 2 文字程度，本文より内側に配置しましょう。この場合，表内の文字は 9 ポイントに変更しましょう。

ルーラー

　表の幅の簡単な調整は，罫線をドラッグすることで可能でした。2-11-3 項操作手順(1)「表の挿入の 3)」を，参照してください。また，図のように，⊕をクリックして表全体を選択してから，ルーラー上でドラッグして，表の幅の調整することも可能です。

2-12-2 参考資料

[**例題 15**]　　　　　　　　　　　　　　　　ファイル名：**例題 14_レポート**

経営と情報の考察

海老澤　信一[1] ◄────── 脚注番号の挿入位置

1．　企業情報システムの発展

　「経営情報論」は、企業と情報の関係を論ずる研究領域である。コンピュータ(computer)は、文字通り膨大なデータを処理する計算機として誕生した。その後、企業とコンピュータメーカーは、「コンピュータは企業活動で発生する大量データを効率良く処理して、企業活動に役立つ画期的な道具になる」ことに気付いた。その後インターネットの誕生と発達に伴って、コンピュータと企業情報システムは経営の根幹を左右するまでに進化した。これを語る時には、情報システム化の流れと意味を理解する必要がある。

2．　企業情報システムと業務

　システムとは日常的に多用される言葉である。システムとは、ある共通の目的を持って働く個々の要素が、有機的に体系的に組み合わされ、あるまとまりをもつ全体である。企業の共通の目的の一つは利益の追求である。そして、システムはどのようなものでも、「同じレベルでの要素の組み合わせ」と、「異なるレベルの要素の積み重ね」と「それらが総体として実現している機能」という特徴を持っている。表1のように企業システムを購買、製造、物流などの各部門の要素（サブシステム）の集合体と捉えると理解が深まる [1]。 ◄── 引用文献の挿入

◄── 図表番号の挿入

表 1　企業システムの構成

購買管理システム	購買の見積・発注、商品の入荷・請求書照合等の情報管理
製造管理システム	製品の生産計画、資材の所要量等の情報管理
物流管理システム	材料の入庫、製品の在庫・保管・出庫等の情報管理
販売管理（営業）システム	商品の引合・見積・受注・出荷等の情報管理
顧客管理（営業）システム	顧客（販売先）、請求書等の情報管理
人事管理システム	社員の昇進・賞罰・給与、人材の採用・配属転換等の情報管理

3．　企業情報システムの構造

　次に、企業情報システムの体系を提示する。企業情報システムは、企業の管理レベルに合わせて開発され体系化された歴史を持つ。それは、現場が扱うシステムである「業務情報システム」及び経営層を対象にした「経営情報システム」である。業務情報システムは、顧客に一番近い現場を支えるシステムであり、企業における日常的な業務処理とその管理を行うという定型的な定常的な業務である [2]。 ◄── 引用文献の挿入

---
[1] 文京学院大学経営学部 ◄── 脚注番号の表示位置

図 1　企業情報システムの体系 ◄── 図表番号の挿入

　一方、経営情報システムは、総体的に言えば、戦略計画に添った施策を下部組織である業務情報システムに伝え、企業全体が有機的に稼働しているかを管理する役目を持つ。それぞれのシステムを、身近な例を挙げるなどして分かり易く提示する必要がある。

引用文献

[1] ITmedia エンタープライズ，"情報マネジメント用語事典," [オンライン]. Available: http://www.atmarkit.co.jp/im/cits/serial/basic/17/01.html. [アクセス日: 30 10 2014]. ◄── 引用文献

[2] 中村忠之, ネットビジネス進化論, 中央経済社, 2011.3

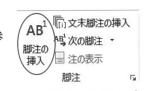

第2章

操作手順 1　脚注の挿入

1) 表題の下の著者名の「**海老澤　信一**」の右側にカーソルを移動し，[**参考資料**]タブ[**脚注の挿入**]をクリックします。

2) カーソルがページ下に移動し，脚注番号が表示されます。脚注を図のように入力します。ここでは著者の所属を記述しています。

¹ 文京学院大学経営学部↵

操作手順 2　図表番号の挿入

1) 使用する図 1 の「企業情報システムの体系」を同友館よりダウンロードして利用しましょう。図を挿入したら〈レイアウトオプション〉ボタンから[**文字列の折り返し**]は「上下」に設定します。

2) 表と図に図表番号を挿入します。

3) 表の任意の場所をクリックし，[**参考資料**]タブ[**図表番号の挿入**]を選択します。

4) [**図表番号**]ダイアログボックスが表示されます。右図のように[**オプション**]の[**ラベル(L)**]から，〈**表**〉を選択してから，[**図表番号(C)**]の文字「**表 1**」の後ろにスペースを空け「**企業システムの構成**」と入力し，[OK]をクリックします。（注）

5) 表の上に図表番号が挿入されました。中央揃えで位置を整えましょう。

6) レポート内の図の任意の場所をクリックします。上記と同様に，[**オプション**]の[**ラベル(L)**]から，〈**図**〉を選択してから，[**図表番号(C)**]の文字「**図 1**」の後ろにスペースを空け「**企業情報システムの体系**」と入力し，[OK]をクリックします。

7) 通常，図表番号の位置は，ラベルが「**表**」の場合は「**選択した項目の上**」，「**図**」の場合は「**選択した項目の下**」に表示されます。

　　（注）ラベルに「表」や「図」という選択肢が見当たらない場合は，[**ラベル名(N)**]をクリックして，「表」または「図」というラベル名を設定します。

操作手順 3　引用文献の挿入

1) 2-12-2 項例題 15 の「2. 企業情報システムと業務」の最終行（表 1 のすぐ上の文章）「…集合体と捉えると理解が深まる。」の「。」の左側にカーソルを置きます。

表 1 のように企業システムを購買、製造、合体と捉えると理解が深まる。

2) [**引用文献と文献目録**]の[**スタイル**]は，IEEE を選択しています。

3) [**参考資料**]タブ[**引用文献の挿入**]をクリックして，[**新しい資料文献の追加(S)**]を選択します。次ページの図 2-12-1「引用文献」を見て入力しましょう。

4) 同様に例題 15 の「3. 企業情報システムの構造」の最終行の「…定型的な定常的な業務である。」の「。」の左側にカーソルを置き，[**参考資料**]タブ[**引用文献の挿入**]をクリックして，[**新しい資料文献の追加(S)**]を選択します。

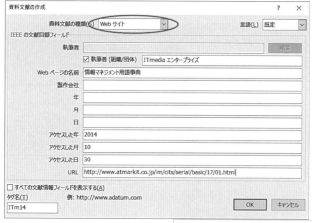

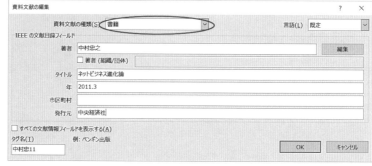

図 2-12-1　引用文献

4）［**参考資料**］タブ［**引用文献と文献目録**］の［**資料文献の管理**］をクリックすると，引用文献の整理ができます。

5）レポートの最終行をクリックして，引用文献リストを作成しましょう。

6）［**参考資料**］タブ［**引用文献と文献目録**］の［**文献目録**］をクリックし，［**組み込み**］から，「**引用文献**」を選択します。

7）引用文献の編集は，［**参考資料**］の［**資料文献の管理**］から行えます。

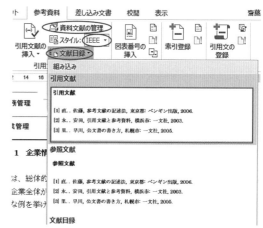

引用文献

[1] ITmedia エンタープライズ, "情報マネジメント用語事典," [オンライン]. Available: http://www.atmarkit.co.jp/im/cits/serial/basic/17/01.html [アクセス日：30 10 2014].
[2] 中村忠之, ネットビジネス進化論, 中央経済社, 2011.3

One Point | 目次の作成

　著者名の下にカーソルを置き，[**参考資料**]タブ[**目次**][**目次**]から〈自動作成の目次 2〉を
クリックすると，本文の上に目次が作成されます。[**レイアウト**]タブ[**ページ設定**][**区切
り**]〈**改ページ（P）**〉をクリックすると本文が次ページに移動し，目次のページを作成でき
ます。

↓［問題］

練習 11　就職活動で履歴書やエントリーシートを送付するときにつける送付状（カバーレ
　　　　　ター）です。あいさつ文を利用しましょう。（2-10-1 項操作手順「あいさつ文」参
　　　　　照）

ファイル名：**練習 11_送付状カバーレター**

2021 年 4 月 20 日

青空物産株式会社
　人事部採用担当　殿

〒140-0001
東京都品川区北品川 1-2-30
　文京　友里恵
連絡先：090-3136-0987
Mail: 123456@shiroyama.ac.jp

応募書類の送付について

拝啓　陽春の候、貴社ますますご清祥のこととお慶び申し上げます。
　城山大学経営学部経営学科 4 年の　文京　友里恵　と申します。先日は、会社説明会に参
加させていただき、誠にありがとうございました。
　この度、貴社の新卒採用に応募させていただきたく、応募書類一式を同封させていただき
ます。
　何卒ご査収くださいますよう、よろしくお願いいたします。

敬具

記

同封書類
　　　　　1．履歴書
　　　　　2．エントリーシート
　　　　　3．自己 PR 書

以上

練習 12

タブやインデントマーカを使用して，英文の社内メモを作成しましょう。

社内メモとは，Interoffice Memorandum といって社内連絡文書のことです。

（2-3-3 項 OnePoint「英文の入力」参照）　　　　　　ファイル名：**練習 12_英文社内メモ**

TO:　　　　　Teachers
FROM:　　　　MasatoYoshida, Student Office
DATE:　　　　May 19, 2021
SUBJECT:　　Fire Drill

There will be a fire drill for 1st year students in Room 701 from 1:10 p.m.-2:10 p.m. on Wednesday, May 19. Explanation about what to do when disaster happens will be done by the office.

1:10 p.m.　　　An emergency announcement directs students and teachers to leave the classroom and go up to the 7th floor. Please inform Mr. Yoshida that all students of your class are there when they get to the auditorium.
1:30-2:00 p.m.　The office staff gives an explanation on the importance of fire prevention.

Thank you very much for your cooperation.

One Point 英文の行間

英文の行間隔は「**シングルスペース**」「**ダブルスペース**」などがあります。「**練習 12_英文社内メモ**」はシングルスペースで作成されています。英文のレポートを作成する場合はダブルスペースとします。

設定は，入力する前に行います。入力後に変更する場合は選択してから行います。[**ホーム**]タブ[**段落**]のダイアログボックス起動ツール 🔲 をクリックして[**段落**]ダイアログボックスを表示させ，以下のように設定します。〈**行間(N)**〉はシングルスペースなら「**1 行**」にし，ダブルスペースなら「**2 行**」に設定します。

One Point | 記号・符号の名称と説明

名　　称	記号・符号	説　　明
句　点（くてん）	。	終止符
読　点（とうてん）	、	文の区切り
中　点（なかてん）	・	並列を表わす，不特定の文字列を表わす記号 中黒（なかぐろ）ともいう
カギカッコ	「　」	会話文，引用，語句の強調
二重カギカッコ	『　』	書名を載せる，「　」の中のカギカッコ
丸カッコ	（　）	補足，注釈，言い換え　パーレン　小括弧
山カッコ	〈　〉	強調，引用　山パーレン
波カッコ	｛　｝	補足説明，注記　ブレース　中括弧
角カッコ	［　］	補足説明，注記　ブラケット　大括弧
コロン	：	比率，時刻，事例，すなわちの意
セミコロン	；	文と文を繋ぐ，多くのプログラミング言語で区切りとして 使われる記号
波ダッシュ	〜	範囲，省略
アスタリスク	＊	脚注，ワイルドカード（不特定の文字列を代用する記号）
ハイフン	-	文節，電話番号，住所番地など 例：03-3411-0055　文京区本郷1-2-3　1-2節
長音記号	ー	ハイフンとの違いに注意ー例：ローマ
ダッシュ	—	補足，注釈，言い換え（区間，対語）
リーダー	…	以下省略
アットマーク	@	単価記号，メールアドレス
斜線（スラッシュ）	／	斜めの線を意味する，Diagonal（ダイアゴナル）ともいう 例：c/o（care of 様方）　2/3（分数）
繰り返し	々ゝゞ	現代表記では々を使用
疑問符	？	Question Mark，ワイルドカード（不特定の1文字を代用 する記号）
ハット	＾	Excelなどでべき乗を計算する演算子
チルダ	〜	tilde，波線符号ともいう
アンダーバー	_	下線符合
パイプ	｜	縦棒
ハッシュ	＃	番号，重さのポンド，例：#1（1番）

第3章

Excel の
使い方

Windows

3-1 Excel の基本

　「**Excel**」を起動して，画面各部の名称と意味を確認しましょう。演習でよく使用されるものを中心に説明します。

3-1-1 Excel の開始と終了

操作手順 1 Excel の起動

1) スタート画面から「**Excel**」を起動します。
2) 「**空白のブック**」を選択して，各部の名称と位置および意味を確認します。

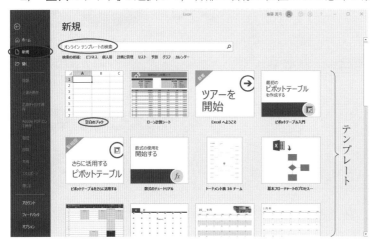

テンプレート

空白のブック以外に，Excel で使用できるテンプレートが表示されます。

オンラインテンプレートの検索

Microsoft のオンライン上にある他のテンプレートを検索してダウンロードし使用できます。

最近使ったアイテム

最近開いたファイル一覧が表示される場合は，そこからファイルを開くこともできます。

操作手順 2 Excel の終了

1) ［**ファイル**］タブから［**閉じる**］をクリックします。あるいは，タイトルバーの右端にある［**閉じる**］ボタンをクリックします。
2) 「**このファイルの変更内容を保存しますか？**」というメッセージが表示されたら，〈**保存(S)**〉を選択すると，ブックが保存され，閉じられます。

　保存しないで閉じる場合は，〈**保存しない(N)**〉を選択します。〈**キャンセル**〉を選択するとブックを閉じる操作がキャンセルされます。

3-1-2　画面の名称と意味

①タイトルバー
アプリケーションソフト(アプリ)名やファイル名を表示します。初期画面では「**Book1-Excel**」と表示されます。

②クイックアクセスツールバー
よく使う命令(コマンド)が表示されます。初期状態では、「上書き保存」「元に戻す」「繰り返す」などが表示されています。

③タブ
基本作業をグループ化したメニューです。目的に応じて複数のタブがあり、タブを選択することで、各タブ内の機能(④リボン)の内容が変化します。画面が煩雑にならないように、一部のタブは必要なときだけに表示されます。例えば、[**デザイン**]タブと[**書式**]タブは、グラフが選択されたときに表示されます。

④リボン
タブの内容に応じて、Excel の機能を実行する命令(コマンド)が配置されています。

⑤名前ボックス
現在選択しているセル位置を表示します。

⑥数式バー
現在選択しているセルのデータ内容を表示します。また、ここからデータの内容や数式を変更することもできます。

⑦シート見出し
1 つのファイル(ブック)の中で複数のワークシートを使用する場合に切り替えができます。ワークシートについては後述します。

⑧画面表示ボタン
編集中のワークシートの表示方法を目的に応じて変更できます。**標準**、**ページレイアウト**、**改ページプレビュー**の 3 種類から選択します。

⑨ズームスライダー
ワークシートの表示倍率を変更できます。

⑩ステータスバー
ワークシートの現在の状態、平均、データの個数、合計、キーボードの状態などを表示します。

⑪スクロールバー
ワークシートの表示位置を変更できます。

⑫リボンの表示オプション
リボンの表示方法を切り替えることができます。

3-1-3 ブックとワークシート

Excel では，ファイルのことを「**ブック**」といいます。複数のワークシートは，1つのブックにまとめて保存され，管理されます。通常は1つのブックには，1枚のワークシートが表示されますが，必要に応じて，ワークシートを追加，削除，移動，コピーすることができます。

1）**ワークシート**

「**ワークシート**」は**行**と**列**から構成されています。画面のサイズ（解像度）にもよりますが，通常，25行15列程度が画面上に表示されています。実際のワークシートの大きさは，

1,048,576行×16,384列

です。大きなワークシートの一部が，画面に見えているという考え方です。ワークシートはセルの集合ともいえます。この図は最終行，最終列を示しています。

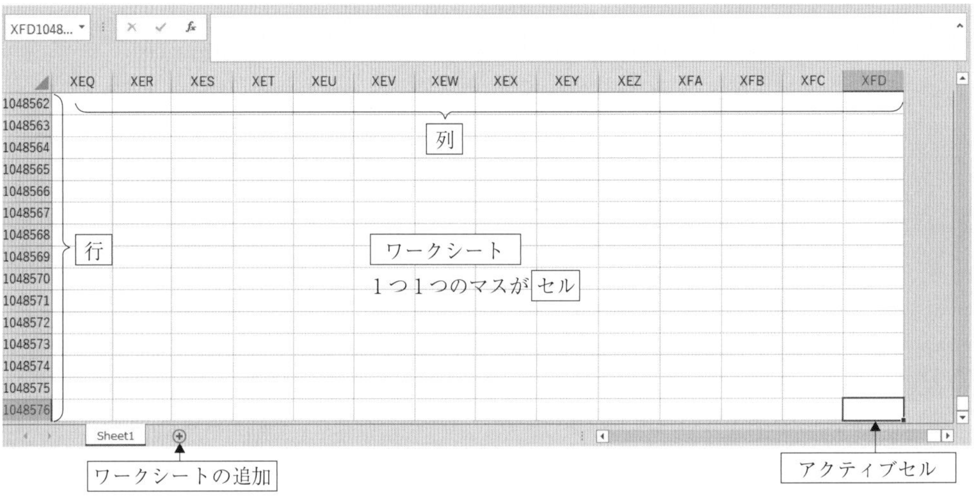

2）**行と列**

数式バーの左側に表示されている英数字は，現在選択しているセルの位置を示しています。数字は行を表す番号，英字は列を表す列名です。行には **1** から **1,048,576** までの番号が，列には **A** から **XFD** までの英字が付けられています。Z の次は AA，AB……AZ，BA，BB……となります。

[Ctrl]＋[↓]でワークシートの最終行に，[Ctrl]＋[→]で最終列に移動することができます。また，[Ctrl]＋[Home]でアクティブセルが **A1** に移動します。実際に確認してみましょう。

3）**セル**

行と列が交差してできる四角形の部分を「**セル（cell）**」と呼びます。セルの位置は，「**セル番地**」で表すことができます。例えば1行目 **A** 列のセル番地は，**A1** と表します。これ以降，本書ではセル番地をこのように表記します。Cell には個室とか細胞という意味があります。

4）**アクティブセル**

ワークシート上で太線で囲まれている四角形の部分を「**アクティブセル**」と呼びます。

5）**Excel のフォント**

以前の Excel の標準フォントは「**MS P ゴシック**」というプロポーショナルフォントでしたが，Excel2016 以降は「**游ゴシック**」というフォントに変更されています。プロポーショナルフォント（日本語で可変幅フォント）とは，文字が見やすいように文字毎に文字幅が異なるフォントのことです。

One Point ｜ **ワークシートの追加**

Sheet1 の右側の⊕ボタンをクリックするとワークシートを追加することができます。⊕ボタンを何度もクリックすると複数のワークシートが追加されます。

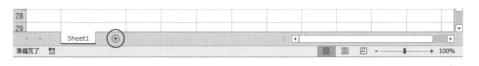

One Point ｜ **ワークシートの名前の変更，コピー，移動**

シート名である **Sheet1** は，任意のシート名に変更することができます。

シート名の上で右クリックすると，図のようなショートカットが表示され，名前の変更(R)や移動またはコピー(M)が選択できます。

3-1-4　データ入力の基本

操作手順 1 ｜ **アクティブセルの移動**

1）矢印キーによる移動

矢印キー← ↑ → ↓を押すと，アクティブセルがその方向に 1 つ移動します。

2）マウスによる移動

マウスポインタをセル番地でクリックすると，その位置にアクティブセルを移動できます。

3）Page Up あるいは Page Down による画面スクロール

1 画面分まとめて，上または下へ画面スクロール（画面移動）します。

操作手順 2 ｜ **マウスポインタの形**

マウスの動きに合わせて移動するポインタです。用途によっていろいろな形に変化します。

① 🕂　　ワークシートのセル　　④ ⟶　　選択中の範囲を別の場所へ移動
② ⬍　　行高の変更　　　　　　⑤ ⬈　　選択中の範囲を別の場所へコピー
③ ⬌　　列幅の変更　　　　　　⑥ ▭　　オートフィル機能を使用
　　　　　　　　　　　　　　　　　　　　（オートフィルは後述します）

操作手順3 データの入力

　セル内にデータを入力するには，入力したいセルをアクティブにします。すなわち，セルの中心部分をクリックする(マウスポインタは白抜き十字 🕂)と，そのセルが太枠となりアクティブセルになります。ダブルクリックではないので，注意しましょう。

　セルがアクティブになったら，文字や数字，数式，関数などを入力し，Enter を押します。Enter を押すことでデータがセルに書き込まれます。

　数値を入力すると，数値は右揃えで表示されます。数値を入力するときは，日本語入力は OFF にして入力しましょう(注)。文字列を入力すると文字は左揃えで表示されます。

	A	B	C
1			
2		5000		← 右揃え(数値)
3	パソコン			← 左揃え(文字列)
4			

(注) 日本語入力 ON のまま数値を入力すると Enter を2回押さないとデータを書き込むことができず，入力に時間がかかります。数式などの入力時も必ず日本語 OFF にしてから入力します。

操作手順4 データの選択

　複数のセルを選択する場合は，選択を開始するセルの中心部分にマウスポインタを置き(マウスポインタは白抜き十字 🕂)ドラッグします。選択範囲全体が太枠になります。選択範囲の先頭のセルは白く抜けますが，選択されています。

操作手順5 データの削除

　セルのデータを完全に削除したい場合は，セルを選択して(マウスポインタは白抜き十字 🕂)から Delete を押します。

　セルのデータを書き換えたい場合は，セルをアクティブにしたら，そのまま入力したい文字や数値を入力すれば，書き変わります。削除してから入力する必要はありません。

操作手順6 続けてデータを入力

　連続して複数のセル内にデータを入力する場合は，Enter でデータ入力を確定するとアクティブセルが真下のセルに移動しますから，縦方向へのデータの連続入力ができます。一方，横方向に続けてデータを入力したい時は，横方向に範囲選択してから入力を始めるとセルが横方向に移動しますから，便利です。セルの移動の方向は，[**ファイル**][**オプション**][**詳細設定**]で変更することもできます。

3-2　表の作成

第3章

簡単な表を作成することで，文字の入力，数値の入力，計算式の使い方，表の体裁など，Excel の基本的な機能を学びましょう。

[例題 1]　売上一覧表を作成しましょう。グレーで表示されている部分は，セルのなかに計算式が入力されていて，その計算結果が表示されています。

ファイル名：**例題 1_売上一覧**

	A	B	C	D	E	F
1			売上一覧表			
2		商品名	単価	数量	金額	
3		パソコン	150,000	2	300,000	
4		プリンター	20,000	3	60,000	
5		マウス	3,000	2	6,000	
6		液晶ディスプレイ	13,000	4	52,000	
7				合計金額	418,000	
8						

3-2-1　文字，数値の入力

見出しや商品名などの文字を入力しましょう。まず，セル番地の意味や，行と列の方向を確認します。「行」は横方向で「列」は縦方向，その交点となるのが「**セル**」です。「**セル番地**」は，行と列を組み合わせたセルの位置です。セル番地は「**B3**」などと表記します。

操作手順 1　文字の入力

1) B3 をクリックし，[半角/全角] を押して日本語入力を ON にします。「**パソコン**」と入力し [Enter] を押すとアクティブセルが **B4** に移動します。順に [Enter] を押しながら「**液晶ディスプレイ**」まで入力します。

2) B2~E2 までの見出しは範囲選択してから入力すると，セルが横方向に移動するので便利です。

3) D7 に「**合計金額**」と入力し，B1 に表題「**売上一覧表**」を入力します。表題の文字サイズは 14 ポイント，**太字**にしましょう。

操作手順 2　数値の入力

1) C3~D6 を範囲選択します。

2) 日本語入力を **OFF** にします。（Excel は日本語入力 OFF が初期設定です。）

3) テンキーから数値データを入力し，テンキーにある [Enter] を押します。カンマの入力は不要で

す。テンキーとは，キーボードの右側にある電卓と同じ配列のキーです。数字を入力する時に使用すると便利です。Enter もテンキーにありますから，こちらも使いましょう。

One Point | 選択範囲内のセルの移動

隣り合う複数のセルを範囲選択しておくと，範囲内でのみデータを入力することができます。Enter を押すと上から下へ，Shift + Enter を押すと下から上へ，アクティブセルが移動します。

3-2-2 計算式の入力

計算式を使って金額を求めましょう。計算式を入力すると同時に，計算結果が表示されることを確認してください。

操作手順 計算式の作成

1) 「パソコン」の金額を求めます。計算結果を表示する **E3** をアクティブセルにします。

2) このセルの中に，計算式を入力します。数値と同じように，計算式も半角（日本語入力 OFF）で入力します。

計算式は，必ず先頭が「**=**」で始まるという約束になっています。まず「**=**」を入力し，続けて **C3**（パソコンの単価）の位置をクリックします。画面の数式バーには **=C3** と表示されます。

3) 次にテンキーから「**＊**」を入力し，**D3**（パソコンの数量）をクリックします。＊はかけ算を表す号です。画面の数式バーには **=C3＊D3** と表示されます。

計算式の記号		
＋（プラス）	足し算	(例)=A1+A2
－（マイナス）	引き算	(例)=A1-A2
＊（アスタリスク）	かけ算	(例)=A1*A2
／（スラッシュ）	わり算	(例)=A1/A2
＾（キャレット）	べき乗	(例)=A1^2(二乗)

4) Enter を押します。すると，**C3** と **D3** をかけ合わせた結果が **E3** に表示されます。

5) 結果が正しいかどうかを確認してください。正しくない場合は，入力した計算式が違いますので，もう１度調べてみましょう。式自体は**数式バー**に表示されています。

6) 同様に，他の商品についても金額を求めてみましょう。

7) 最後に，商品全体の合計金額を **E7** に求めてみましょう。E 列を縦方向に足し算するような計算式を作ってみて下さい。=E3＋…＋E6 ですね。しかし，この式はデータが 100 件くらいあった場合，操作が煩雑で，現実的ではありません。Excel はたくさんの関数が用意されていて，

このような場合は合計を出す SUM 関数を使用することになります。詳しくは，3-4-2 項「関数による合計」で説明します。

3-2-3　列幅・行の高さの変更

表の 6 行目の「**液晶ディスプレイ**」のような長い文字をすべて表示するために，列幅を変更しましょう。

操作手順　列幅の変更

1) 画面上部の列番号表示(**A, B, C,** …)の **B** と **C** の境界上に，マウスポインタを合わせます。
2) マウスポインタが ✛ の形になった状態で，目的の幅になるまで左右にドラッグします。
3) このとき，マウスポインタの移動に合わせて，幅の値が表示されます。
4) Excel のセル幅は少し広めにしておき，印刷プレビューでセル内の文字がすべて表示されているかを必ず確認しましょう。
5) 列番号の境界上をダブルクリックすると，最も長い入力データに合わせて列幅が自動的に調整されます。
6) 複数の列番号をドラッグして選択しておくと，一度に複数の列幅を変更することができます。

One Point　列幅の変更・行の高さの詳細変更

[**ホーム**]タブ[**セル**][**書式**]から[**列の幅**]を選ぶと，列幅をキーボードから数値で入力できます。

行の高さも，列の幅と同じ方法で変更ができます。列の幅や行の高さはセル名や行番号の上で右クリックしても変更できます。

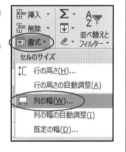

3-2-4　文字位置

表の 2 行目の見出しである「**商品名**」，「**単価**」，…の文字をセルの中央に揃えて表示しましょう。B1 番地に入力した表題を表の中央に配置しましょう。

操作手順 1　中央揃え

1) 中央に揃えたい範囲(**B2~E2**)をドラッグして，範囲選択します。操作を行うときは，必要なボタンをクリックする前に，対象となるセルを範囲選択しておく必要があります。
2) [**ホーム**]タブ[**配置**][**中央揃え**]ボタンをクリックします。
3) 縦位置の中央に揃えたい場合は，[**上下中央揃え**]ボタンを使います。

操作手順2 セルを結合して中央揃え

1) 表題は表の中央に配置します。**B1** に「**売上一覧表**」が入力されています。

2) **B1** から **E1** までを選択してから、[**ホーム**][**配置**][**セルを結合して中央揃え**]ボタンをクリックします。

One Point セル結合の解除

結合を解除する場合は、再度、[**セルを結合して中央揃え(C)**]をクリックします。

3-2-5 セルの書式設定

金額など桁数の多い数値は3桁ごとにカンマ(,)で区切って表記します。セルの書式設定で設定ができます。

操作手順 桁区切りのカンマ

ダイアログボックス
起動ツール

1) **E** 列の金額にカンマを付けます。数字の部分(**E3~E7**)をドラッグして、範囲選択します。この時、2つの範囲を同時に選択するには、**Ctrl** を使用します。

2) [**ホーム**]タブ[**数値**][**桁区切りスタイル**]をクリックします。

3) 桁数が4桁以上の数値に対して、3桁ごとにカンマが表示されます。単価と数量(**C3~D6**)にもカンマをつけてください。

4) [**数値**]の横の**ダイアログボックス起動ツール**をクリックすると図のような[**セルの書式設定**]ダイアログボックスが表示され、さらに詳細な設定ができます。

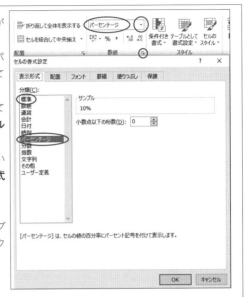

One Point セルの表示形式

セルの表示形式は，入力の仕方で自動的に変更される場合があります。例えば，

・セルに「**10%**」と入力すると，そのセルの書式は図のようにパーセンテージに自動的に変更されます。数値を書き直しても，パーセンテージの表示は変わりません。

・[**ホーム**]タブ[**数値**][**数値の書式**]の▼ボタンをクリックして[**その他の表示形式(M)**]をクリックすると図のような[**セルの書式設定**]ダイアログボックスが表示されます。

もともと，Excel のセルの書式設定は，「**標準**」になっています。元にもどすときは，[**ホーム**]タブ[**セル**][**セルの書式設定**]の[**表示形式**]を「**標準**」に設定し直しましょう。

・同様に「**4-1**」「**4/1**」と入力すると，「**4 月 1 日**」と表示されて，「**ユーザー定義**」の日付の書式設定になります。[**ホーム**]タブ[**数値**]の横のダイアログボックス起動ツール ↘ をクリックすると，ユーザー定義の詳細を確認できます。

3-2-6 罫線の作成

罫線を引いて，表を完成させましょう。外枠を太線，内側を細線にします。なお 7 行目の「**合計金額**」の欄だけ下に出ているので，この部分はあとから引くようにします。

操作手順 1 罫線を引く（罫線ボタンから）

1) 罫線を引きたい範囲(**B2〜E6**)をドラッグして範囲選択します。
2) [**ホーム**]タブ[**フォント**][**下罫線**]の▼ボタンから罫線の種類を選択します。まず，[**格子(A)**]を選び，続いて[**太い外枠(T)**]を選択しましょう。格子の周りに太い外枠が表示されます。
3) 罫線を消したい場合は，[**枠なし(N)**]ボタンをクリックしてください。

操作手順 2 罫線を引く（セルの書式設定から）

[**ホーム**]タブ[**セル**][**書式**][**セルの書式設定**]ダイアログボックスの[**罫線**]タブを選びます。左側にある[**線**][**スタイル(S)**]の中から線の種類や色を選択したり，セル内に斜め線を入れたりすることができます。

3-2-7 数値の訂正と再計算

　ここまでの操作で，一応，表が完成しました。次に，表の中の数字を訂正するとどうなるか調べて
みましょう。**C4**の数値を変えてみます。「**プリンター**」の「**単価**」を「**25000**」に変更してみてください。
[Enter]を押すと，「**プリンター**」の「**金額**」と「**合計金額**」の２ヵ所の数字が自動的に再計算され，数字
が変わることを確認しましょう。これを Excel の**再計算機能**と呼びます。この機能は，Excel が持つ
大きな特長の１つです。

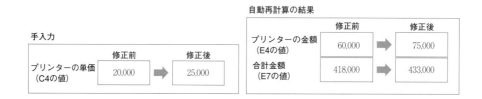

3-2-8 書式の詳細設定

　3-2-5 項と 3-2-6 項で行った操作は，すべてセルの書式に関するもので，その操作は[**ホーム**]タ
ブ[**セル**][**書式**][**セルの書式設定**]を選んで詳細設定をすることができました。ここでは，書式の詳細
設定の他の方法について確認しておきましょう。

│操作手順 1│ リボン上のコマンドによる操作

　1）［**ホーム**]タブを選択します。

　2）対象となるセルを選択後，下の図を参考に，リボン上のコマンドを用いて書式設定します。

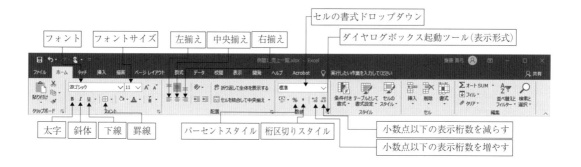

|操作手順 2| ショートカットメニューによる操作

1) 対象となるセルをドラッグして，範囲選択します。

2) 右クリックして，**ショートカットメニュー**を表示します。

3) [**セルの書式設定(F)**…]をクリックします。ショートカットメニュー
と同時に表示されるのが**ミニツールバー**です。いろいろな書式を確認
してみましょう。

ミニツールバー

ショートカットメニュー

3-2-9　セルのコピー・切り取り・貼り付け

表全体あるいは表の一部など，複数のセルを一度に移動したり，複写したり，内容を消去すること
ができます。

|操作手順 1| コマンドボタンによるコピー・切り取り・貼り付け

1) コピーは[**ホーム**]タブ[**クリップボード**] 🗐 [**コピー**]をクリ
ックします。

2) 切り取りは[**ホーム**]タブ[**クリップボード**] ✂ [**切り取り**]を
クリックします。すると選択した範囲の点線枠が点滅します。

3) コピーしたセルや切り取ったセルを別の場所に貼り付けたい
ときは，[**ホーム**]タブ[**クリップボード**] 📋 [**貼り付け**]をクリックします。

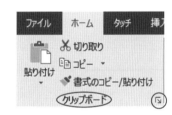

 | クリップボードのダイアログボックス起動ツール

　クリップボード横の 🔽 ダイアログボックス起動ツールをクリックすると，画面の左側に
クリップボードが表示されます。クリップボードには，コピーしたり切り取ったデータが表
示されるので，クリップボードから何度も貼り付けができます。

|操作手順 2| 右クリックによるコピー・切り取り・貼り付け

1) 選択した範囲の内側で右クリックし，ショートカットメニューか
ら，[**コピー(C)**]または[**切り取り(T)**]をクリックします。

2) [**貼り付けのオプション**][**貼り付け(P)**] 📋 を選ぶと，貼り付け
ることができます。

操作手順 3 ドラッグ＆ドロップによる移動・コピー

1) マウスポインタを選択範囲の境界線に位置づけると，ポインターの形が に変わります。

2) 移動する方向にドラッグします。このとき，ドラッグ範囲は緑色の線で囲まれます。移動先の位置まできたら，ドロップします。

3) コピーしたい場合は，選択したセルの枠にマウスを位置づけ，Ctrl を押さえると同時にマウスポインタが の形に変わります。

4) Ctrl を押したままドラッグします。ドラッグ中のセル範囲は灰色の点線で囲まれます。コピー先の位置まできたら，ドロップします。

操作手順 4 ショートカットキーによるコピー・切り取り・貼り付け

第2章 Word でも記述しましたが，少なくとも以下のショートカットキーを使えるように練習しましょう。この方法は，Word の文字列に対しても，Excel のセルに対しても，ファイル(ファイル名)に対しても利用できます。

Ctrl ＋ C コピー　　Ctrl ＋ X 切り取り　　Ctrl ＋ V 貼り付け

One Point Excel のショートカットキー

2-6-4 節「**ショートカットキーによる移動・コピー・削除**」で学習したショートカットキーは，表計算ソフト(Excel)でも利用できます。Excel に合わせた便利なショートカットキーもありますから，試してみましょう。

ショートカットキー	機能
Ctrl＋C	セルをコピー
Ctrl＋X	セルを切り取る
Ctrl＋V	セルを貼り付ける
Ctrl＋Z	元に戻す
Ctrl＋Y	繰り返し F4 も同じ
Ctrl＋S	上書き保存
Ctrl＋PageUp	前のワークシート(左)に移動する
Ctrl＋PageDown	次のワークシート(右)に移動する
Shift＋F11	ワークシートを挿入する
Ctrl＋＋(プラスキー)	選択した行の上に行を挿入する
Ctrl＋－(マイナスキー)	選択した行を削除する
Shift＋Space	行全体を選択する
Ctrl＋Space	列全体を選択する

One Point 「元に戻す」ボタン・「やり直し」ボタン

誤って違う場所に移動やコピーをしてしまったときなどは，クイックアクセスツールバーの[**元に戻す**]ボタンをクリックすると，操作をキャンセルして，元の状態に戻すことができます。この**元に戻す**機能は，移動やコピーのときだけでなく，いろいろな場面で，直前の操作を取り消すときに使えます。戻しすぎた場合は，「**やり直し**」ボタンをクリックします。

元に戻す　やり直し

One Point | 貼り付けのオプション

セルをコピーする際，貼り付け位置で右クリックすると「**貼り付けのオプション**」が表示されます。〈形式を選択して貼り付け(S)〉をクリックすることで，貼り付け時に選択できるオプションが表示されます。

例えば

🔲 は「**値(V)**」(セルに表示されている結果の値のみ貼りつけ)

🔲 は「**数式(F)**」(コピーしたセルの数式のみを貼りつけ)

🔲 は「**罫線なし(B)**」(罫線なしで貼りつけ)

🔲 は「**行列を入れ替える(T)**」などがあります。

なにも指定せず，貼りつけを選ぶと 🔲 「**すべて**」(セルの内容と書式のすべての貼りつけ)となります。

3-2-10 セル内容の消去

セルの内容を消去してみましょう。

操作手順 数式と値のクリア

1) [**ホーム**]タブ[**編集**] 🖊▾ [**クリア**]を選び，[**数式と値のクリア(C)**]をクリックすると，セルの内容が消去されます。同様に，削除したいセルをアクティブにして Delete を押すことでも，データは消去されます。書き直したい場合は，セルをアクティブにして，そのまま入力すると修正できます。

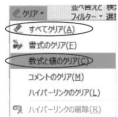

2) 罫線もクリアしたい場合は，[**書式のクリア(F)**]を選択します。[**すべてクリア(A)**]を選択すると，罫線もセル内容も一度に消去できます。(下の OnePoint「書式のクリア」参照)

One Point | 書式のクリア

①[**クリア**]コマンドの中には[**数式と値のクリア(C)**]以外にも，[**書式のクリア(F)**]や[**すべてクリア(A)**]などがあります。[**書式のクリア(F)**]を指定すると，セルの値は残したまま，カンマや文字位置，罫線などのセルに関する設定情報のみを消すことができます。また，[**すべてクリア(A)**]を指定すると，数値とセル情報の両方を消すことができます。

②キーボードの Delete を押して，セルの内容を消すこともできます。

3-2-11 行や列の挿入と削除

　作成した表には，行や列を挿入することができます。例として，例題1の4行目の下（「**プリンター**」と「**マウス**」の間）に行を1行挿入してみましょう。また，行を削除する方法も確認しましょう。

操作手順1 行の挿入

　1）挿入したい位置の行番号をクリックして，行全体を範囲選択します。ここでは，5行目の行番号をクリックします。

　2）[**ホーム**]タブ[**セル**][**挿入**]をクリックし，[**シートの行を挿入(R)**]をクリックすると，1行挿入されます。あるいは右クリックでショートカットメニューを表示し，この中の[**挿入(I)**]をクリックして挿入することもできます。

　3）列の挿入も列名をクリックするだけで，手順は全く同じです。

操作手順2 行の削除

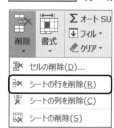

　1）削除したい行番号をクリックして，行全体を範囲選択します。

　2）[**ホーム**]タブ[**セル**][**削除**]をクリックし，[**シートの行を削除(R)**]をクリックします。あるいはショートカットメニューの[**削除(D)**]をクリックします。

　3）列の削除も列名をクリックするだけで，手順は全く同じです。

One Point | 右クリックでの行・列の挿入と削除

行番号を右クリックすることで表示されるショートカットメニューより，（行の）挿入，（行の）削除を選択できます。同様に列名を右クリックすると，ショートカットメニューより，（列の）挿入，（列の）削除を選択できます。

3-3　ブックの保存・開く

表を作成したワークシートを，ファイル（ブック）として保存したり，保存したファイルを開いたりしましょう。

3-3-1　ブックの保存

売上一覧表を作成したブックに名前を付け，保存しましょう。

操作手順 1　ブックの保存

1) ［**ファイル**］タブを選択し，［**名前を付けて保存**］をクリックします。
2) 保存先を設定するために，［**参照**］をクリックします。すると，［**名前を付けて保存**］ダイアログボックスが表示されます。
3) ［**名前を付けて保存**］ダイアログボックスを，次のように指定します。

　①保存場所が表示されている左側のメニューから，［**ドキュメント**］を選びます。

　②〈**ファイル名 (N)**〉に「**例題 1_売上一覧**」と入力します。（注1）

　③〈**ファイルの種類 (T)**〉が Excel ブック (***.xlsx**) になっていることを確認します。

　④入力内容が正しければ，〈**保存 (S)**〉をクリックします。すると，画面上部のタイトルバーに表示されているファイル名が「**Book1**」から「**例題 1_売上一覧. xlsx**」に変わります。（注2）

　　（注1）日本語入力機能が ON になっていないと，漢字の入力はできません。「_」は**アンダーバー**です。半角で入力しましょう。

　　（注2）**xlsx** は**拡張子**と呼ばれ，Excel が自動的に付与する記号です。Windows の設定によっては表示されない場合があります。1-3-1 項「ファイルの表示」を参照してください。

例題 1_売上一覧.xlsx

One Point | ブックにパスワードを設定する

　Excel を仕事で実際に使用するときは，個人情報はもとより，データ機密性の管理に注意しなくてはなりません。そのような場合，Excel のブックにパスワードを設定して保存することができます。
　2-4-1 項「文書ファイルの保存」OnePoint「パスワード」を参照してください。

3-3-2　上書き保存

　名前を付けて保存してあるワークシートに対して，内容の変更（追加，修正，削除）を行った場合は，同一のファイル（ブック）に**上書き保存**する必要があります。一度作成（保存）したワークシートでも，内容の変更を行った場合には，再び元のファイル（ブック）に上書き保存しなければなりません。

操作手順　上書き保存

1) ［**ファイル**］タブを選択し，［**上書き保存**］をクリックします。
2) クイックアクセスツールバーから 🔲 ［**上書き保存**］（Ctrl＋S）を選択した場合も，同じように上書き保存が行われます。その場合は，画面に保存のためのダイアログボックスは表示されずに，すぐに上書き保存が実行されます。

3-3-3　ブックを開く

操作手順　ブックを開く

1) ［**ファイル**］タブを選択し，［**開く**］をクリックします。

2) 開くファイル（ブック）が保存されている場所を指定するために，［**参照**］をクリックします。すると，［**ファイルを開く**］ダイアログボックスが表示されます。

3) ［**ファイルを開く**］ダイアログボックスを，次のように指定します。
　①保存場所が表示されている左欄から，［**ドキュメント**］を選びます。
　②名前の一覧リストの中から「**例題1_売上一覧**」をクリックします。
　③〈**開く(O)**〉をクリックすると，画面上に再び「**例題1_売上一覧**」が表示されます。

↓[問題]

練習 1 3-2 節「**例題 1_売上一覧**」の「**マウス**」と「**液晶ディスプレイ**」の間に 1 行挿入し，以下のデータを追加して表を完成させましょう。ファイル名を「**練習 1_売上一覧 2**」として別名で保存しましょう。

商品名：**スキャナー**，単価：**19,800** 円，数量：**8**

ファイル名：**練習 1_売上一覧 2**

	A	B	C	D	E	F
1		売上一覧表				
2		商品名	単価	数量	金額	
3		パソコン	150,000	2	300,000	
4		プリンター	25,000	3	75,000	
5		マウス	3,000	2	6,000	
6		スキャナー	19,800	8	158,400	
7		液晶ディスプレイ	13,000	4	52,000	
8				合計金額	591,400	

練習 2 BMI（体格指数）の計算を Excel で行ってみましょう。C4 に身長，C5 に体重を数値で入力し，**C8** に計算式を入力します。画面内の計算式を参考に式を作成しましょう。計算式は，身長が m（メートル）単位になっています。

ファイル名：**練習 2_BMI 計算**

	A	B	C	D	E	F	G	H	I	J
1										
2		BMI(Body Mass Index)計算								
3										
4		身長		cm		BMIの計算式				
5		体重		kg		BMI=体重(kg)÷身長(m)の2乗				
6										
7		結果				基準				
8		BMI値				18.5未満		低体重（やせ）		
9						18.5以上25未満		普通体重（標準は22）		
10						25以上		肥満		

ヒント
168 cm　55.5 kg の人の
BMI 値は，19.66

練習 3 家計簿を作成してみましょう。

ファイル名：**練習 3_家計簿**

	A	B	C	D	E	F
1		9月家計簿				
2		費目	収入	支出	残額	
3		前月より繰越	1,000		1,000	
4		仕送り	100,000		101,000	
5		バイト	20,000		121,000	
6		家賃		60,000	61,000	
7		光熱費		10,000	51,000	
8		通信費		5,000	46,000	
9		食費		40,000	6,000	
10		交通費		3,000	3,000	
11		雑費		2,500	500	
12		合計	121,000	120,500		
13						
14		次月繰越	500			

One
Point | 新規のワークシート

新規のワークシートを表示したい場合は，
[**ファイル**]タブから[**新規**]をクリックします。

3-4 合計・平均・最大・最小・比率の計算

本的な関数の使い方と，オートフィルの機能やセルの絶対参照について理解しましょう。

[例題 2]　支店別売上一覧表を作成しましょう。　　　ファイル名：**例題 2_支店別売上**

	A	B	C	D	E	F	G	H
1								
2				支店別売上一覧表				
3							単位：万円	
4		支店名	4 月	5 月	6 月	支店合計	支店比率	
5		札幌店	400	300	100	800	10%	
6		東京店	1,100	1,400	1,500	4,000	50%	
7		大阪店	700	900	400	2,000	25%	
8		福岡店	500	400	300	1,200	15%	
9		合計	2,700	3,000	2,300	8,000	100%	
10		平均	675	750	575	2,000		
11		最大	1,100	1,400	1,500	4,000		
12		最小	400	300	100	800		

　最初に，タイトルや見出しの文字，売上の数値を入力します。（グレーの数値のセルには関数や計算式が入ります。）

3-4-1　見出しとデータの入力

|操作手順| 入力・セルの結合

1) 2 行目の **B2** に表題(太字，14 ポイント)を入力します。タイトル「**支店別売上一覧表**」を表の中央に配置するには，**B2~G2** までを範囲選択し，[**ホーム**]タブ[**配置**]の 🔲・[**セルを結合して中央揃え(C)**]をクリックします。例題 1 でも練習しましたね。(注)

2) 4 行目の見出し(「**支店名**」「**4 月**」「**支店合計**」「**支店比率**」)，B 列の文字(「**札幌店**」，「**東京店**」，…)を入力します。ここでは，「5 月」「6 月」は入力しません。

3) 罫線を図のように細線と太線の区別をつけて引いてください。

4) 数値データを入力します。各支店の 4 月から 6 月までの売上高を **C5~E8** に入力します。この際，範囲選択してから入力するとアクティブセルが選択範囲内を移動するので便利です。テンキーを使って入力しましょう。[Enter] もテンキーにありましたね。グレーで表示されている部分には関数や式が入ります。(注 2)

　　(注) 結合を解除する場合は，再度，🔲・[**セルを結合して中央揃え(C)**]をクリックします。
　　(注 2) 数値の入力は，必ず日本語入力 OFF にして入力しましょう。

3-4-2　関数による合計

　3-2-2 項「計算式の入力」操作手順の 7)で練習した計算式による合計計算 **=E3+…+E6**(個々のセルの合計)は，多数セルの合計を求める際には式が長くなり不向きです。例えば 100 個のセルを合計す

る場合は，計算式にセル番地を 100 個指定しなければなりません。この場合，関数を利用した計算式を用います。

操作手順　SUM 関数

1）計算結果を表示するセルを指定します。ここでは「**4 月**」の「**合計**」（**C9**）をクリックします。

2）合計を求める関数を **SUM 関数**といいます。SUM は「**合計**」という意味です。関数も計算式と同様に半角で入力します。次の手順で関数を入力しましょう。

①合計を入れたいセル番地（ここでは **C9**）をクリックします。

②[**ホーム**][**編集**]の[**オート SUM**]ボタン〈**合計（S）**〉をクリックします。**Σ**（ギリシャ文字のシグマ）は，数学では総和を表します。

③セルに =SUM（C5:C8） と関数が表示されます。関数のセル番地の範囲が正しいか確認が必要です。式を確認後 Enter を押すと式が確定し，合計が表示されます。

▲	B	C	D
4	支店名	4 月	5 月
5	札幌店	400	300
6	東京店	1,100	1,400
7	大阪店	700	900
8	福岡店	500	400
9	合計	=SUM(C5:C8)	

3）正しい結果が得られたかどうかを確認することは大切です。入力した関数は数式バーに表示されます。右の図で，関数の意味を再度確認しておきましょう。

```
= SUM (C5:C8)
         └─「セル C5〜C8 まで」という意味
    └─「合計」という意味
└─ 関数の先頭文字は必ず「=」で始まる
```

4）「**5 月**」，「**6 月**」の「**合計**」も同様に求めてください。（注）

5）F 列の「**支店合計**」（4 月〜6 月の横方向の合計）についても同じようにして求めます。

（注）同じ関数を入れたい場合は，3-4-4 項「オートフィル機能」を利用しましょう。

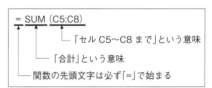

C9		✕	✓	ﬁx	=SUM(C5:C8)
▲	B	C	D	E	F
7	大阪店	700	900	400	2,000
8	福岡店	500	400	300	1,200
9	合計	2,700			

3-4-3　平均・最大・最小

10〜12 行目の平均，最大，最小の計算も関数を使います。それぞれの関数の使い方は **SUM 関数**と同じです。オート SUM ボタンの▼ボタンから **AVERAGE 関数**（平均），**COUNT 関数**（数値の個数），**MAX 関数**（最大値），**MIN 関数**（最小値）を選択することができます。「**4 月**」（**C 列**）の場合は図のようになります。「**5 月**」（**D 列**），「**6 月**」（**E 列**），「**支店合計**」（**F 列**）の平均，最大，最小についても同様に求めてください。

Σ オート SUM ▾	A▾
Σ	合計（S）
	平均（A）
	数値の個数（C）
	最大値（M）
	最小値（I）
	その他の関数（F）…

AVERAGE 関数

選択した範囲について，数値の平均を求めます。「**4 月**」の平均（セル番地 **C10**）

$$=AVERAGE（C5:C8）$$

〈**平均（A）**〉を選択すると，平均の範囲が間違って（**C5:C9**）表示されます。**C5〜C8** をドラックして，（**C5:C8**）と式を修正しましょう。

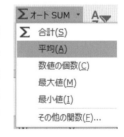

▲	B	C	D
4	支店名	4 月	5 月
5	札幌店	400	300
6	東京店	1,100	1,400
7	大阪店	700	900
8	福岡店	500	400
9	合計	2,700	
10	平均	=AVERAGE(C5:C8)	

			B	C	
MAX 関数	選択した範囲の中の，最大の値を求めます。		4	支店名	4 月	5
	「4 月」の最大（セル番地 C11）　=MAX(C5：C8)		5	札幌店	400
	AVERAGE 関数と同様に式の修正が必要です。		6	東京店	1,100
MIN 関数	選択した範囲の中の，最小の値を求めます。		7	大阪店	700
	「4 月」の最小（セル番地 C12）　=MIN(C5：C8)		8	福岡店	500
	AVERAGE, MAX 関数と同様に式の修正が必要です。		9	合計	2,700

（右側の表）

	B	C
4	支店名	4 月
5	札幌店	400
6	東京店	1,100
7	大阪店	700
8	福岡店	500
9	合計	2,700
10	平均	675
11	最大	=MAX(C5:C8)

　関数はキーボードから直接セルに入力することもできます。例えば，=SUM(C5:C8) と文字で入力することができます。小文字での入力も可能ですが，全角文字で入力はできません。関数の挿入の方法はいろいろありますから，例題を解きながら確認していきましょう。

3-4-4　オートフィル機能

　関数や計算式が，同じ形式で連続する場合には，**オートフィル機能**を利用して求めるのが簡単です。下図のように「**4 月**」の合計が求められたら，その右にある他の合計については関数をコピーすることで求められます。ここでは，オートフィル機能によるコピーを練習します。

	B	C	D	E	F
4	支店名	4 月	5 月	6 月	支店合計
5	札幌店	400	300	100	800
6	東京店	1,100	1,400	1,500	4,000
7	大阪店	700	900	400	2,000
8	福岡店	500	400	300	1,200
9	合計	2,700			

フィルハンドル■ をドラッグすると
マウスポインタが+の形になります

操作手順 1　オートフィル機能（関数のコピー）

1）「**4 月**」の「**合計**」が入っている **C9** をクリックし，フィルハンドルをポイントすると，ポインターの形が+に変わります。この状態で **F9** までドラッグし，式をコピーします。［**オートフィルオプション**］が表示されます。（3-4-5 項 OnePoint「オートフィルオプション」参照）

2）関数式が正しくコピーされたかを確認します。例えば，「**5 月**」の関数式（**D9**）には，次のような正しい式が入っていますか。
　　=SUM(D5：D8)
　　この式は，「**5 月**」のそれぞれの支店の売上（**D5~D8**）の合計のことです。4 月の合計のフィルハンドルをドラッグしただけで，Excel は自動的に「**4 月**」の列（**C 列**）から「**5 月**」の列（**D 列**）の関数式を修正してくれます。これを**オートフィル機能**といいます。平均，最大，最小もオートフィル機能を使いましょう。

3）同様に「**6 月**」と「**支店合計**」についても，オートフィル機能を確認しましょう。

第3章

操作手順2 オートフィル機能（連続データの作成）

1) 4月の右隣りに5月，6月が表示されていますが，セルの内容が月名，曜日，日付や時間の場合，Excelでは連続データとして認識され，フィルハンドルをドラッグするだけで連続データを作成することができます。4月のみ入力しておき，4月のセルのフィルハンドルを右にドラッグすることで，5月，6月が表示されます。同様に，「**月曜日**」「**Monday**」「**April**」などを入力してもオートフィル機能により連続データを作成することができます。

2) 会員番号やコード番号など規則的に連続する数値を作成することもできます。Excelの連続データについては，下のOnePoint「連続データの作成とフィル」を参照してください。

One Point | 連続データの作成とフィル

1) Excel の連続データ（ユーザ設定リスト）

　オートフィル機能による連続デー作成は，Excelがもともと連続データのリストを持っているからです。［**ファイル**］タブ［**オプション**］［**詳細設定**］［**ユーザー設定リストの編集(O)**］から確認することができます。

2) Excel の連続データ（数値）

　通常，数値の連続データを作成する場合は，まず，2つの連続するデータを入力しておきます。そして，その2つのセルを選択して，オートフィル機能を実行します。

　例えば「**1**」「**2**」と入力しておき，その2つのセルを選択してからオートフィル機能を実行します。すると，図のように，「**1, 2, 3, 4, 5…**」とドラッグした分だけ連続データが作成できます。

3) フィル

　連続データを作る別の方法として，［**ホーム**］タブ［**編集**］［**フィル**］があります。例えば「**5**」という数値を入力して，そのセルを含めてセルを範囲選択しておき，［**フィル**］［**連続データの作成(S)**］をクリックすると，右のようなダイアログボックスが表示されます。

　増分値(S) を「**5**」や **停止値(O)** を「**40**」と指定すると，「**5, 10, 15, 20…，40**」までのデータがセルに埋め込まれます。

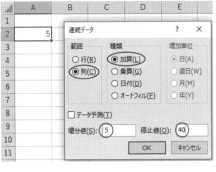

↓[問題]

練習4　オートフィル機能を使って連続データを作成し，確認しましょう。

ファイル名：**練習4_オートフィル**

①2つの連続するセルに，次の値を入れて，連続データを作ります。

10と20　0と5　−200と−150　1月1日と1月8日

③1つのセルに次の値を入れて，連続データを作りましょう。

1時，1月，第1四半期，月，月曜日，Monday，子（ね），1学期

3-4-5　セルの絶対参照

操作手順1 比率の計算

1) 次に G 列の「**支店比率**」を求めます。支店比率とは売上全体から見た各支店の売上の割合を表したものです。例えば札幌店の場合，支店合計（**F5**）の「**800**」は，全体の合計（**F9**）の「**8000**」に対して「**10%**」ということになります。計算式は次のようになります。

支店合計	支店比率
800	=F5/F9
4,000	
2,000	
1,200	
8,000	

札幌店の支店比率 =F5/F9 （計算式の意味 800÷8000）

札幌店の支店比率のセルは **0.1** と表示されます。

2) **東京店**以下についても，同様に支店比率を求めますが，このままオートフィル機能を使うとエラーが出てしまいます。計算式をコピーして求める場合は注意が必要です。

3) 計算式や関数の式をコピーする場合，式の中で使われている行や列の位置が自動的に修正されますが，この場合は割り算の分母にあたる「**合計**」（**F9** の **8000**）の位置を固定する必要があります。この考え方を**絶対参照**といい，次のように操作します。

支店合計	支店比率
800	0.1
4,000	2
2,000	0.5
1,200	1.5
8,000	#DIV/0!

|操作手順 2|　セルの絶対参照

1）札幌店の支店比率（**G5**）をクリックします。

2）半角で「**=**」を入力し，続いて **F5** をクリックし，そのあと「**/**」を入力します。

3）合計である **F9** をクリックし，続けてキーボードから F4 を押します。する
とセル番地の行と列に絶対参照を表す **$** マークがつき，画面は
=F5/$F$9 のようになります。**$** マークついたセルはコピーしてもセル
番地が変わらないので，東京店から下方に関数をコピーしても，分母であ
る支店合計（**F9**）は常に同じ位置を参照します。

支店合計	支店比率
800	=F5/$F$9
4,000	
2,000	
1,200	
8,000	

4）計算結果をパーセントで表示するためには，セルを選択し[**ホーム**]タブ[**数
値**] **%** [**パーセントスタイル**]ボタンをクリックします。誤って[**パーセントスタイル**]を押しパ
ーセント表示にした場合は，[**ホーム**]タブ[**数値**]の[**表示形式**]から「**標準**」 標準 ▾ を選択し
ます。

5）オートフィル機能で札幌店の支店比率の計算式を東京店（**G6**）から合計（**G9**）までコピーします。

	B	C	D	E	F	G
4	支店名	4 月	5 月	6 月	支店合計	支店比率
5	札幌店	400	300	100	800	10%
6	東京店	1,100	1,400	1,500	4,000	50%
7	大阪店	700	900	400	2,000	25%
8	福岡店	500	400	300	1,200	15%
9	合計	2,700	3,000	2,300	8,000	100%
10	平均	675	750	575	2,000	

オートフィル機能
コピー（複写）元
フィルハンドル ■ をドラッグします
貼り付け先

One Point | オートフィルオプション

　フィルハンドルをドラッグすると，図のような
[**オートフィルオプション**]が表示されます。
[**オートフィルオプション**]横の▼ボタンをクリッ
クすると，図のような[**セルのコピー（C）**]
[**連続データ（S）**][**書式のみコピー（フィル）（F）**]
[**書式なしコピー（フィル）（O）**]などが表示され，通常は[**セルのコピー（C）**]にチェック
がついています。

7	大阪店	700	900	400	2,000	25%
8	福岡店	500	400	300	1,200	15%
9	合計	2,700	3,000	2,300	8,000	100%
10	平均	675	750	575	2,000	

2,000
○ セルのコピー(C)
○ 書式のみコピー (フィル)(E)
● 書式なしコピー (フィル)(O)
○ フラッシュ フィル(E)

　このチェックを[**書式なしコピー（フィル（O））**]に変更すると，オートフィル機能によ
って崩れてしまった書式である罫線（細罫線と太罫線）を回復させることができます。た
だし，[**オートフィルオプション**]の表示自体は別の作業を始めると消えてしまいます。

114

↓[問題]

練習5 次の表を作成しましょう。

ファイル名：**練習5_上半期売上**

店名	冷蔵庫	洗濯機	掃除機	エアコン	支店合計	支店比率
札幌店	300	100	130	40	570	11%
東京本店	550	350	460	280	1,640	30%
大阪店	450	180	310	370	1,310	24%
広島店	150	250	280	150	830	15%
福岡店	400	200	350	80	1,030	19%
製品合計	1,850	1,080	1,530	920	5,380	100%
製品比率	34%	20%	28%	17%	100%	

＊＊＊上半期売上高(万円)＊＊＊

One Point | 行のみを絶対参照

　セルの絶対参照を行うとき，F4 を続けて押すことで，「**行のみ**」または「**列のみ**」を有効とする絶対参照が可能になります。F4 を押すたびに，$ の付く位置が変わります。

①入力時は =B2/B6 行も列も絶対参照なし

②F4 を押すと，=B2/$B$6 行も列も絶対参照です

③更に F4 を押すと，=B2/B$6 行のみ絶対参照です

④更に F4 を押すと，=B2/$B6 列のみ絶対参照です

⑤更に F4 を押すと，①に戻ります。

　例えば，下の表で製品 A，B，C の各比率を求めたいとき，札幌店の比率 A(セル E2)に =B2/B$6 という式(**行のみを絶対参照**)を入力します。このように指定することで残りの F，G 列にあるすべてのセルに，まとめてコピーすることが可能になり，表が一度に完成できます。

	製品A	製品B	製品C	比率A	比率B	比率C
札幌店	1	6	9	10%	30%	30%
東京店	3	10	3	30%	50%	10%
大阪店	2	2	6	20%	10%	20%
福岡店	4	2	12	40%	10%	40%
合計	10	20	30	100%	100%	100%

=B2/B$6 (行のみを絶対参照)

3-5 グラフの作成（1）

　支店別売上一覧表から，いろいろな種類のグラフが作成できることを学びましょう。最も基本的な棒グラフと円グラフを作成します。

［例題 3］　　3-4 節「**例題 2_支店別売上**」を使用し，グラフを作成します。

ファイル名：**例題 3_支店別売上グラフ**

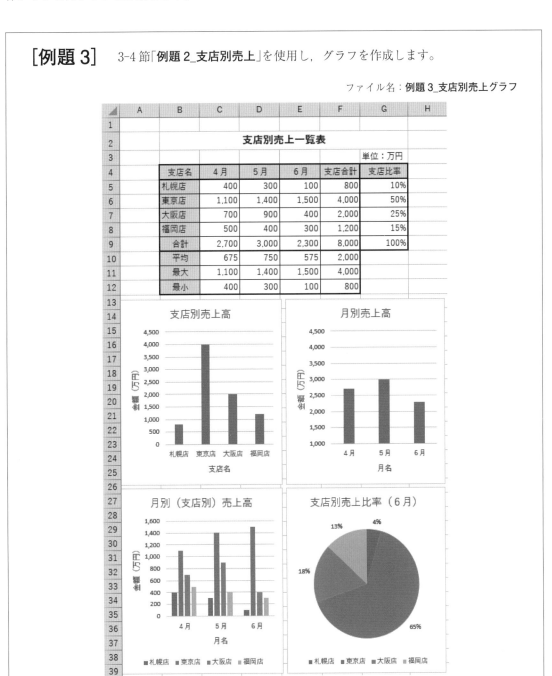

3-5-1 　グラフの構成要素

　グラフを構成している各部には，それぞれ名前がついています。この要素名は，ポイントするとポップヒントが表示され，クリックすると編集することができます。

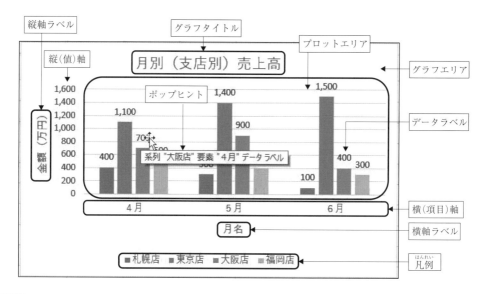

3-5-2 　棒グラフ・円グラフの作成

　グラフの作成で大切なことは，**表のどの部分（範囲）をグラフ化したいのか**を正しく指定することです。まず，3-4 節で作成した「**例題 2_支店別売上**」を開きましょう。

操作手順 1 「**支店別売上高**」グラフの作成

1）グラフデータ範囲の指定

　　① B4~B8 の支店名を選択します。

　　② F4~F8 の支店合計を Ctrl を押さえながら選択します。

　　　図のように離れた２か所（見出しを含む支店名と支店合計）が選択されていることを確認しましょう。（注）

	A	B	C	D	E	F	G
1							
2				支店別売上一覧表			
3							単位：万円
4		支店名	4月	5月	6月	支店合計	支店比率
5		札幌店	400	300	100	800	10%
6		東京店	1,100	1,400	1,500	4,000	50%
7		大阪店	700	900	400	2,000	25%
8		福岡店	500	400	300	1,200	15%
9		合計	2,700	3,000	2,300	8,000	100%

　　（注）「支店名」と「支店合計」の見出しは，グラフに表示されない部分なので，**B5~B8**，**F5~F8** のように見出しを含めないで選択することも可能です。ただし，見出しを含め選択しなければ作れないグラフもあるので，本書では統一して見出しを含めるように説明しています。

2) グラフの種類指定

ここでは，もっとも基本的な2次元の[**集合縦棒グラフ**]を作成します。[**挿入**]タブ[**グラフ**][**縦棒/横棒**

グラフの挿入]から，[**2-D縦棒・集合縦棒**]をクリックすると，次のようなグラフが表示されます。

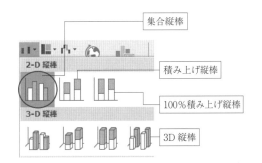

3) タイトルの入力

「**支店合計**」と表示されている箇所をクリックして，タイトルを「**支店別売上高**」と入力します。（注）

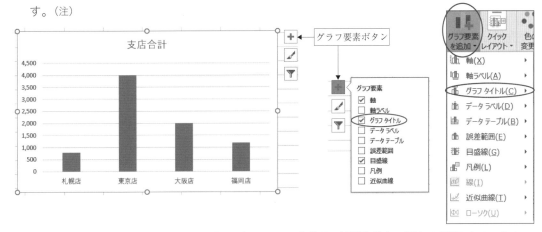

グラフエリアをクリックした状態で右側に表示される[**グラフ要素**]ボタン⊕から選択することもできます。これらのメニューは，グラフの要素を調整する時によく使うものですから，覚えておきましょう。

（注）グラフのタイトルは，画面上部のタブに表示される[**グラフツール**][**デザイン**]タブ[**グラフのレイアウト**][**グラフ要素を追加**][**グラフタイトル(C)**]から[**グラフの上**]をクリックして，追加することもできます。

4) 横軸ラベルの入力

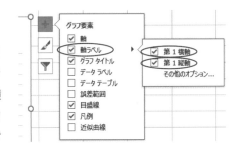

グラフを選択しておき，「**グラフツール**」[**デザイン**]タブ[**グラフのレイアウト**][**グラフ要素を追加**][**軸ラベル(A)**]から[**第1横軸(H)**]をクリックします。横軸ラベルエリアが表示されるので，「**支店名**」と入力します。右図の[**グラフ要素**]ボタンからの追加もできます。

5) 縦軸ラベルの入力

グラフを選択しておき，横軸ラベルと同様に，[**グラフツール**][**デザイン**]タブ[**グラフのレイアウト**][**グラフ要素を追加**][**軸ラベル(A)**]から，[**第1縦軸(V)**]をクリックします。縦軸ラベルエリアが表示されるので，「**金額(万円)**」と入力します。（注）

（注）Excel2019. Office365のバージョンにより，[**グラフツール**]は表示されない場合があります。

6) **作成したグラフの移動**

グラフ枠の上でマウスポインターが，🕂（移動のマーク）で表示されたら，枠上でクリックします。グラフ枠にハンドルが表示されます。グラフを移動したい場合は，ハンドルの少し内側（グラフエリア）をドラッグします。サイズを変更したい場合は，グラフ枠の四隅にあるいずれかのハンドル（**サイズ変更ハンドル**）をドラッグします。

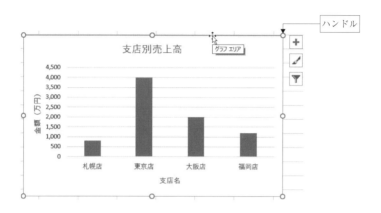

7) **作成したグラフの編集**

タイトルや軸名の文字，グラフの色やパターンなどを，あとから変更することができます。変更する場合は，その要素をクリックし，[**グラフツール**][**書式**]タブ[**選択対象の書式設定**]をクリックしてください。右側に[**…の書式設定**]作業ウィンドウが表示されます。（…の名称は，クリックする位置によって異なります。）例えば，グラフのタイトルを選択しておき，[**グラフツール**][**書式**]タブ[**選択対象の書式設定**]をクリックすると，右側に[**グラフタイトルの書式設定**]が表示されます。グラフの編集は，変更したい要素を右クリックし，ショートカットメニューから[**…の書式設定**]を選択することもできます。

操作手順2 「月別売上高」グラフの作成

1) **月名・月合計の指定**

月合計と月名を同時に選択します。
B4~E4（支店名，4月~6月）をドラッグして，範囲選択します。

[Ctrl] を押しながら，**B9~E9**（合計を含む月合計）をドラッグし，図のように2か所同時に選択されていることを確認します。

	A	B	C	D	E	F	G
1							
2				支店別売上一覧表			
3							単位：万円
4		支店名	4月	5月	6月	支店合計	支店比率
5		札幌店	400	300	100	800	10%
6		東京店	1,100	1,400	1,500	4,000	50%
7		大阪店	700	900	400	2,000	25%
8		福岡店	500	400	300	1,200	15%
9		合計	2,700	3,000	2,300	8,000	100%

2) **グラフの表示**

ここからは，3-5-2項の「**支店別売上高**」グラフの作成と同じ手順です。[**挿入**]タブ[**グラフ**][**縦棒／横棒グラフの挿入**]から，[**2-D 縦棒・集合縦棒**]を選択して，グラフを作成しましょう。タイトルは「**月別売上高**」，横軸ラベル名は「**月名**」，縦軸ラベル名は「**金額(万円)**」とします。

第
3
章

 グラフの要素，またはグラフ全体の削除

例えばタイトルなど，グラフ上のある要素を削除する場合は，その部分にハンドルが表示されている状態で，Delete を押します。グラフ全体の削除はグラフエリア全体にハンドルが表示されている状態で Delete を押します。

操作手順3　月別（支店別）売上高グラフの作成

1）**支店名，月名，売上高の指定**

このグラフを作成するには，支店名，月名，売上高を指定します。B4~E8 までの範囲をドラッグし，範囲選択してください。

2）**グラフ種類の指定**

［挿入］タブ［グラフ］［縦棒／横棒グラフの挿入］から左上の［2-D 縦棒・集合縦棒］を選んでください。

3）**行／列の切り替え**

行と列の「**系列**」を逆にしましょう。［**グラフツール**］［**デザイン**］タブ［**データ**］［**行/列の切り替え**］をクリックします。

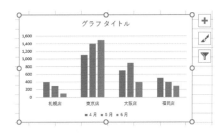

4）**タイトルと軸ラベルの入力**

タイトルは「**月別（支店別）売上高**」，横軸ラベル名は「**月名**」，縦軸ラベル名は「**金額（万円）**」とします。横書きになっている軸ラベル名を縦書きにしたい場合は，軸名を選択した状態で，［**ホーム**］タブ［**配置**］から［**方向**］［**縦書き**］を選びます。

5）**凡例の確認**

グラフの中に表示される「**札幌店**」「**東京店**」「**大阪店**」「**福岡店**」の文字を**凡例**（はんれい）と呼びます。凡例を見れば，どの棒がどの支店に相当するのかがわかります。一般に棒グラフの棒が2本以上になる場合は，凡例が必要になります。

操作手順4　支店別売上比率（6月）グラフの作成

1）**支店名，6月売上高の指定**

このグラフを作成するには，支店名，6月売上高を指定します。**B4~B8** までの範囲および Ctrl を押して E4~E8 をドラッグし，範囲選択してください。

2) **グラフ種類の指定**

[挿入]タブ[グラフ][円]または[ドーナツグラフの挿入]から左上の[**2-D円**][**円**]を選択します。

3) **タイトル・データラベルの入力**

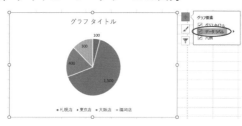

グラフタイトルは「**支店別売上比率（6月）**」とし，[**グラフ要素**]ボタンからデータラベルにチェックを入れます。この段階では，データラベルは，値になっています。

グラフ内のデータラベルをクリックして[**グラフツール**][**書式**]の[**現在の選択範囲**]の[**選択対象の書式設定**]をクリックすると，画面右側にデータラベルの書式設定が表示されます。[**パーセンテージ**]にチェックをつけ[**値**]のチェックを取ります。（注）

（注）グラフ上のデータラベルを右クリックし，[**データラベルの書式設定**]を表示することもできます。

3-5-3 印刷の調整

支店別売上一覧表と4つのグラフを見栄えよく配置し，印刷プレビューで確認した後，A4縦1ページに印刷しましょう。ファイル名を変えて「**例題3_支店別売上グラフ**」として保存しましょう。

操作手順 印刷プレビューと印刷

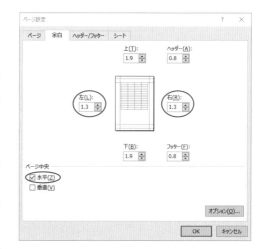

1) 印刷したい範囲を，表と4つのグラフを含むようにドラッグして設定をします。

2) 印刷プレビューで，正しいレイアウトになっていることを確認しましょう。印刷結果を画面で確認するために，[**ファイル**]タブ[**印刷**]をクリックすると印刷イメージ画面が表示されます。グラフのサイズが大きくて1ページに収まらない場合は，縮小印刷の設定をすることもできますが，ここでは，縮小せずに印刷（[**拡大縮小なし**]）してみましょう。

データが斜めに表示されたり，一部が表示されない場合は，[**ファイル**][**印刷**][**ページ設定**][**余白**]から図のように余白を減らしましょう。その際，[**ページ中央**]の[**水平(Z)**]にチェックを入れると横中央に配置できます。

3) 一度印刷プレビューを確認して，元の画面に戻ると，1ページに入る印刷範囲が破線で表示されます。

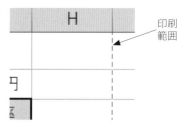

↓[問題]

練習6　3-4 節「**練習5_上半期売上**」にグラフを追加しましょう。

ファイル名：**練習6_上半期売上グラフ**

＊＊＊上半期売上高＊＊＊

単位：万円

支店名	冷蔵庫	洗濯機	掃除機	エアコン	支店合計	支店比率
札幌店	300	100	130	40	570	11%
東京本店	550	350	460	280	1,640	30%
大阪店	450	180	310	370	1,310	24%
広島店	150	250	280	150	830	15%
福岡店	400	200	350	80	1,030	19%
製品合計	1,850	1,080	1,530	920	5,380	100%
製品比率	34%	20%	28%	17%	100%	

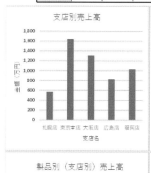

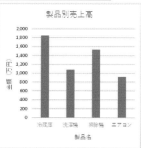

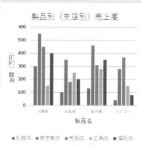

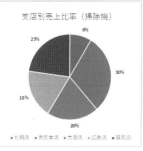

ヒント：

1) 3-5 節の例題3を参考にして，4種類のグラフを作成します。それぞれのグラフタイトルは，

   「**支店別売上高**」

   「**製品別売上高**」

   「**製品別（支店別）売上高**」

   「**支店別売上比率（掃除機）**」としてください。

2) 表とグラフを見栄えよく配置し，印刷プレビューで確認した後，A4 縦1枚に印刷しましょう。

3) グラフの軸が斜めに表示される場合は，用紙の余白を減らしたり工夫しましょう。

4) グラフを追加したので，ファイル名は「**練習6_上半期売上グラフ**」で保存しましょう。

One Point | データの再選択

　一度作成したグラフの選択範囲が間違っていたので修正したい場合や，グラフの選択範囲を後から変更したい場合があります。そのようなときには，[**グラフツール**][**デザイン**]タブ[**データ**]から[**データの選択**]をクリックすることで，[**データソースの選択**]ダイアログが開き，そこでデータを再設定することができます。

One Point | グラフの種類の変更

　作成したグラフの種類を変更する場合は，[**グラフツール**][**デザイン**]タブ[**種類**]から[**グラフの種類の変更**]をクリックして変更することができます。

3-6 端数の処理・条件付き書式

　販売一覧表を作成し，端数処理，条件付き書式を学びましょう。

　これまで学習した機能を利用して，表を作成する練習をしましょう。合計や平均は，関数を利用してください。新しい関数として，端数の処理をする **ROUND 関数**，**ROUNDUP 関数**，**ROUNDDOWN 関数**を学びます。

> **[例題 4]**　販売一覧表を作成しましょう。値引額は関数を使って**金額の 8.7 ％（小数点以下切り上げて整数）**とし，**平均は小数点以下を四捨五入**して整数にしています。3-6-3 項で説明している「条件付き書式」も使っています。
>
> ファイル名：**例題 4_販売一覧**

販売店コード	販売店名	数量	金額	値引額		販売額
			販売一覧表（アリゾナシリーズ）			
			バックパック20L			
定価	¥6,850		値引率	8.70%		
販売店コード	販売店名	数量	金額	値引額		販売額
101	1号店	233	1,596,050	138,857	⬆	1,457,193
102	2号店	68	465,800	40,525	⬇	425,275
103	3号店	79	541,150	47,081	⬇	494,069
104	4号店	93	637,050	55,424	➡	581,626
105	5号店	112	767,200	66,747	➡	700,453
106	6号店	205	1,404,250	122,170	⬆	1,282,080
合計		790	5,411,500	470,804		4,940,696
平均		132	901,917	78,467		823,449

3-6-1 表作成のポイント

操作手順

1) **タイトル**　**B2** にタイトルを入れた後，**B2~G2** までのセルを選択した状態で，［**ホーム**］タブ，［**配置**］［**セルを結合して中央揃え**］をクリックします。**B3~G3** も同様に設定しましょう。

2) **見出し・合計・平均**　7 行目の見出しおよび合計と平均の文字は，それぞれのセル内で中央揃えにしましょう。

3) **販売店コード・販売店名**　連続データを作成しましょう。

　①販売店コードの作成は，セル **B8** に半角数字「101」を入力し，続けてその下のセル **B9** に「102」を入力します。

　②**B8** と **B9** を範囲選択して，**オートフィル機能**を使用します。同様に，販売店名の作成の場合は，「1 号店」のみを入力して，**オートフィル機能**を使用します。オートフィル機能については，3-4-4 項「オートフィル機能（関数のコピー）」を復習してください。

4) **数量**　数量の数値を入力しましょう。

5) **金額**　定価(¥6,850)のセルを利用して式をたてます。金額＝定価×数量ですから，「1号店の E8」は **C5＊D8** という式が成り立ちます。ただし，オートフィル機能を利用するなら，C4 の定価は絶対参照にしなければなりません。つまり **＝$C$5＊D8** ということになりますね。

6) **値引額**　金額の 8.7％を値引額とする式ですから，値引率のセルを利用して，1号店の場合は，**＝E8＊$F$5** になりますね。この段階では小数が表示されます。後述の端数の処理を学びましょう。

値引額は 8.7％なので，この段階では，図に示すように値引額には小数が隠れています。値引額のセルをすべて選択して，[**ホーム**]タブ[**数値**][**小数点以下の表示桁数を増やす**] ボタンをクリックすると，小数が確認できます。

金額(お金)の計算をしているのですから，小数をこのままにしておくことはできませんね。そこで，次項 3-6-2 項「端数の処理」を学びましょう。

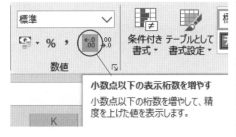

値引額
138,856.35
40,524.60
47,080.05
55,423.35
66,746.40
122,169.75

7) **販売額**　金額－値引額とする式ですから，1号店の場合は，**＝E8-F8** になりますね。

8) **合計**　**SUM 関数**で合計を求めます。オートフィル機能を使用して効率よく作成してください。

9) **平均**　**AVERAGE 関数**を使います。この関数もオートフィル機能を使用してください。

3-6-2　端数の処理 ROUND・ROUNDUP・ROUNDDOWN 関数

[**ホーム**]タブ[**数値**] [**小数点以下の表示桁数を減らす**]または [**小数点以下の表示桁数を増やす**]ボタンを使って確かめてみると，最後の桁を四捨五入したように表示されていますが，本当は四捨五入したことにはなっていないことがわかりました。平均の部分で確認しましたね。また，値引額に小数が残っていると，正確な販売額や合計金額を算出したことになりません。

そのため，値引額の端数の処理の方法を決めておく必要があります。端数の処理には，「**四捨五入**」「**切り上げ**」「**切り捨て**」などの関数を使用します。

四捨五入の関数　＝ROUND(数値，桁数)
切り上げの関数　＝ROUNDUP(数値，桁数)
切り捨ての関数　＝ROUNDDOWN(数値，桁数)

桁数とは小数点以下の桁数を意味します。	
小数第3位	3
小数第2位	2
小数第1位	1
整数	0
10 位	−1
100 位	−2

数値の部分には，実際の数字を入れますが，式や関数が入る場合もあります。**値引額**は，**切り上げて整数**にします。

操作手順 値引額を切り上げ・平均を四捨五入

1) **値引額**を切り上げて整数にします。値引額の数値 **F8** を選択します。

    =ROUNDUP(E8＊$F$5, 0)

    ワークシート上部にある**数式バー**で上記のように式を修正しましょう。桁数を **0** にしていますから，切り上げた結果を整数にしていることになります。オートフィル機能を利用して 6 号店（**F13**）までデータを埋めましょう。

2) **平均**を四捨五入して整数にします。平均も小数が隠れていますから，四捨五入して整数にします。**数式バー**で以下のように修正しましょう。**D15** をクリックして以下のように修正します。

    =ROUND(AVERAGE(D8：D13), 0)

    G15 までオートフィル機能を使用しましょう。

3-6-3 条件付き書式

　表の数値によって，表示方法を変えることができます。これを**条件付き書式**といいます。たとえば，この販売一覧表に対して，次のような条件を設定することを考えてみましょう。

　　条件①　**値引額**が 5 万円未満の場合は，文字を「**赤の文字**」にする。

　　条件②　**金額**が 100 万以上の場合は，セルに「**網掛け**」(好きな色とパターン)を設定する。

　　条件③　**数量**に，条件付き書式データバーの「**塗りつぶし（グラデーション）**」を設定する。

　　条件④　**販売額**にアイコンセットを使用して，100 万以上に ↑（緑），50 万以上 100 万未満に ➡（黄），50 万未満に ↓（赤）のアイコンを表示させる。

操作手順 1 セルの強調表示ルール

　条件①　**値引額**が 5 万円未満の場合は，文字を「**赤の文字**」に設定しましょう。

1) 値引額が入力されている **F8~F13** をドラッグして選択します。

2) ［**ホーム**］タブ［**スタイル**］［**条件付き書式**］から［**セルの強調表示ルール（H）**］の［**指定の値より小さい（L）**］をクリックしてください。

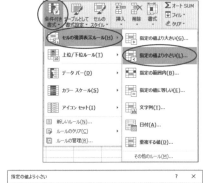

3) ［**指定の値より小さい**］ダイアログボックスで「**50000**」と入力し，［**書式**］を「**赤の文字**」に指定します。

4) その他の書式を選びたい場合は，「**ユーザ設定の書式**」から指定します。

第3章

操作手順2 新しいルール

条件② 金額が 100 万以上の場合は，セルに「**網掛け**」(パターン)の設定をしましょう。

1) 金額が表示されている **E8~E13** をドラッグして選択します。

2) [**ホーム**]タブ[**スタイル**][**条件付き書式**]から[**新しいルール(N)**]をクリックします。

3) [**新しい書式ルール**]設定ダイアログボックスから，[**ルールの種類を選択して下さい(S)**]から[**指定の値を含むセルだけを書式設定**]をクリックし，次のように条件を設定します。

> | セルの値 | 次の値以上 | 1000000 |

4) [**書式(F)**]ボタンをクリックし，[**セルの書式設定**]のダイアログボックスの[**塗りつぶし**]タブで，好きな色とパターンを選びます。 OK を押して，正しく網掛けが設定されているかを確認しましょう。

操作手順3 データバー

条件③ 数量に，条件付き書式データバーの「**塗りつぶし(グラデーション)**」の設定をしましょう。

1) 数量が入力されている **D8~D13** を選択します。

2) [**ホーム**]タブ[**スタイル**][**条件付き書式**]から[**データバー(D)**]をクリックします。

3) [**塗りつぶし(グラデーション)**]から好きな色を選択します。

操作手順4 アイコンセット

条件④ 販売額にアイコンセットを使用して，100万以上，50 万以上 100 万未満，50 万未満のアイコンを表示

1) 販売額の **G8~G13** を選択します。

2) [**条件付き書式**]のアイコンセットでは，矢印や信号などで，視覚的にデータの値を表示できます。設定したいセルを選択して，[**ホーム**]タブ[**スタイル**][**条件付き書式**]から，[**アイコンセット(I)**]をクリックしてアイコンを選びます。

3) アイコンが表示されても，どのような基準で表示を分けているのかを，確認しておかなければ利用できません。初期設定ではパーセントでルールが作成されています。初期値では緑は 67

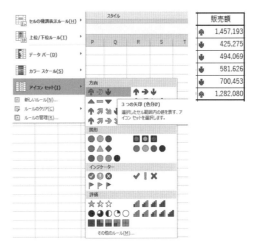

販売額
1,457,193
425,275
494,069
581,626
700,453
1,282,080

％以上，黄は 33％以上かつ 67％未満，赤は 33％
未満となっています。

4) このルールを変更するには表示されたアイコンセッ
トを選択した後，もう一度［**条件付き書式**］から［**ル
ールの管理(R)**］をクリックして［**ルールの編集(E)**］
より，アイコンの値の種類を**パーセント**から**数値**に
変更し，**値(V)**を調整します。この例題では，

値≧1000000 は ⬆

1000000〉値≧500000 は ➡

値〈500000 は ⬇ としています。

	販売額
⬆	1,457,193
⬇	425,275
⬇	494,069
➡	581,626
➡	700,453
⬆	1,282,080

One Point ☝ | 条件付き書式の複数条件と解除

①**条件を 2 つ以上設定する**

［**ホーム**］タブ［**スタイル**］［**条件付き書式**］から，
［**ルールの管理**］をクリックしてください。

［**条件付き書式のルールの管理**］ダイアログボックスの
〈**新規ルール(N)**〉を押すと，条件を 2 つ以上設定する
ことができます。右図は「セルの値が 100 以下ならば，
セルを赤で塗りつぶす」という条件と，「セルの値が
200 以上ならば，セルを緑で塗りつぶす」という条件を
複数設定しています。

また，〈**ルールの削除(D)**〉で条件をクリアできます。

②**条件付き書式の解除**

［**ホーム**］タブ［**スタイル**］［**条件付き書式**］の［**ルールのクリア(C)**］を選択して，［**選択したセルからルールをクリア
(S)**］または［**シート全体からルールをクリア(E)**］をクリックします。

One Point ☝ | 条件付き書式・カラースケール

条件付き書式のカラースケールを利用すると，気温の変動など，データの分布や偏差を把握しやすくなります。
セルには，最小値，中間値，最大値の色に対応する 2 色または 3 色のグラデーションで色が塗られます。

東京 年平均気温：15.4 ℃ 年降水量：1528.8 mm 統計期間：1981~2010

	1月	2月	3月	4月	5月	6月	7月	8月	9月	10月	11月	12月
平均気温(℃)	5.2	5.7	8.7	13.9	18.2	21.4	25.0	26.4	22.8	17.5	12.1	7.6

3-7 表の拡張

ここでは画面の表示領域よりも大きな表を作成します。そのあとで，この表を 1 ページに縮小印刷するための設定や，列を非表示にする方法について学びましょう。

[例題 5] 販売一覧表（全商品）を作成しましょう。3-6 節「**例題 4_販売一覧**」をもとにして修正します。条件付き書式はクリアしてください。
（3-6-3 項 OnePoint 内の②「条件付き書式の解除」参照）

ファイル名：**例題 5_販売一覧全商品**

販売一覧表（アリゾナシリーズ）

2021/6/15

販売店コード	販売店名	バックパック20L 定価 ¥6,850				バックパック24L 定価 ¥8,540				バックパック28L 定価 ¥9,870				数量合計	販売額合計
		数量	金額	値引額	販売額	数量	金額	値引額	販売額	数量	金額	値引額	販売額		
101	1号店	233	1,596,050	138,857	1,457,193	77	657,580	56,224	601,356	42	414,540	34,946	379,594	352	2,438,143
102	2号店	68	465,800	40,525	425,275	78	666,120	56,954	609,166	56	552,720	46,595	506,125	202	1,540,566
103	3号店	79	541,150	47,081	494,069	54	461,160	39,430	421,730	33	325,710	27,458	298,252	166	1,214,051
104	4号店	93	637,050	55,424	581,626	101	862,540	73,748	788,792	26	256,620	21,634	234,986	220	1,605,404
105	5号店	112	767,200	66,747	700,453	97	828,380	70,827	757,553	122	1,204,140	101,510	1,102,630	331	2,560,636
106	6号店	205	1,404,250	122,170	1,282,080	104	888,160	75,938	812,222	59	582,330	49,091	533,239	368	2,627,541
合計		790	5,411,500	470,804	4,940,696	511	4,363,940	373,121	3,990,819	338	3,336,060	281,234	3,054,826	1,639	11,986,341
平均		132	901,917	78,467	823,449	85	727,323	62,187	665,137	56	556,010	46,872	509,138	273	1,997,724

商品名	値引率
バックパック20L	8.70%
バックパック24L	8.55%
バックパック28L	8.43%

印刷例

3-7-1 表作成のポイント

操作手順 表の編集

バックパック 20L の表部分をコピーして，バックパック 24L，バックパック 28L を作成します。

1）**タイトルと見出し**

例題 4 で結合されているタイトルを一度解除し，例題 5 の表の幅に合わせて再度結合します。

見出しの「**販売店コード**」「**販売店名**」「**数量合計**」「**販売額合計**」は 3 行分の高さを取っているので，セルを結合して文字を中央に配置しましょう。

2) **商品名など**

例題4の「**販売一覧表**」をもとにしているので，商品名は B3 に入っています。B3~G3 の結合を解除して，D5 に移動してから再度結合しましょう。書き直すのではなく，切り取って貼り付けるようにしましょう。

同様に定価 B5~C5 を選択して，切り取り，E6 に貼り付けましょう。

3) **値引額**

値引額は，販売一覧表(全商品)の下部にある**値引率表**をもとにして式をたてましょう。例題4の「販売一覧表」と同様にすべて，「**切り上げて整数**」にします。バックパック 20L の表をコピーすれば 24L と 28L の表の関数もコピーされます。

4) **数量・金額・値引額を修正**

新たに列を挿入して作成した表(バックパック 24L と 28L)の**数量**を修正します。**金額・値引額**の式は絶対参照のセル番地などを修正する必要があります。式をよく見て数式バーから修正します。販売額は式を再確認しましょう。

5) **合計・平均**

合計は，予め入力されている **SUM 関数**の式をオートフィルします。同様に平均も整数未満を四捨五入して整数にし，オートフィル機能を利用します。「販売一覧表」と同じです。

6) **数量合計と販売額合計**

1号店の式は次のようになりますね。販売額合計は，各商品の販売額の合計です。

①数量合計　　=SUM(D8, H8, L8)　あるいは　=D8＋H8＋L8　という式も可能です。
②販売額合計　=SUM(G8, K8, O8)　あるいは　=G8＋K8＋O8　という式も可能です。

7) **日付の入力**

① YYYY/MM/DD という形で，今日の日付を入力します。(例 2021/6/15)

②関数を使用して今日の日付を入力できます。セルに =today() と入力すると今日の日付が入り，以降ファイルを開くたびに今日の日付に更新されます。[**ホーム**]タブ[**セル**][**書式**][**セルの書式設定**]から日付の表示を変更することができます。

3-7-2 ページの設定と印刷範囲

表が完成したら，印刷を行います。今回の表は横長の大きな表なので，そのままでは1ページに入りません。ここでは縮小して1ページに収めてみましょう。

操作手順1 印刷範囲

1) 販売一覧表(**B2~Q20**)の範囲を，ドラッグして範囲選択します。
2) [**ページレイアウト**]タブ[**ページ設定**][**印刷範囲**]の[**印刷範囲の設定(S)**]をクリックします。
3) 一度設定した，印刷範囲をクリアしたい場合は，[**印刷範囲のクリア(C)**]を選択します。

操作手順2 印刷の設定と実行

1) 印刷する前に，印刷結果を画面で確認します。

[**ファイル**]タブをクリックし，バックステージビューから[**印刷**]を選択します。左下の設定から，「**横方向**」「**シートを1ページに印刷**」に変更します。

2）右側に印刷プレビュー画面が表示されますので，印刷結果が**1 ページに縮小**されていることを確認しましょう。ページ設定が正しくない場合は，ページ設定のダイアログボックスへ戻ります。画面下部の[**ページ設定**]リンクをクリックすると，ページ設定のダイアログボックスを開くことができます。

3）ここでプリンタの準備をして，[**印刷**]ボタンをクリックすると印刷が開始されます。

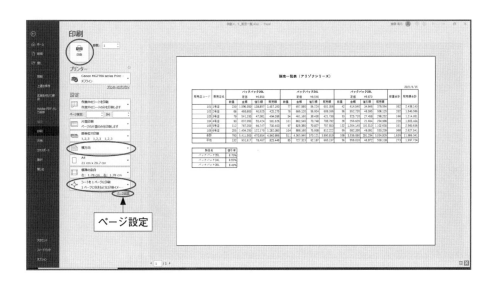

One Point　ヘッダーとフッター

　Excel もヘッダーとフッターを設定することができます。印刷画面下（上図）の**ページ設定**から設定すると便利です。画面中央に，日付の挿入ボタン，ファイル名の挿入ボタンなどが用意されています。

3-7-3　列の非表示と再表示

　大きな表を印刷する場合，縮小するのは 1 つの方法ですが，表の必要な部分だけを取り出して，印刷することもできます。今度は，それぞれの商品の数量と販売額のみを表示させてみましょう。これには必要のない列を**非表示**にするという機能を使います。

	A	B	C	D	G	H	K	L	O	P	Q	R
1												
2					販売一覧表（アリゾナシリーズ）							
3												
4											2021/6/15	
5					バックパック20L		バックパック24L		バックパック28L			
6		販売店コード	販売店名							数量合計	販売額合計	
7				数量	販売額	数量	販売額	数量	販売額			
8		101	1号店	233	1,457,193	77	601,356	42	379,594	352	2,438,143	
9		102	2号店	68	425,275	78	609,166	56	506,125	202	1,540,566	
10		103	3号店	79	494,069	54	421,730	33	298,252	166	1,214,051	
11		104	4号店	93	581,626	101	788,792	26	234,986	220	1,605,404	
12		105	5号店	112	700,453	97	757,553	122	1,102,630	331	2,560,636	
13		106	6号店	205	1,282,080	104	812,222	59	533,239	368	2,627,541	
14			合計	790	4,940,696	511	3,990,819	338	3,054,826	1,639	11,986,341	
15			平均	132	823,449	85	665,137	56	509,138	273	1,997,724	

|操作手順 1| **列の非表示**

1) 商品の「バックパック 20L」「バックパック 24L」「バックパック 28L」の「**金額**」と「**値引額**」の各 2 列（**EF**列，**IJ**列，**MN**列）を非表示にします。最初に E 列と F 列の列名をドラッグして，この 2 列全体を範囲選択します。
2) E 列と F 列を選択できたら，そのまま右クリックすると，図のようなショートカットが表示されます。[**非表示(H)**]をクリックします。
3) I 列 J 列および M 列 N 列も同様に非表示にすると A4 縦の用紙でも印刷が可能となります。

列名をドラッグ

|操作手順 2| **列の再表示**

　非表示の列を再度表示させるときは，隠れている列を含めた左右両側のセルを横方向にドラッグします。[**ホーム**]タブ[**セル**][**書式**]の▼ボタンをクリックし，[**非表示 / 再表示(U)**]のサブメニューから，[**列の再表示(L)**]をクリックすると，元のように表示されます。これも右クリックし，ショートカットメニューから選択することも可能です。

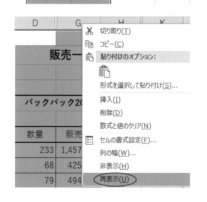

↓[問題]

練習7　次のような「**学食おむすび売上表**」を作成しましょう。

構成比は売上数の合計に対しての売上数の比率です。達成率は，目標数に対して売上数の比率を出します。比率は，パーセンテージ(%)の整数で表示させましょう。売上金額の平均は，小数点以下を切り捨てて整数にしましょう。

ファイル名：**練習7_学食おむすび売上表**

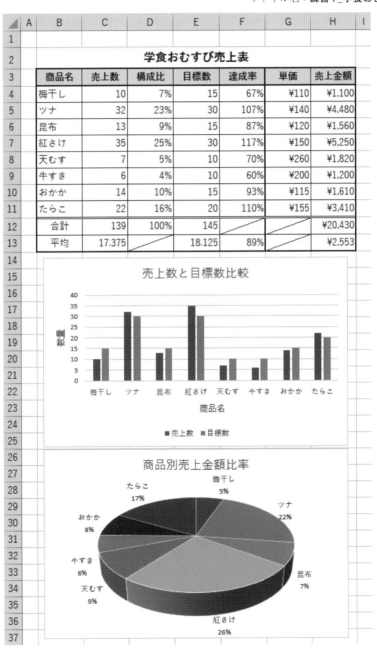

3-8 | IF 関数・PHONETIC 関数・COUNT 関数

Excel には，多数の関数が用意されています。すでに **SUM**，**AVERAGE**，**MAX**，**MIN** など，いくつかの関数については学びました。ここでは，**IF 関数**，**COUNT・COUNTA・COUNTIF 関数**，**PHONETIC 関数**について学びましょう。また，**順位・データの並べ替え**方法も説明します。

[例題 6] ファイル名「**例題 6_テスト結果**」を同友館よりダウンロードして使用し，以下の表を作成しましょう。(注)

ファイル名：**例題 6_テスト結果**

学籍番号	姓	名	フリガナ (姓)	フリガナ (名)	前期	後期	平均点	合否	総合評価
1001	赤川	早苗	アカガワ	サナエ	90	57	73.5	合格	B
1002	渡部	浩二	ワタナベ	コウジ	77	78	77.5	合格	B
1003	河野	良子	コウノ	ヨシコ	58	79	68.5	合格	C
1004	山下	徹	ヤマシタ	トオル	93	50	71.5	合格	B
1005	清水	将人	シミズ	マサト	100	88	94.0	合格	A
1006	山田	美穂	ヤマダ	ミホ	48	87	67.5	合格	C
1007	沢口	健吾	サワグチ	ケンゴ	98	79	88.5	合格	A
1008	佐藤	佐代子	サトウ	サヨコ	88	77	82.5	合格	A
1009	渡辺	美佐子	ワタナベ	ミサコ	100	49	74.5	合格	B
1010	庄司	薫	ショウジ	カオル	68	76	72.0	合格	B
1011	遠藤	綾子	エンドウ	アヤコ	50	26	38.0	不合格	D

★★★★★コンピューターリテラシーテスト結果★★★★★

評価	人数
A	3
B	5
C	2
D	1
合計	11

人数(平均点)	11
人数(姓)	11

(注) 同友館 http://www.doyukan.co.jp/download/

3-8-1 データの入力

1) **学籍番号**

連続番号ですね。オートフィル機能を使い，表示させましょう。

2) **フリガナ (姓) フリガナ(名)**

PHONETIC 関数を使います。(3-8-2 項「PHONETIC 関数・IF 関数」参照)

3) **平均点**

AVERAGE 関数を使います。(3-4-3 項「平均・最大・最小」参照)

4) **合否**

IF 関数を使い，60 点以上なら「**合格**」，60 点未満なら「**不合格**」とします。(3-8-2 項参照)

5)　**総合評価**

　　入れ子の IF 関数を使いましょう。ＡＢＣＤの４段階評価です。（3-8-2 項参照）

6)　**人数（平均点），人数（姓）**

　　クラスの人数を数えて，表示させましょう。クラス番号を見れば，人数が 11 人であることは
すぐにわかりますが，関数でも人数を数えることができます。I 列に入っている**平均点**の数か
ら人数を数えてみましょう。また，C 列に入っている**姓**の数からも人数を数えてみましょう。

7)　**各評価の人数・合計**

　　COUNTIF 関数を使って，A, B, C, D の各評価の人数を数えて，合計は SUM 関数を使います。

3-8-2　PHONETIC 関数・IF 関数

操作手順 1　PHONETIC 関数

　PHONETIC 関数は，**文字列からふりがなを抽出**する関数です。入力したときの漢字の読み情報を
表示するので，「**河野**」を「**かわの**」と入力して変換していると「**カワノ**」とフリガナが表示され，「**こう
の**」と入力して変換していると，「**コウノ**」とフリガナが表示されます。

　　例えば，**フリガナ（姓）**の E5 をクリックし，**=PHONETIC（C5）**と入力すると C5 の漢字が**フリガナ**
に変換されて表示されます。**フリガナ（名）**も同様です。

操作手順 2　IF 関数

　IF 関数は，条件を判断する論理関数です。書式は次のとおりです。

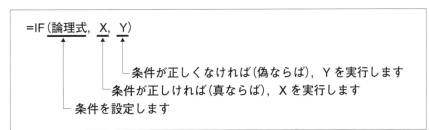

　論理式は，比較演算子を使用して記述します。

$>$	左辺が右辺よりも大きい	例 A3>80	A3 番地のデータが 80 より大きい
$>=$	左辺が右辺以上である	例 A3>=80	A3 番地のデータが 80 以上
$<$	左辺が右辺よりも小さい	例 A3<80	A3 番地のデータが 80 より小さい
$<=$	左辺が右辺以下である	例 A3<=80	A3 番地のデータが 80 以下
$=$	左辺と右辺が等しい	例 A3=80	A3 番地のデータが 80 と等しい
$<>$	左辺と右辺が等しくない	例 A3<>80	A3 番地のデータが 80 と等しくない

1)　**合否判定**

　　J5 の式は次のようになります。以下の行も同様です。判定は I 列の平均点で判断します。

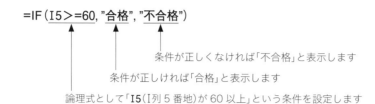

=IF(I5>=60, "合格", "不合格")

条件が正しくなければ「不合格」と表示します

条件が正しければ「合格」と表示します

論理式として「I5(I列5番地)が60以上」という条件を設定します

「**合格**」「**不合格**」のような文字を表示させる場合は，文字を""(ダブルクォーテーション)で囲みます。数字の場合はダブルクォーテーションは不要です。ここで，60点未満かどうかを確かめずに「不合格」としていますが，I5>=60という条件を満たさないなら，残りは60点未満だからです。IF関数は条件分岐を示すので，「**真**」か「**偽**」の二択なのです。

2) **4段階評価**

　IF関数を1回使うと2択から選べることは上述の「合否の判定」で学びました。つまり，2択ならIF関数は一回使用，3択ならIF関数は2回使用，4択ならIF関数は3回使用ということになります。

K5の式は次のようになります。以下の行も同様です。

=IF(I5>=80, "A", IF(I5>=70, "B", IF(I5>=60, "C", "D")))

条件が正しくない(80以上ではない)ので，さらに「**I5は70以上**」を判断します。条件が正しい(70以上)の場合は「**B**」と表示し，条件が正しくない(70以上ではない)場合は，さらに「**I5は60以上**」を判断します。60以上であれば「**C**」と表示し，そうでなければ「**D**」と表示します

条件が正しい(80以上)ので「**A**」と表示します

論理式として「I5(I列5番地)が80以上」という条件を設定します

この IF 関数の様に，関数の中に関数を入れることを「**入れ子：nest**」と呼びます。この式は，**IF 関数**の中に3つの**IF 関数**がある「**入れ子**」になっています。

One Point | IFS(イフエス)関数

　IFS 関数を使用すれば，4段階評価の IF 関数のネストを1つの関数で表せます。K5 の式は次のようになります。

=IFS(I5>=80, "A", I5>=70, "B", I5>=60, "C", true, "D")

　論理式の条件は厳しいものから緩いものへ順に並べるようにして，TRUE を指定すると，それまで指定したどの条件も満たさないという意味になります。

3-8-3 COUNT・COUNTA・COUNTIF 関数

　数値をかぞえる **COUNT 関数**，データを数える **COUNTA 関数**，ある条件のもとでセルを数える **COUNTIF 関数**を使い，学生の人数をカウントしてみましょう。この 3-8 節の例題6の場合は，クラス人数が11人であることは一目でわかりますが，もっと大きな表の場合などで，件数を調べるときに有効です。

第3章

| 操作手順 | COUNT 関数・COUNTA 関数

COUNT 関数は，**数値が入力されているセルの個数を数える**関数です。

COUNTA 関数は，**空白でないセルの個数を数える**関数です。

1) 人数（平均点）

B 列はクラス番号なので人数を数えるまでもありませんが，**I 列**に個人の**平均点**が入力されているので，このセルの数値の個数で人数を数えてみましょう。これには **COUNT 関数**を使います。件数を表示する **G17** にマウスポインタの位置を合わせ，次のように操作してください。

=COUNT(I5:I15)

セルの範囲を指定します

数値が入力されているセルの個数を数える関数 COUNT 関数

①キーボードから `=COUNT(` と入力します。

②I5~I15 までドラッグします。画面は `=COUNT((I5:I15` となります。

③最後にキーボードから）を入力して，`Enter` を押します。

I 列のデータ件数「**11**」が得られます。**COUNT 関数**で数えることができるのは，数値が入力されているセルの個数です。したがって，I 列の代わりに **G** 列や **H** 列を指定しても同じ結果になりますね。

2) 人数（姓）

C 列は，名前の**姓**が入力されているので，このセルの個数（空白以外）で人数を数えることもできます。これには **COUNTA 関数**を使います。使い方は，**COUNT 関数**と同じです。人数（姓）である **G18** の式は，

=COUNTA(C5:C15)となります。

空白でないセルの個数を数える関数 COUNTA 関数

| 操作手順 | COUNTIF 関数

COUNTIF 関数は，**一つの検索条件に一致するセルの個数を数える**関数です。

COUNTIF 関数を使えば，A, B, C, D の各評価の人数を考えることができます。

1) 成績評価の人数

C18 の式は以下のようになります。以下の行も同様です。

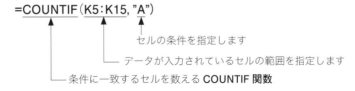

=COUNTIF(K5:K15, "A")

セルの条件を指定します

データが入力されているセルの範囲を指定します

条件に一致するセルを数える **COUNTIF 関数**

総合評価の欄の範囲（**K5~K15**）に，成績評価 **A** の数が幾つあるかを数えるのが **COUNTIF 関数**です。成績評価 **B, C, D** についても同様です。

136

↓［問題］

練習8 ある会社では，時間外勤務時間が 20 時間以上の場合は割増時給が時給の 15 % 増し，20 時間未満の場合は割増時給が時給の 5 % 増しになるそうです。割増時給，割増支給額を計算して表を完成させましょう。

ファイル名：**練習8_割増給与計算**

ヒント： 1. 割増時給に IF 関数が入ります。時間外が 20 時間以上なら，時給×(1＋0.15) が入り，20 時間未満なら，時給×(1＋0.05) となります。

2. 割増支給金額＝割増時給×時間外の式が入ります。

	氏　名	時給	時間外	割増時給	割増支給額
	アルバイトの時間外勤務給与計算				
5	小池　けい子	940	11	987	10,857
6	加藤　珠江	980	7	1,029	7,203
7	益子　まさ子	840	25	966	24,150
8	和田　かず子	1,080	31	1,242	38,502
9	水之江　政子	960	4	1,008	4,032

練習9 ある文房具問屋では，購入金額が 100,000 円以上のとき 10 % 割引になります。購入金額，支払金額，割引額を計算して表を完成させましょう。

ファイル名：**練習9_購入商品割引**

ヒント： 1. 購入金額＝単価×個数の式が入ります。

2. 支払金額には IF 関数が入ります。購入金額のセルが 10 万円以上なら 10 % 割引した金額を入れ，10 万円未満なら購入金額と同じ金額を入れます。

3. 割引額は，購入金額から支払額を引いて計算します。

商品名	単価	個数	購入金額	支払金額	割引額
シャープペンシル	150	500	75,000	75,000	0
ノート	150	800	120,000	108,000	12,000
バインダー	250	100	25,000	25,000	0
筆箱	450	500	225,000	202,500	22,500
消しゴム	100	500	50,000	50,000	0

3-9 セルの結合・順位・並べかえ

[例題7] 3-8 節「**例題 6_テスト結果**」の横に，次のような表を作成しましょう。

例題 6

ファイル名：**例題 7_順位**

3-9-1 データの入力

ファイル名「**例題 6_テスト結果**」の表の横に，新しい表を作成しましょう。

1) **学籍番号** B 列のデータを M 列にコピーします。

2) **氏名・フリガナ** 例題 6 の表の姓と名のデータを N 列に結合します。（3-9-2 項参照）

3) **平均点・総合評価** I 列と K 列のデータをコピーしますが，貼り付け時に**値の貼り付け**を行います。（3-9-3 項「貼り付けのオプション」参照）

4) **順位** 平均点の降順（大きい順）に順位をつけます。（3-9-4 項「順位」参照）

3-9-2 セルのデータ結合

操作手順 セルの結合

1) **N5** には，姓と名のデータを結合して表示させます。セル内のデータを結合するときは算術演算子である「**&**」を使います。

   たとえば，=C5 & D5 と入力すると，セル内に「**赤川早苗**」と表示されます。

2) 苗字と名前の間にスペースを 1 つ入れて表示させましょう。

   スペースは全角で入れますから，ダブルクォーテーション内に全角スペースを入れます。以下のようになります。

=C5 &"□"& D5 「赤川□早苗」となります。(□は全角のスペース)

このようにしておくと，逆にセルを分割するときに便利です。(OnePoint「セルのデータ分割」参照)

3) **フリガナ(姓)**と**フリガナ(名)**も同様にデータを結合しましょう。

 One Point │ セルのデータ分割

> セルのデータを分割したい場合は，苗字と名前の間に入れたスペースをもとに分割することができます。[データ]タブ[データツール][区切り位置]を選択し，〈区切り位置指定ウイザード〉で[カンマやタブなどの区切り文字によってフィールドごとに区切られたデータ(D)]〈次へ〉[区切り文字]を〈スペース(S)〉にして〈完了〉します。

3-9-3 貼り付けのオプション

Ⅰ列の平均点のデータをP列へコピーして貼り付けると，エラーとなります。つまり数式が入っているセルをコピーして貼り付けると，エラーになるということです。これは，もともと入っていたAVERAGE関数をそのまま貼り付けたからです。

同様に総合評価のデータもそのまま貼り付けると誤った評価が出てしまいます。これも同じで，相対的に参照したセル番地がずれた結果です。

貼り付けにはオプションがあります。(3-2-9項 OnePoint「貼り付けのオプション」参照)

ここでは，〈貼り付けのオプション〉から〈値の貼り付け〉を選択しましょう。なお，〈書式〉の貼り付けも行うことで，罫線やセルのぬりつぶしなどの書式を貼り付けることもできます。〈値と元の書式〉を選択することもできます。

平均点
#DIV/0!
#DIV/0!

よく使う貼り付けオプション

数式

列を入れ替え

値　　値と数値の書式　　値と元の書式

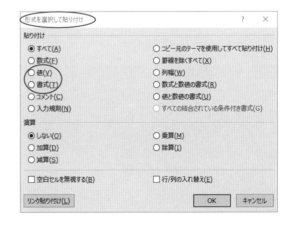

3-9-4　順位

操作手順 1　順位をつける（RANK.EQ 関数）

平均点の良い順に順位を求めてみましょう。**RANK.EQ 関数**を使用します。

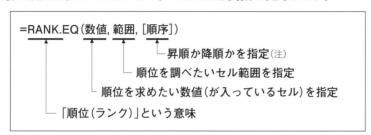

（注）降順を選択すると順序に 0 が表示され，昇順を選択すると順序に 1 が表示されます。0（ゼロ）または
　　　数値を省略した場合は，降順に並べ替えられ，1 または 0（ゼロ）以外の数値を指定すると，昇順に並べ
　　　替えられます。

1）順位を求めるために，**R5** をクリックします。

2）次のように操作してください。

　①キーボードから 　=RANK.EQ（　 と入力します。=ra（あるいは
　　=RA）と途中まで入力すると，図のように表示された関数名の選
　　択肢から，RANK.EQ を選ぶこともできます。（右図）

　②平均点の先頭の **P5** をクリックします。キーボードから「,」を入
　　力します。画面は 　=RANK.EQ（P5,　 となります。

　③11 人の平均点の **P5~P15** をドラッグします。このとき範囲を絶
　　対参照にすることが重要です。**P5** から **P15** の範囲をドラッグ
　　した直後に F4 を押して絶対参照にしてください。」（3-4-5 項
　　「セルの絶対参照」を参照）

　④キーボードから「,」を入力します。[**降順**]か[**昇順**]の選択肢が表示され
　　るので，ここでは[**降順**]をダブルクリックして選択します。「**0**」が表示
　　されます。最後にキーボードから 　）　 を入力して，Enter を押します。

　⑤オートフィル機能を使って **P15** までドラッグします。順位が正しく表示されたかどうかを確
　　認してください。　=RANK.EQ（P5,$P$5:$P$15,0）

　成績の点数が良い順に並べたい場合は，**RANK.EQ 関数**の最後に 　,0　 を入れるか，何も指定しま
せん。このとき数値の大きい順に順位が付きます（「**降順**」といいます）。

　RANK.EQ 関数の最後に 　1　 を入れると，数値の小さい順に順位が付きます（「**昇順**」といいます）。
例えば，競技におけるタイムレースのように，タイムの小さい方から高順位としたい場合に使いま
す。昇順にしたい場合は，=RANK.EQ（P5,$P$5:$P$15,1）となります。

RANK 関数の種類

RANK 関数を選択すると，図のように「RANK.AVG」と「RANK.EQ」というオプションが表示されたことに気づきましたか。**RANK.AVG 関数**と **RANK.EQ 関数**では，同じ順位の数値が複数ある場合の扱いが異なります。

RANK.EQ 関数も RANK.AVG 関数も，指定した範囲の中での順位を求める関数ですが，同じ数値が複数あった場合，例えば 3 位が 2 カ所あった場合は，RANK.EQ 関数では 2 カ所とも 3 位と表示されます。一方，**RANK.AVG 関数**では 2 カ所とも 3.5 位と表示されます。すなわち **RANK.AVG 関数**は，順位の平均値が表示されるということです。

3-9-5 降順と昇順

降順や昇順は，Excel を操作するうえで重要な概念です。順位をつける場合やデータを並べ替える場合は，順序を指定する必要があります。数値を扱う場合だけではなく，文字，日付，時刻を扱う場合についても理解しておきましょう。

昇順 (小さい順)				降順 (大きい順)			
数値 0〜100	アルファベット	ひらがな	日付 時刻	数値 1〜100	アルファベット	ひらがな	日付 時刻
0 ↓ 100	A ↓ Z	あ ↓ ん	古い ↓ 新しい	100 ↓ 1	Z ↓ A	ん ↓ あ	新しい ↓ 古い

 関数の検索

数式バーの横の **fx** ボタンから，関数を検索して利用することもできます。関数ダイアログボックスから関数を入力すると，カンマやカッコを入力する手間が省けたり，文字情報のダブルコーテーションを省略することができます。

しかし，式を確認しながら，カンマやカッコやダブルコーテーションを扱えるようにしておくことは，将来，複雑な式を修正したりするときに便利に使えるはずです。

本書では，そのような意図からあえて関数ダイアログの解説をしていません。

One Point **フラッシュフィル**

フラッシュフィルは，法則性を検知して，データを自動的に入力する機能です。右図のように 2 つの列の右に結合した文字列を入力するには，オートフィルオプションから，［**フラッシュフィル**］を選択します。

3-9-6　数値の並べ替え

販売額の大きい順に表を並べ替えましょう。

[例題 8]　3-6 節「**例題 4_販売一覧**」を使用します。各店の**販売額**を**大きい順**(降順)に並べ替えてみましょう。(注)

ファイル名：**例題 8_並べ替え**

	A	B	C	D	E	F	G	H
1								
2			**販売一覧表（アリゾナシリーズ）**					
3				バックパック20L				
4								
5		定価	¥6,850		値引率	8.70%		
6								
7		販売店コード	販売店名	数量	金額	値引額	販売額	
8		101	1号店	233	1,596,050	138,857	1,457,193	
9		106	6号店	205	1,404,250	122,170	1,282,080	
10		105	5号店	112	767,200	66,747	700,453	
11		104	4号店	93	637,050	55,424	581,626	
12		103	3号店	79	541,150	47,081	494,069	
13		102	2号店	68	465,800	40,525	425,275	
14		合計		790	5,411,500	470,804	4,940,696	
15		平均		132	901,917	78,467	823,449	

(注) Excel のデータベースの並べ替えについては，3-13 節「データベース機能」で説明します。

操作手順 1　並べ替え

1) ファイル名「**例題 4_販売一覧**」を開きます。この表は販売店コード順(販売店名順)(昇順)になっています。

2) 並べかえたい範囲である **B7** から **G13** までを選択します。

3) [**ホーム**]タブ[**編集**][**並べ替えとフィルター**]から[**ユーザ設定の並べ替え**]を選択します。

4) [**並べ替え**]ダイアログボックスが表示されます。

5) 最優先されるキーを「**販売額**」，並べ替えのキーは「**セルの値**」，順序は「**大きい順**」とし [OK] をクリックします。順序については，3-9-5 項「降順と昇順」を参照してください。

6) この表の下部には結合された合計や平均の行がありますが，並べ替えの対象ではありません。このような場合は並べ替えたい範囲だけを指定してから，並べ替えを行う必要があります。(注)

> (注) 合計や平均の行がない表で，結合などがない場合は，列の見出しをクリックするだけで，[**ホーム**]タブ[**編集**][**並べ替えとフィルター**]から，直接，**昇順(S)** または**降順(O)** を選択して表全体を並べ替えることができます。くわしくは，3-13 節「データベース機能」で解説します。

↓[問題]

練習 10 3-9 節「**例題 7_順位**」で作成した **M4~R15** までを選択してコピーをとり，新しいブックに貼り付けてみましょう。順位の部分は値の貼り付けが必要です。下の完成図を参考に，表題のとおり並べ替えて作成し印刷しましょう。

ファイル名：**練習 10_順位 2**

	A	B	C	D	E	F
1			学籍番号順（昇順）			
2	学籍番号	氏名	フリガナ	平均点	総合評価	順位
3	1001	赤川 早苗	アカガワ サナエ	73.5	B	6
4	1002	渡部 浩二	ワタナベ コウジ	77.5	B	4
5	1003	河野 良子	コウノ ヨシコ	68.5	C	9
6	1004	山下 徹	ヤマシタ トオル	71.5	B	8
7	1005	清水 将人	シミズ マサト	94.0	A	1
8	1006	山田 美穂	ヤマダ ミホ	67.5	C	10
9	1007	沢口 健吾	サワグチ ケンゴ	88.5	A	2
10	1008	佐藤 佐代子	サトウ サヨコ	82.5	A	3
11	1009	渡辺 美佐子	ワタナベ ミサコ	74.5	B	5
12	1010	庄司 薫	ショウジ カオル	72.0	B	7
13	1011	遠藤 綾子	エンドウ アヤコ	38.0	D	11
14						
15			フリガナ順（昇順）			
16	学籍番号	氏名	フリガナ	平均点	総合評価	順位
17	1001	赤川 早苗	アカガワ サナエ	73.5	B	6
18	1011	遠藤 綾子	エンドウ アヤコ	38.0	D	11
19	1003	河野 良子	コウノ ヨシコ	68.5	C	9
20	1008	佐藤 佐代子	サトウ サヨコ	82.5	A	3
21	1007	沢口 健吾	サワグチ ケンゴ	88.5	A	2
22	1005	清水 将人	シミズ マサト	94.0	A	1
23	1010	庄司 薫	ショウジ カオル	72.0	B	7
24	1004	山下 徹	ヤマシタ トオル	71.5	B	8
25	1006	山田 美穂	ヤマダ ミホ	67.5	C	10
26	1002	渡部 浩二	ワタナベ コウジ	77.5	B	4
27	1009	渡辺 美佐子	ワタナベ ミサコ	74.5	B	5
28						
29			平均点順（降順）			
30	学籍番号	氏名	フリガナ	平均点	総合評価	順位
31	1005	清水 将人	シミズ マサト	94.0	A	1
32	1007	沢口 健吾	サワグチ ケンゴ	88.5	A	2
33	1008	佐藤 佐代子	サトウ サヨコ	82.5	A	3
34	1002	渡部 浩二	ワタナベ コウジ	77.5	B	4
35	1009	渡辺 美佐子	ワタナベ ミサコ	74.5	B	5
36	1001	赤川 早苗	アカガワ サナエ	73.5	B	6
37	1010	庄司 薫	ショウジ カオル	72.0	B	7
38	1004	山下 徹	ヤマシタ トオル	71.5	B	8
39	1003	河野 良子	コウノ ヨシコ	68.5	C	9
40	1006	山田 美穂	ヤマダ ミホ	67.5	C	10
41	1011	遠藤 綾子	エンドウ アヤコ	38.0	D	11

ヒント：

印刷例のように印刷する方法

印刷の設定で〈シートを 1 ページに印刷〉を選択し，〈余白〉の〈ユーザー設定の余白 (A)〉から〈ページ中央〉の〈水平 (Z)〉にチェックを入れてください。

3-10 VLOOKUP 関数

[例題 9]　次のような見積書を作成し，印刷してみましょう。製品データ表と得意先データ表は，同友館からダウンロードできます。

ファイル名：**例題 9_見積書**

	得意先コード	得意先名			
NO.00-1234
2020/10/5

御 見 積 書

得意先コード	得意先名
T4	海老澤商会	御中

東西商事（株）
FAX:03-3333-3333

毎度お引き立て、有難うございます。
さて、ご依頼の件につき、下記のように、御見積もり申し上げます。よろしくご
検討の程お願い申し上げます。

| 御見積金額 | 23,650 | 円 |

納品予定日	2020/10/8
見積有効期限	2020/10/15

製品コード	製品名	数量	単価	金額
S1	ノート（A4）	20	120	2,400
S3	ペンケース	10	250	2,500
S6	付箋セット	50	300	15,000
S9	カレンダー	2	800	1,600
			小計	21,500
			消費税（10%）	2,150
			総合計	23,650

製品データ表

製品コード	製品名	単価
S1	ノート（A4）	120
S2	ノート（B5）	100
S3	ペンケース	250
S4	手帳	400
S5	鉛筆1ダース	450
S6	付箋セット	300
S7	絵の具	750
S8	消しゴム	50
S9	カレンダー	800

得意先データ表

得意先コード	得意先名
T1	秋葉文具店
T2	銀杏商事
T3	畑山商店
T4	海老澤商会
T5	文京文具店
T6	桜文具
T7	カスミ販売

（注）同友館　http://www.doyukan.co.jp/download/

3-10-1　表の作成

操作手順　入力データ

1）御見積書

入力しなければならないデータは，次の 4 つです。その他の項目は計算式や関数を使います。

　①得意先コード　　**C7**

　②製品コード　　　**C20~C25**（製品コードは最大 6 つまで入力できます）

　③数量　　　　　　**E20~E25**

　④日付　　　　　　**G3**

2）**製品データ表・得意先データ表**

　　同友館よりダウンロードします。製品コードや得意先コードは半角で入力されています。

3-10-2　作成上のポイント

　見積書はワークシートの 2 行目から太罫線で囲みます。また 31 行目から下には製品データ表と得意先データ表の 2 つの表（同友館よりダウンロードできます）を作成します。

操作手順 御見積書の作成

1）**タイトル**

　　少し大きめのフォントサイズ 18 にして太字にしましょう。

2）**得意先コード**

　　得意先コードを **C7** に半角で入力すると，**D7** に得意先名が自動的に表示されるように，**D7** に **VLOOKUP 関数**（3–10–3 項参照）を入力します。

3）**御見積金額**

　　この金額は表中の総合計と一致させます。**E14** に **=G28** と入力します。

4）**納品予定日**

　　納品は最短で見積発行日から 3 日後とします。**D16** に **=G3+3** と入力します。

5）**見積有効期限**

　　有効期限は見積発行日から 10 日間とします。**D17** に **=G3+10** と入力します。

6）**製品コード**

　　見積り依頼のあった製品コードを，**C20~C25** にそれぞれ半角で入力します。すると，**VLOOKUP 関数**の機能により，**D20~D25** に製品名が自動的に表示されるようになります。この例題では，製品コードの入力が 4 つですが，ここには最大 6 つまで入力できる欄があるので注意しましょう。従って，製品名（**D20~D25**）と単価（**F20~F25**）及び金額（**G20~G25**）には，全てのセルに該当する式を入れましょう。3–10–3 項で説明します。

7）**数量**

　　見積り依頼のあった数量を，それぞれ **E20~E25** に半角で入力します。

8）**単価**

　　製品コードを，**C20~C25** に入力すると，**VLOOKUP 関数**の機能により，**F20~F25** に単価が自動的に表示されるようになります。3–10–3 項で説明します。

9）**金額**

　　金額＝数量×単価という計算式を作ります。**G20** は，$\boxed{\text{=E20＊F20}}$ となります。

10）**小計**

　　G20~G25 までの合計です。**SUM 関数**を使います。$\boxed{\text{=SUM（G20:G25）}}$ となります。

11）**消費税**

　　小計の 10%です。**消費税＝小計×0.1** なので，$\boxed{\text{=G26＊0.1}}$ となります。

12)総合計

　　総合計＝小計＋消費税です。G28 には　=G26+G27　が入ります。

3-10-3　VLOOKUP 関数

セル D7 の得意先欄を例にして **VLOOKUP 関数**を説明します。書式は次のとおりです。

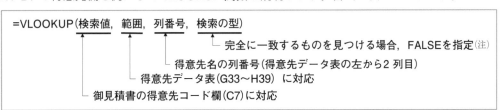

=VLOOKUP(検索値, 範囲, 列番号, 検索の型)
　　　　　　　　　　　　　　　　　　└ 完全に一致するものを見つける場合，FALSEを指定(注)
　　　　　　　　　　　　　└ 得意先名の列番号(得意先データ表の左から2 列目)
　　　　　　　└ 得意先データ表(G33~H39) に対応
　　　└ 御見積書の得意先コード欄(C7)に対応

　　（注）検索の型には TRUE と FALSE があり，TRUE は近似一致，FALSE は完全一致のみ検索されます。
　　　　　TRUE を使用する場合は，データ表の範囲の先頭列の値を昇順に並べておく必要があります。**TRUE**
　　　　　を指定するか省略した場合は，**近似値(検索値未満の最大値)**が返されます。FALSE を指定した場合
　　　　　は，**完全に一致する**値だけが返され，見つからない場合はエラーとなります。

操作手順　VLOOKUP 関数

1) 得意先名を表示させたい場所(**D7**)をクリックします。

2) 次のように操作します。

　①キーボードから数式バーに半角で　=VLOOKUP(　と入力します。「=VL」と途中まで入力する
　　と関数名がリストで表示されるので，関数名の上でダブルクリックします。

　②　=VLOOKUP(　と表示されたら，検索値のセル **C7** をクリックします。

　③キーボードからカンマ(,)を入力します。画面は　=VLOOKUP(C7,　となります。

　④得意先データ表の **G33~H39** をドラッグします。（**G32** の見出しは含めません）

　⑤キーボードから，　2,　と入力すると検索の型が表示されるので，**FALSE-完全一致**をダブルク
　　リックします。

　⑥　)　を入力し　Enter　を押します。

　⑦数式バーには　=VLOOKUP(C7,$G$33:$H$39,2,FALSE)　と表示されていますね。

3) 製品コードから，製品名や単価を求めるのも同様の考え方で行います。見積書の製品コード入
　力欄はワークシートの 20～25 行目まで 6 箇所ありますので，関数を 1 つ作成し，あとはオー
　トフィルを使用します。ただし，このとき「**絶対参照**」を用いて，照合する範囲である製品デー
　タ表の位置が，オートフィルによってずれないようにする注意が必要です。（「**絶対参照**」につ
　いては，3-4-5 項「セルの絶対参照」参照）

4) 製品コードから「製品名」を求める **D20** の **VLOOKUP 関数**は次のようになります。**D20** をクリックし，**VLOOKUP 関数**を呼び出します。「検索値」は **C20** となり，「範囲」は数式バーから **C33~E41** をドラッグしたあとに，F4 を押して絶対参照を表す「**$**」マークをつけてください。「列番号」は，製品データ表の左から 2 列目に製品名があるので，「**2**」となります。数式バーには次のように表示されます。

```
=VLOOKUP(C20,$C$33:$E$41,2,FALSE)
```

5) **F20** の「単価」も同様に求めることができます。製品データ表の単価は 3 列目にありますから，列番号は「**3**」になります。検索値は **C20** の製品コードですね。

```
=VLOOKUP(C20,$C$33:$E$41,3,FALSE)
```

このように，**VLOOKUP 関数**を使うことで，製品コードを製品データ表から探して，その製品コードに対応する製品名や単価を返すことができるようになります。以下の図で仕組みを再確認してください。

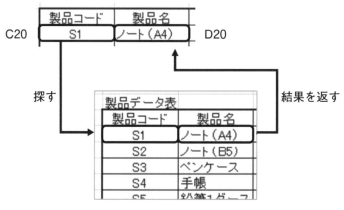

製品データ表($C$33~$E$41)

6) **VLOOKUP 関数**を使用した時，製品名，単価，金額，小計などの欄に「**#N/A**」というエラーが表示される場合があります。今は無視してかまいません。得意先コードや製品コードを入力したときに，正しく得意先名や製品名などが表示されることを確認しておいてください。（詳細は 3-10-4 項 OnePoint「Excel のエラー値」参照）

3-10-4 関数の組み合わせ

IF 関数と **VLOOKUP 関数**を組み合わせて使うことで，前述のような「**#N/A**」となるエラー表示を消すことができます。

製品名，得意先名，金額などのセルに，「**#N/A**」というエラーが表示されるのは，製品コードのセルに値が入っていない（つまり未入力である）と **VLOOKUP 関数**がデータ表の範囲から探しようがなく，さらにその結果を使用して計算しようとしても，計算ができないからです。

このような場合は，**IF 関数**と **VLOOKUP 関数**を組合せて，製品コードが未入力の場合でも，エラーとならないような工夫ができます。

操作手順 IF 関数と VLOOKUP 関数の組み合わせ

1)「製品コードが未入力」でもエラーを表示させないことを =IF（論理式,X,Y） という関数に当て
はめると，次のようになります。

　　①**論理式**：「製品コードのセルが未入力であるならば」という条件になります。

　　②**X →真**：条件が正しい（製品コードが未入力である）場合は，特に行う処理はありません。

　　③**Y →偽**：条件が正しくない（製品コードが未入力でない）場合は，**VLOOKUP 関数**を実行す
るように設定します。

2) これを関数として **D20** に設定すると，内容は，次のようになります。

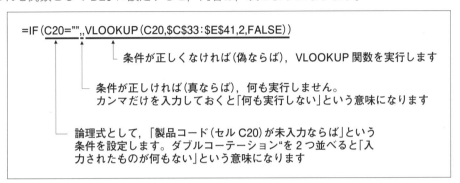

つまり，「**製品コードが未入力の場合は何もしない。未入力でない場合は VLOOKUP 関数を実
行する**」という意味になります。

　　（注）VLOOKUP 関数の検索の型が **FALSE** の場合，製品コード表に存在しない製品コードを入力すると，
　　　　　この **IF 関数**を使ってもエラー（**#N/A**）が表示されます。

3) 余分なゼロ（0）を消します。

　　製品コードに未入力があると，その行の単価や金額には「**0**」が表示されてしまいます。その
ままでも合計値は正しく表示されますが，体裁を考えて「**0**」を**空白**に変えましょう。

[**ファイル**]タブ[**オプション**]をクリックして，
ダイアログボックスを表示します。[**詳細設定**]
の[**次のシートで作業するときの表示設定（S）**]
で「**ゼロ値のセルにゼロを表示する（Z）**」のチェ
ックを外してください。

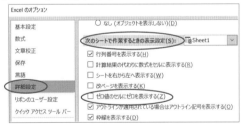

| AND 関数・OR 関数

一般に IF 関数は論理式（条件）は 1 つしか設定できません。例えば，=IF(A3>=3, "A", "B") と記述した場合，論理式である条件は，A3>=3 の 1 つです。IF 関数などで条件を 2 つ指定したい場合には，**AND** 関数や **OR** 関数を使用します。

AND 条件	OR 条件
条件 A　条件 B	条件 A　条件 B
A AND B(A かつ B)	**A OR B(A または B)**

AND 関数を使うと，以下のようになります。
=IF(AND(A3>=3, B3<1000), "A", "B")　　　　AND(条件 A, 条件 B)　　A3 が 3 以上かつ B3 が 1000 未満
OR 関数を使うと，以下のようになります。
=IF(OR(A3>=3, B3<1000), "A", "B")　　　　 OR(条件 A, 条件 B)　　 A3 が 3 以上または B3 が 1000 未満

| Excel のエラー値

数式や関数を間違って入力すると，セルにエラー値が表示されます。よく表示されるエラー値について理解しましょう。

エラー値	意味
#DIV/0!	0（ゼロ）で割り算を行った
#N/A	値がない
#NAME?	関数名やセルの範囲名などの名前が正しくない
#REF!	セルが参照できない
#VALUE!	不適切なデータが入っている
#NULL!	セルの範囲に共通部分がない

「########」のようにハッシュ(#)の文字がセルに表示される場合は，「セル幅が短くて表示できない」などの原因です。列幅を広げることでほとんどの場合解決できます。

また，セルに 12 桁以上の数値を入力すると，指数形式で表示されます。例えば **1.23E+10** という表示は 1.23 x(10 の 10 乗)という意味です。大きな数値を入力した場合の表示です。

| IFERROR 関数

3-10-4 項（関数の組合せ）では，IF 関数と VLOOKUP 関数を組み合わせて，「#N/A」というエラーが表示されないようにしましたね。IFERROR 関数を使うと，もう少し簡単な式にすることができます。IFERROR 関数は，数式やセル参照がエラーになった場合に，指定した値を表示してくれる関数です。

式は　　=IFERROR(**値，エラーの場合の値**) です。この式を例題 9 に当てはめると
　　　　　=IFERROR(VLOOKUP(C20,C33$E$41,2, FALSE), "")

という形になり，簡単な式になります。VLOOKUP 関数がエラーとなった場合，空白を表示してくれます。
" "は空白の意味です。

↓ [問題]

練習 11　あるホテルの宿泊請求額一覧表です。VLOOKUP，IF，AND 関数を使いましょう。

ファイル名：**練習 11_宿泊請求額一覧**

氏名	部屋コード	宿泊料金	宿泊税	宿泊日数	消費税	請求額	特典		部屋コード	宿泊料金		宿泊料金	宿泊税
				宿泊請求額一覧									
海老澤 信一	23	12,500	100	4	5,000	55,400	あり		21	8,800		1	0
齋藤 真弓	22	11,000	100	2	2,200	24,400			22	11,000		10000	100
吉田 佐代子	21	8,800	0	3	2,640	29,040			23	12,500		15000	200
川上 康雄	24	15,850	200	3	4,755	52,905	あり		24	15,850			

ヒント：

1. 宿泊料金は，右欄の表から VLOOKUP 関数（検索の型は false）を使って表示させましょう。（検索の型については，3-10-3 項「VLOOKUP 関数」（注）参照）

2. 宿泊税は，宿泊料金は **10,000 円未満**なら課税されず，**10,000 円以上 15,000 円未満**なら **100 円**，**15,000 円以上**なら **200 円**が課税されます。これは，VLOOKUP 関数（検索の型は true）を使います。上のような表を作成してから VLOOKUP 関数を使いましょう。

3. 消費税＝宿泊料金×宿泊日数×10％

4. 請求額＝（宿泊料金＋宿泊税）×宿泊日数＋消費税

5. 特典は，宿泊日数が 3 日以上かつ請求額が 5 万円以上の場合，「あり」と表示させます。これは IF 関数と AND 関数を組み合わせてください。（3-10-4 項 OnePoint「AND・OR 関数」参照）

練習 12　次の得意先別売上一覧を作成しましょう。IF 関数、OR 関数を使います。

ファイル名：**練習 12_得意先別売上一覧**

得意先CO	得意先名	商品CO	商品名	定価	売上数	売価	売上額	判定		商品CO	商品名	定価
				得意先別売上一覧								
101	横浜雑貨店	12	B商品	3,400	379	2,720	1,030,880	A		11	A商品	1,590
102	B-Style	14	D商品	3,200	302	2,880	869,760			12	B商品	3,400
103	京浜百貨店	11	A商品	1,590	490	1,272	623,280	A		13	C商品	2,350
104	Shop 神宮前	12	B商品	3,400	349	3,060	1,067,940	A		14	D商品	3,200
105	原宿商会	13	C商品	2,350	347	2,115	733,905					
合計					1,867		4,325,765					

ヒント：

1. 商品名と定価は商品表から VLOOKUP 関数で参照する。

2. 売価は、売上数が 350 以上なら、定価の 20％引きとし、それ以外は定価の 10％引きとする。（IF 関数）

3. 売上額＝売価×売上数

4. 判定は、売上数が 400 以上または売上額が 1000000 以上に「A」（半角 A) を表示する。

5. 売上額の低い順に表全体を並べ替える。

3-11 グラフの作成（2）

いろいろな種類のグラフを作成して，グラフ表現についての理解を深めましょう。

［例題 10］ 海外への自動車輸出額の表を元に，次の5種類のグラフを作成します。

ファイル名：**例題 10_自動車輸出額**

年次/輸出国	USA	Australia	UAE	China	Canada	Others	年次合計
2015年	43,863	7,138	5,468	5,003	3,105	55,886	120,463
2016年	44,115	6,771	4,680	5,341	3,062	49,360	113,329
2017年	45,684	8,021	4,493	5,592	3,708	50,756	118,254
2018年	45,241	8,505	5,440	6,377	3,966	53,543	123,072
国別合計	178,903	30,435	20,081	22,313	13,841	209,545	475,118

日本の自動車輸出額

単位：億円

データの種類や目的に応じて，必要な情報が適切に表現できるようなグラフを選択する必要があります。グラフを作成しながら，適切な表現とは何かを考えてみましょう。

ここでは複数のグラフを作成します。いずれのグラフも，最初にグラフの元になるセル範囲を決めておき，次に[挿入]タブからグラフの種類を選択して作成します。さらに，必要があれば後で部分的に修正します。

（注）出所：http://www.customs.go.jp/toukei/info/index.htm

財務省貿易統計 Trade Statistics of Japan，日本の自動車輸出相手国上位 10 カ国の推移より抜粋転載

3-11-1 折れ線グラフ・3D 円グラフ・棒グラフ・3D 棒グラフ

操作手順 1　元になる表の作成

グラフの元になる「**日本の自動車輸出額**」の表を作成します。

1）**タイトル**

フォントサイズは **14** ポイント，**太字**にしています。**表の中央**に配置します。

2）**表の体裁**

数値には桁区切りスタイルを設定し，**3 桁ごとに区切りカンマ**をつけましょう。年次や国名など，**見出し**となる項目は**セルの中央**に揃えます。また，列幅も見やすい幅に設定してください。

3）**合計**

年次合計と国別合計はともに，**SUM 関数**を使用します。

4）**罫線**

「自動車輸出額」の表を参考に，見やすい表にします。

操作手順 2　グラフの作成

5 種類のグラフについて，作成上のポイントを説明します。
グラフタイトルは完成例をみて設定してください。

1）「**自動車輸出額の推移**」（折れ線グラフ）

年次合計を折れ線グラフにします。グラフ表示後に縦軸の目盛を変更します。

①範囲の指定

年次の範囲 **B3~B7**，年次合計の範囲 **I3~I7**

（セルの位置が離れているので，[Ctrl]を使います。）

②グラフの種類

[**挿入**]タブ[**グラフ**][**折れ線/面グラフの挿入**][**2-D 折れ線**][**マーカー付き折れ線**]を選択します。

③縦軸の目盛間隔

縦軸の目盛設定を変更します。縦（値）軸を選択してから，[**グラフツール**][**書式**]タブ[**現在の選択範囲**][**選択対象の書式設定**]をクリックし，[**軸の書式設定**][**軸のオプション**]から以下の値を設定します。境界値の[**最小値**]を 100000.0，[**最大値**]を 150000.0，[**単位**][**主（J）**]を 10000.0 にします。

④軸ラベルの表示

[グラフツール][デザイン]タブ[グラフのレイアウト][グラフ要素を追加][軸ラベル(A)]から[第1横軸(H)]を追加して「年次」を入れ，同様に[第1縦軸(V)]も追加して「輸出額(億円)」を入れます。軸ラベルの表示は[グラフ要素]ボタンからも追加できます。(3-5-2項「棒グラフ・円グラフの作成」4)5)参照)

2) 「2018年度自動車輸出額」(3-D円グラフ)

2018年の輸出額だけを取り出して，立体的な3D円グラフで表示します。

①範囲の指定

国名の範囲B3~H3，2018年の輸出額の範囲B7~H7(確認のため2018年のセル(B7)を入れて選択しています。[Ctrl]を使い選択します。

②グラフの種類

[挿入]タブ[グラフ][円またはドーナツグラフの挿入][3-D円]をクリックします。

③データラベルの表示

比率を表す％の値を表示します。

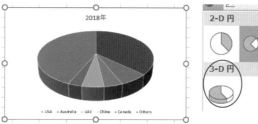

・[グラフツール][デザイン]タブ[グラフのレイアウト][グラフ要素を追加][データラベル(D)][外側(O)]で，データラベルが数値で表示させます。

・次にデータラベルの値を選択してから[グラフツール][書式]タブ[現在の選択範囲][選択対象の書式設定]をクリックします。

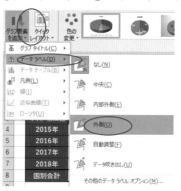

・[データラベルの書式設定][ラベルオプション][パーセンテージ(P)]と[分類名[G]]をチェックし[値(V)]のチェックを外します。

・データラベルをドラッグして，グラフから遠ざけると引き出し線が見えてきます。ここでは必要ありません。

[ラベルの位置]は[外部(O)]とします。[表示形式]の[カテゴリ(C)]からパーセンテージを選択して，[小数点以下の桁数(D)]を「1」を入力します。

④データの切り出し

円グラフから切り出したいデータのオーストラリア(Australia)の部分を2回クリックします。[グラフツール][書式]タブ[現在の選択範囲][選択対象の書式設定]をクリックして，データ要素の書式設定画面の[系列のオプション][要素の切り出し(X)]を15%

に設定します。

⑤凡例の表示

このグラフでは必要ありません。[**グラフツール**][**デザイン**]タブ[**グラフのレイアウト**][**グラフ要素を追加**][**凡例(L)**][**なし(N)**]とします。[**グラフ要素**]ボタンからも凡例を削除できます。

3)「国別・自動車輸出額比率」(縦棒グラフ)

各国の輸出額の，全体に対する割合を示すことができる縦棒グラフ(**100％積み上げ縦棒グラフ**)で表示します。それぞれの国の割合をすべての年次について表示します。

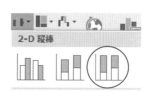

①範囲の指定

各国名と各年次の輸出額の範囲 **B3~H7**([Ctrl] は使いません。)

②グラフの種類

[**挿入**]タブ[**グラフ**][**縦棒／横棒グラフの挿入**]「**2-D 縦棒・100％積み上げ縦棒**」をクリックします。このグラフでは，[**グラフツール**][**デザイン**]タブ[**行／列の切り替え**]ボタンを押してください。

(3-5-2 項操作手順 3「月別(支店別)売上高グラフの作成」参照)

③軸ラベルの表示

このグラフではタイトルと凡例だけを表示させ，横軸ラベル，縦軸ラベルは省略(非表示に)しましょう。

④縦軸の目盛間隔

縦軸の目盛設定を変更します。縦軸を選択した状態で，[**グラフツール**][**書式**]タブ[**現在の選択範囲**][**選択対象の書式設定**]をクリックし，[**軸の書式設定**]から[**単位**][**主(J)**]を **0.2** にします。**0.2** という値が「**20％ごとの間隔**」を示していることが分かりますね。

⑤凡例の表示

凡例の位置の変更は，グラフを選択し，[**グラフツール**][**デザイン**]タブ[**グラフのレイアウト**][**グラフ要素を追加**]をクリックし[**凡例(L)**]の位置を変更することができます。

4)「アラブ首長国連邦と中国の比較」(3D 集合横棒グラフ)

アラブ首長国連邦(**UAE**)と中国(**China**)の 2 国の輸出額について，3 次元の横棒グラフで比較します。

①範囲の指定

年次の範囲 **B3~B7**，2 つの国名と各年次の輸出額の範囲 **E3~F7**([Ctrl] を使います。)

②グラフの種類

[**挿入**]タブ[**グラフ**][**縦棒/横棒グラフの挿入**][**3-D 横棒・3-D 集合横棒**]をクリックします。

③データの順序

　グラフ内を選択し，[**グラフツール**][**デザイン**]タブ[**データ**][**データの選択**]をクリックし，[**データソースの選択**]ダイアログボックスの[**下へ移動**]の▼をクリックして，凡例項目の順序（**China** と **UAE**）を変更します。

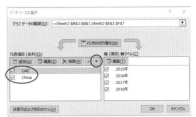

④棒の塗りつぶし（パターン）

　中国の輸出額を示す横棒にパターン（模様）を付けましょう。（注）「**中国**」の棒を選択した状態で，[**グラフツール**][**書式**]タブ[**現在の選択範囲**][**選択対象の書式設定**]をクリックし，[**データ系列の書式設定**][**塗りつぶし**]をクリックし，[**塗りつぶし（パターン）（A）**]を使って設定します。

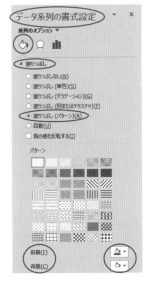

　　（注）グラフのパターンは，適切に使うことが重要です。例えば，カラーのグラフをグレートーンで印刷する場合，単色が並んでいるだけでは色の違いが分かりにくい時に利用すると便利です。また，パターンを適切に利用することは，色覚に問題がある方への配慮としても有効です。

⑤軸ラベルの表示

　ここでは，ラベル名を省略しています。

⑥凡例の表示は省略しています。

5）「**主要5カ国の自動車輸出額**」（3次元の 3D 縦棒グラフ）

　年次，国名ごとの輸出額を，立体的な 3D 棒グラフで表示します。

①範囲の指定

　国名と各年次の輸出額の範囲 **B3~G7**

②グラフの種類

　[**挿入**]タブ[**グラフ**][**縦棒／横棒グラフの挿入**][**3D 縦棒・3-D 縦棒**]をクリックします。

③行列の切り替え

 第1横軸を年次，奥行きの軸を国名にしたいので，[**グラフツール**][**デザイン**]タブ[**行／列の切り替え**]をクリックしてください。

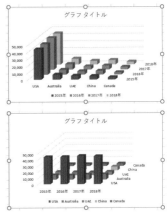

④グラフの順序

　3D 棒グラフでは，表の値や，グラフの向きによって，棒グラフが後方に隠れてしまい，見えにくくなることがあります。このようなときは棒グラフの並び順を変えて見やすくします。ここでは，数値の一番小さい「**カナダ**」を手前に，数値が一番大きい「**米国**」を奥に配置し，順序を調整しましょう。[**グラフツール**][**デザイン**]タブ[**データ**][**データの選択**]をクリックします。[**データソースの選択**]ダイアログボックスで，該当する項目名を選択した状態で▼　▲ボタンを操作して，棒グラフの順番を変更します。

⑤3D角度の調整

3D系のグラフはグラフの角度を自由に変えることができます。

グラフエリア内で，右クリックし，[**3-D回転(R)**]をクリックすると，右にグラフエリアの書式設定が表示されます。[**3-D回転**]の[**X方向に回転(X)**][**Y方向に回転(Y)**]から回転の角度を調整できます。

⑥凡例の表示は省略しています。

6)　**グラフの位置揃えやサイズ**

①グラフの位置揃え

5つのグラフは，縦横の位置を揃えないと見た目がよくありません。位置を揃えたいグラフを複数選択します。（複数のグラフの選択は Shift を使います。）[**描画ツール**][**書式**]タブ[**配置**]から[**上揃え(T)**]や[**左揃え(L)**]などを選択して位置を整えることができます。

②グラフのサイズ

5つのグラフのサイズを変更していなければ，5つのグラフを Shift で選択してから，ハンドルをドラッグします。

5つのグラフのサイズが別々のサイズになっている場合は，サイズを合わせたいグラフを選択してから，[**描画ツール**][**書式**]タブ[[**サイズ**]を直接入力することでサイズを合わせることができます。

7)　**保存と印刷**

完成したら，ファイル名「**例題10_自動車輸出額**」で保存しましょう。また表とグラフを見栄えよく配置して，印刷してください。（3–5–3項「印刷の調整」参照）

3-11-2 複合グラフ・スパークライン・絵グラフ

[例題11] 次の表とグラフを作成しましょう。 ファイル名：**例題11_複合グラフ**

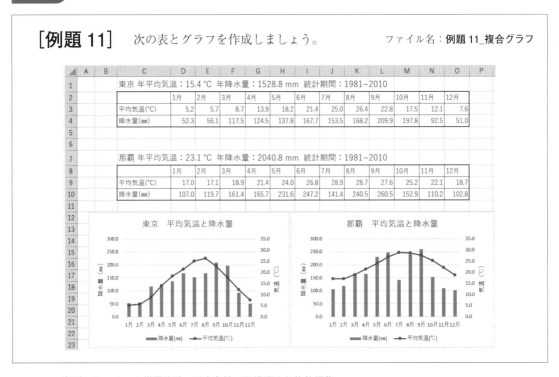

出所：Time-j. net 世界時計　日本各地の雨温図より抜粋編集

https://weather.time-j.net/Climate/Chart/Tokyo https://weather.time-j.net/Climate/Chart/Naha

1 つのグラフエリア内に，異なる種類のグラフを表示することができます。このようなグラフを**複合グラフ**といいます。例として，棒グラフと折れ線グラフを組み合わせてみましょう。

操作手順 1 グラフの作成

例題 11 の図を参考に表を作成しましょう。

1）「**東京　平均気温と降水量**」グラフ

①範囲指定

C2~O4 までを選択し，[**挿入**]タブ[**グラフ**][**複合グラフの挿入**][**集合縦棒－第 2 軸の折れ線**]を選択します。

②折れ線グラフの修正

[**グラフツール**][**デザイン**]タブ[**グラフの種類の変更**]をクリックし，[**グラフの種類の変更**]ダイアログボックスを表示させます。**平均気温**

(℃)のグラフの種類を[**マーカー付き折れ線**]に変更し，第 2 軸にチェックを入れます。次に降水量(mm)を[**集合縦棒**]に変更し，OK をクリックします。

③タイトルと軸ラベル

　　グラフタイトルと縦軸ラベルを追加します。「℃」は「せっし」と入力し変換します。「mm」は「みりめーとる」で変換します。

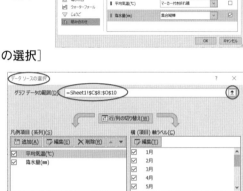

2) 「**那覇　平均気温と降水量**」グラフ

　2つ目の那覇のグラフは1つ目の東京のグラフをコピーしてから修正します。コピーした2つ目のグラフを選択します。

　①範囲の修正

　　[**グラフツール**][**デザイン**]タブ[**データ**][**データの選択**]をクリックし，[**データソースの選択**]ダイアログボックスを表示します。

　②〈**グラフデータの範囲**〉の ⬆ をクリックし，那覇のデータ（C8~O10）を選択します。再度 ⬆ ボタンを押して，**OK** をクリックします。

3) 縦軸および第2縦軸の数値を合わせて，2つのグラフが比較できるようにしましょう。例題では，**第1縦軸**（主軸）は，**最小値（N）**0，**最大値（X）**300，**単位・主（J）**（目盛間隔）50とし，**第2縦軸**の**最小値（N）**0，**最大値（X）**35，**単位・主（J）**（目盛間隔）5としています。（3-11-1項操作手順2の1)③「縦軸の目盛間隔」参照）

4) 完成したら，ファイル名「**例題11_複合グラフ**」で保存しましょう。

[**例題 12**]　　次の表と絵グラフを作成しましょう。

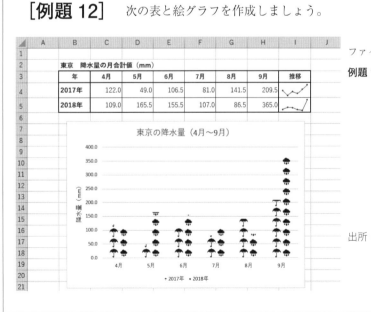

ファイル名：

例題12_スパークライン絵グラフ

出所：国土交通省　気象庁　東京の降水量の月合計値より抜粋編集
http://www.data.jma.go.jp/

操作手順1 スパークライン

スパークラインを使うと，セルの中にグラフを表示することができます。複数のセルのデータを一つのセルに集約してグラフ化し，一目でデータの推移を確認することができます。

1) 例題 12 を参考に表を作成しましょう。
2) 推移（グラフを表示させたいセル）**I4** をアクティブにし，[**挿入**]タブ[**スパークライン**][**折れ線**]をクリックします。[**スパークラインの作成**]ダイアログボックスの[**データ範囲（D）**]で **C4~H4** までをドラッグして指定します。
3) **I4** のセルに小さい折れ線グラフが表示されます。
4) [**スパークラインツール**][**デザイン**]タブからグラフのスタイルを変更することができます。[**表示**][**マーカー**]にチェックを入れると，マーカー付き折れ線グラフが表示されます。
5) スパークラインを削除したいときは，スパークラインが表示されているセルを右クリックして，[**スパークライン（A）**][**選択したスパークラインのクリア（C）**]をクリックします。

操作手順2 絵グラフの作成

絵グラフとは，棒グラフの棒の部分を画像に変更したものです。ここでは，アイコンの画像を使用しました。他の画像を使うこともできます。

1) **B3~H5** までを選択し，縦棒グラフを作ります。
2) 2017 年の棒を選択し，[**グラフツール**][**書式**]タブ[**選択対象の書式設定**][**データ系列の書式設定**]の[**塗りつぶし**][**塗りつぶし（図またはテクスチャ）（P）**]から[**画像ソース**]の[**挿入する（R）**]をクリックします。
3) [**図の挿入**]ダイアログボックスからアイコンからを選択します。
4) [**アイコンの挿入**]ダイアログボックスから，「**天気**」で検索し天気に関するアイコンを検索します。
5) 画像を挿入し，[**塗りつぶし**]の下部の[**積み重ね（K）**]にチェックを入れると，画像が積み重なったグラフが完成します。グラフタイトルを「東京の降水量（4 月～9 月）」にします。

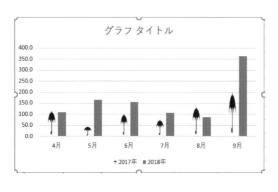

3-12 度数分布とヒストグラム

度数分布表やヒストグラムの作成は，Excel の分析ツールを利用することも可能ですが，ここでは関数を使用してみましょう。度数分布表やヒストグラムは，区間ごとにデータの分布をみることができます。散布図は 2 つのデータ群の相関関係をグラフ化したものです。

［例題 13］ 35 名クラスのテストの点数表があります。度数分布表とヒストグラムを作ってみます。左の表は同友館からダウンロードできます。（注）

ファイル名：**例題 13_度数分布表**

出席番号	テストの点数	階級（点数）	度数
1	40	10	1
2	40	20	1
3	70	30	2
4	49	40	3
5	29	50	4
6	69	60	5
7	0	70	9
8	64	80	6
9	73	90	3
10	62	100	1
11	58		
12	54		
13	75		
14	50		
15	38		
16	53		
17	58		
18	25		
19	67		
20	43		
21	65		
22	54		
23	78		
24	42		
25	69		
26	84		
27	15		
28	86		
29	75		
30	69		
31	98		
32	78		
33	84		
34	65		
35	77		

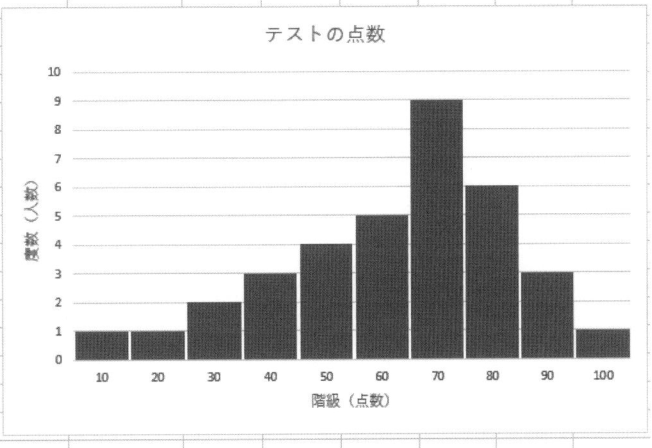

（注）同友館　http://www.doyukan.co.jp/download/

図 3-12-1　度数分布表

3-12-1 度数分布表・ヒストグラム

度数分布とは，集まったデータを整理するために，それらのデータを含む区間（階級）を作り，その区間（階級）にどのくらいのデータが出現するかを表す分布状況表をいいます。また**ヒストグラム**とは，この度数分布表の棒グラフです。

操作手順 1　数分布表

1) 配列とは複数のセルの集まりをいいます。この例題では，クラスのテストの点数表が配列になっています。そこで配列数式を利用します。**配列数式**とは，複数のセル（配列）を対象に作成する1つの数式です。数式には関数を指定することもできます。

2) FREQUENCY **関数**は**度数分布**を作る関数です。

$\quad$ =FREQUENCY（データ配列，区間配列）

① F3~F12 までを範囲選択します。この範囲を指定することで，「度数の計算結果が入る配列」が指定されます。

② 範囲選択したままで，$\boxed{\text{=frequency（}}$ と入力して FREQUENCY 関数を選択します。

③ 「テストの点数がある配列」C3~C37 までドラッグします。

$\quad$ 画面は $\boxed{\text{=FREQUENCY（C3:C37}}$ となります。

④ キーボードから $\boxed{，}$ 入力して点数の階級が入る配列 E3~E11（区間 100 は含まない）をドラッグして，最後に，$\boxed{\text{Ctrl}}$ + $\boxed{\text{Shift}}$ を押しながら $\boxed{\text{Enter}}$ を押します。

3) 数式バーには，図のように表示され，F3~F12 までに結果が表示されます。次の式が配列数式です。セル（F3~F12）までに度数のデータがすべて表示されます。数式バーの式は，以下のようになります。

$$fx \quad \{\text{=FREQUENCY（C3:C37,E3:E11}}\}$$

配列数式を入力した後に結果の一部を変更することはできません。変更してしまった場合はエラーメッセージが表示されるので $\boxed{\text{OK}}$ を押してから $\boxed{\text{Esc}}$ を押して変更を元に戻します。

配列数式全体を削除する場合は，数式全体を範囲指定した後に $\boxed{\text{Delete}}$ を押して削除します。

	E	F
2	階級（点数）	度数
3	10	1
4	20	1
5	30	2
6	40	3
7	50	4
8	60	5
9	70	9
10	80	6
11	90	3
12	100	1

操作手順 2　ヒストグラム

ヒストグラムは度数分布をグラフにしたもので，**度数分布図**といいます。

1) E2~F12 までを範囲選択します。

2) ［挿入］タブ［グラフ］［おすすめグラフ］から［集合縦棒］を選択し $\boxed{\text{OK}}$ をクリックします。

3) 横軸ラベルに「**階級（点数）**」，縦軸ラベルに「**度数（人数）**」を追加して，タイトルを修正しましょう。

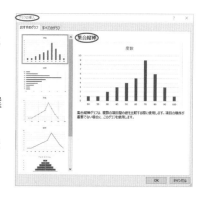

4）次に棒の間隔を狭くしましょう。

①グラフの棒を選択してから，［**グラフツール**］［**書式**］タブ［**現在の選択範囲**］［**選択対象の書式設定**］をクリックします。

②表示された［**データ系列の書式設定**］［**系列のオプション**］［**要素の間隔（W）**］を「**5％**」に変更します。

③棒と棒の要素の間隔がせまくなり，ヒストグラムらしくなります。

5）階級は，10 から 100 となっていますが，その意味は「**10**」は「**0〜10**」，「**20**」は「**11〜20**」，…「**100**」は「**〜100**」の区間を示しています。

3-12-2　散布図

> **［例題14］**　2つのデータの関係をみる場合に，散布図を作成します。左の表は同友館よりダウンロードできます。（注）

ファイル名：**例題14_散布図**

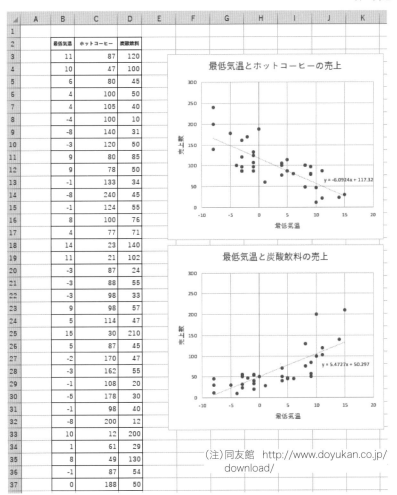

（注）同友館　http://www.doyukan.co.jp/download/

図 3-12-2　散布図

この例題では，最低気温と飲料の売上の関係を示しています。散布図（さんぷず）とは，縦軸と横軸にそれぞれのデータを対応させ，そのデータをプロットした図です。相関（データ同士の関係）を調べるために有用な図です。相関には以下のパターンがあります。

正の相関
（右上がり）

負の相関
（右下がり）

無相関

| 操作手順 | 散布図

1）まず，最低気温とホットコーヒーの売上との関係を散布図にしてみましょう。

2）最低気温とホットコーヒーの関係である **B2~C37** を範囲選択して，[**挿入**]タブ[**グラフ**][**散布図（X, Y）またはバブルチャートの挿入**]を選択し，[**散布図**]内の[**散布図**]をクリックします。次にこの例題 14 の完成図をみて，まずタイトルを変更して，次のように軸ラベルを追加しましょう。

3）最初は右図のようなグラフが表示されます。この図を修正して縦軸の数値のラベルの位置をグラフの左に配置します。縦軸の数値を選択し

[**グラフツール**][**書式**]タブ[**現在の選択範囲**][**選択対象の書式設定**][**軸の書式設定**][**軸のオプション**]の[**ラベル**][**ラベルの位置（L）**]から「**下端／左端**」を選択します。

4）[**グラフツール**][**デザイン**]タブ[**グラフのレイアウト**][**グラフ要素を追加**]をクリックし，[**近似曲線（T）**][**線形（L）**]を選択します。

5）次に数式を表示します。近似曲線を選択したままで
[**グラフツール**][**書式**]タブ[**現在の選択範囲**][**選択対象の書式設定**]をクリックすると[**近似曲線の書式設定**]が表示されます。[**近似曲線のオプション**]から，「**グラフに数式を表示する（E）**」にチェックを入れます。

6）同様に「**最低気温**」と「**炭酸飲料**」の関係を散布図にしましょう。範囲指定は，最低気温である **B2~B37** をドラッグして，[Ctrl] を押しながら，炭酸飲料である **D2~D37** を指定します。完成した散布図をみると，

①最低気温とホットコーヒーの散布図は**負の相関**が（最低気温が低くなると売上が上がる）みられます。

②最低気温と炭酸飲料の散布図は**正の相関**が（最低気温が低くなると売上が下がる）がみられます。

↓[問題]

練習 13　複合グラフの復習です。上段のグラフをよりスタイリッシュに修正したのが，下段のグラフです。グラフ表現は，それを利用する場面に添った工夫が必要です。

ファイル名：**練習 13_入園者数とチケット代金**

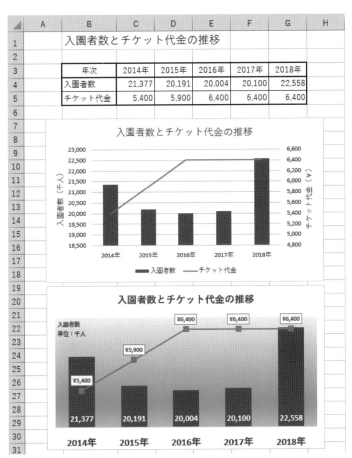

ヒント：
1. 下段のグラフは縦軸が表示されていませんが，ラベルを「**なし**」にしています。
2. 折れ線グラフはマーカーをつけて，マーカーの種類を■にし，サイズを **8** ポイントに指定しています。
3. データラベルを表示させて位置「**内側軸寄り**」または「**上**」を指定し，文字色や枠線をつけます。プロットエリアの塗りつぶしをグラデーションにしています。

4. 棒グラフの棒の太さも太くしています。(3-12-1 項「席数分布・ヒストグラム」参照)
5. 入園者数　**単位：千人**　はテキストボックスを挿入しています。
　　資料作成に際しては，下段のようなスタイリッシュなグラフのデザインは，習得しておくべきポイントです。

3-13 データベース機能

　データベースとは，もともと「データの集合体」という意味で，一般にはたくさんのデータを集めてまとめて管理し，検索・抽出などの再利用を容易にできるようにする仕組みのことです。Excel のデータベース機能とは，ワークシートのデータを並べ替えたり，条件を与えて検索や抽出をしたり，集計することなどをいいます。

[例題 15]　次のような売上データを使って，データベース機能を練習します。
　　　　　　同友館から，元データ(**売上管理データベース.txt**)をインポートして作成します。

ファイル名：**例題 15_売上管理データベース**

シート名：**売上管理～データベース関数 2 までの 10 シート**

	A	B	C	D	E	F
1	伝票番号	販売月	担当者番号	販売店	商品コード	数量
2	A001	4月2日	T1	札幌店	AN110	100
3	A002	4月7日	T2	札幌店	BP130	150
4	A003	6月5日	T3	札幌店	DN101	50
5	A004	6月8日	T1	札幌店	BN110	80
6	B001	5月20日	T1	東京店	CN120	200
7	B002	6月9日	T2	東京店	CP230	250
8	B003	4月10日	T3	東京店	AN120	170
9	B004	4月29日	T1	東京店	DN102	75
10	B005	5月20日	T1	東京店	AP230	60
11	C001	4月23日	T1	大阪店	BN110	180
12	C002	4月18日	T2	大阪店	AP230	100
13	C003	5月16日	T3	大阪店	CP230	50
14	D001	6月17日	T1	広島店	CN120	10
15	D002	6月28日	T2	広島店	BP130	23
16	D003	5月25日	T3	広島店	CP230	40
17	D004	5月14日	T1	広島店	DN102	60
18	E001	6月8日	T1	福岡店	DN102	500
19	E002	5月7日	T2	福岡店	CP230	300
20	E003	6月9日	T3	福岡店	DN101	100
21	E004	4月20日	T1	福岡店	AN110	80

図 3-13-1　売上管理データベース

第3章

3-13-1 データベーステーブルの取り込み（インポート）

　Excel でデータベース機能を使用するためには，**データベーステーブル**（または**リスト**ともいいます）と呼ばれる形式のデータを，ワークシート上に作成しておく必要があります。データベーステーブルでは次に示すように，列のことを**フィールド**，列の見出しのことを**フィールド名**，行のことを**レコード**といいます。すなわちデータベーステーブルとは，フィールド，フィールド名，レコードから構成される表です。フィールドには，「同じ種類のデータを入力する」「1 件分のデータをレコードとして横 1 行で入力する」「隣接するセルにはデータを入力しない（注）」などのルールを守り作成された表です。

　使用するデータベーステーブルは，あらかじめ用意されているテキスト形式のファイルを **Excel に取り込み（インポート）**して使用します。

> （注）「隣接するセルにはデータを入力しない」とは，テーブルの外周にタイトル，日付，合計等を作成しないことです。ちなみにこの例題ではテーブルはセル番地 **A1** から始まっています。

```
フィールド（列）
レコード（行）
                                                              フィールド名
伝票番号 販売月    担当者番号 氏名     販売店 商品コード 金額   （列の見出し）
A001    2014年4月  T1      石井 一郎 札幌店 AN110   6,800
A002    2014年4月  T2      山本 弘子 札幌店 BP130   3,800
A003    2014年5月  T3      佐藤 史乃 札幌店 DN101   22,000
```

操作手順 1 　外部データの取り込み（インポート）

　あらかじめ用意されているテキスト形式のファイル「**売上管理データベース.txt**」（注）を使用します。

　Excel 形式以外のファイルを Excel にインポートします。Excel へのインポートの方法は 2 つあります。ここでは**テキストファイルウィザード**を使います。（3-13-1 項 OnePoint「Power Query を使ったインポート」参照）

1）［**ファイル**］タブ［**新規**］［**空白のブック**］をクリックします。

　［**ファイル**］［**開く**］［**参照**］をクリックし，ファイルの種類を［**テキストファイル**］に変更すると「**売上管理データベース.txt**」を選択できます。［**開く（O）**］をクリックします。

2）**テキストファイルウィザード**

　①「テキストファイルウィザード 1/3」画面で，「**元のデータの形式**」

（注）同友館 http://www.doyukan.co.jp/download/

の「**カンマやタブなどの区切り文字によってフィールドごとに区切られたデータ（D）**」にチェックをつけ，［**先頭行をデータの見出しとして使用する（M）**］にチェックを入れて［**次へ（N）**］をクリックします。（次ページ参照）

　②「テキストファイルウィザード 2/3」画面で，［**区切り文字**］の「**タブ（T）**」のチェックを確認し，［**次へ（N）**］をクリックします。

　③「テキストファイルウィザード 3/3」画面で［**完了（F）**］をクリックします。

3)［データの取り込み］画面から　OK　をクリックし
　ます。シート名を「**売上管理**」に変更しましょう。

ファイル名(N):	例題15_売上管理データベース.xlsx
ファイルの種類(T):	Excel ブック (*.xlsx)

4)インポートしたテキストファイルは Excel 上に表
示されていますが，テキストファイル形式のままです。［**ファイル**］［**名前を付けて保存**］を選
び，ファイルの種類を **Excel ブック（*.xlsx)** として，「**例題 15_売上管理データベース.xlsx**」と
いうファイル名で保存します。

One Point ☝ | Power Query を使ったインポート

> Excel の取得と変換(Power Query)機能を使用すると，テーブル化された Excel
> データとしてインポートできます。(3-14-1 項操作手順「テーブル化」参照)
> ①［**データ**］［**データの取得と変換**］［**テキストまたは CSV から**］をクリックし，「**売
> 上管理データベース.txt**」を選択してから，［**インポート(M)**］をクリックします。
> ②右図のようにインポート内容を確認のうえ，［**読み込み**］をクリックします。
> **フィルターボタン**がついた **Excel 表**がワークシートに追加されます。

操作手順 2 ワークシートのコピー

1)次の 3-13-2 項以降で，データベースの並べ替え，抽
出，集計，データベース関数を実習していきます。そのための準備
としてインポートしたワークシートを 9 枚コピーします。

2)シート名「**売上管理**」の上で右クリックし，メニューから［**移
動またはコピー(M)**］を選びます。そして表示されたダイアロ
グボックスから「**コピーを作成する**」にチェックを入れ，［**挿
入先(B)**］［**(末尾へ移動)**］をクリックし，　OK　をクリックし
ます。**9 シート**追加するので「**売上管理(10)**」までコピーしま
す。

3)コピーして追加したシートに，それぞれ図 3-13-2 のように
シート名を付けてから，ファイル名「**例題 15_売上管理データベース**」を上書き保存します。各

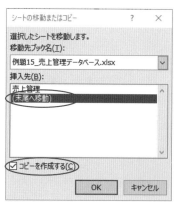

シートも自動的に保存されます。Sheet1 は利用しないので削除します。

操作手順 3 ワークシートの名称変更

1) シート名[**売上管理**]をコピーするとシート名[**売上管理(2)**]が追加されます。また，シート見出しの上でダブルクリックすると，ワークシートの名前を変更することができ，シート見出しをドラッグすると，シート表示の順序を変更することもできます。

2) Excel では 1 つのファイル(ブック：Book)に複数のワークシートを持つことができます。

	A	B	C	D	E	F	G	H	I	J	K	L	M	N	O	P
1	伝票番号	販売月	担当者番号	販売店	商品コード	数量										
2	A001	4月2日	T1	札幌店	AN110	100										
3	A002	4月7日	T2	札幌店	BP130	150										
4	A003	6月5日	T3	札幌店	DN101	50										
5	A004	6月8日	T1	札幌店	BN110	80										
6	B001	5月20日	T1	東京店	CN120	200										
7	B002	6月9日	T2	東京店	CP230	250										
8	B003	4月10日	T3	東京店	AN120	170										
9	B004	4月29日	T1	東京店	DN102	75										
10	B005	5月20日	T1	東京店	AP230	60										
11	C001	4月23日	T1	大阪店	BN110	180										
12	C002	4月18日	T2	大阪店	AP230	100										
13	C003	5月16日	T3	大阪店	CP230	50										
14	D001	6月17日	T1	広島店	CN120	10										
15	D002	6月28日	T2	広島店	BP130	23										
16	D003	5月25日	T3	広島店	CP230	40										
17	D004	5月14日	T1	広島店	DN102	60										
18	E001	6月8日	T1	福岡店	DN102	500										
19	E002	5月7日	T2	福岡店	CP230	300										
20	E003	6月9日	T3	福岡店	DN101	100										
21	E004	4月20日	T1	福岡店	AN110	80										
22																
23																

シート名

売上管理　並べ替え　抽出 1　抽出 2　抽出 3　集計（販売店）　集計（担当者番号）　集計（商品コード）　データベース関数 1　データベース関数 2　⊕

シート名：売上管理，並べ替え，抽出 1，抽出 2，抽出 3，集計(販売店)，集計(担当者番号)，集計(商品コード)，データベース関数 1，データベース関数 2 の **10** シート

図 3-13-2　売上管理データベースのシート作成

One Point | **ワークシートの追加と削除**

①**ワークシートの追加** ⊕

初期状態では，1 つのブックにワークシートが 1 つですが，ワークシートを追加したい場合は，[**ホーム**]タブ[**セル**][**挿入**][**シートの挿入**]をクリックします。または，「Sheet1」の右側にある[**新しいシート**]ボタン ⊕ をクリックしても追加できます。

②ワークシートの削除

ワークシートを削除する場合は，[**ホーム**]タブ[**セル**][**削除**][**シートの削除**]をクリックします。または，削除するワークシートの見出しを右クリックして[**削除**]することもできます。

3-13-2 データベースの並べ替え

　この売上管理データベースは，レコードが伝票番号の小さい順に並んでいます。これを別の項目を基準にして並べ替えることができます。この並べ替えることを**ソート**（sort）といいます。並べ替えの基準となる項目を**キー**（key）といい，順序が**小さい順**を**昇順**：ascending（アセンディング）といい，**大きい順**を**降順**：descending（ディセンディング）といいます。

|操作手順 1| 並べ替え（左から 2 つ目：シート名「並べ替え」）

　図 3-13-2「売上管理データベースのシート作成」の左から 2 つ目にあるシート名**並べ替え**を使用します。このテーブルを**商品コード**の**昇順**に並べ替えてみます。

1) **E1** のフィールド名「**商品コード**」のセルをクリックします。［**データ**］タブ［**並べ替えとフィルター**］ ⤵ ［**昇順**］をクリックします。（注）

2) 表全体が商品コードの昇順（ここではアルファベット順）に並べ替わったことを確認しましょう。

3) 並べ替えの解除は， ↻▾ ［**元に戻す**］ボタンをクリックするか，伝票番号の昇順で並べ替えを行います。

　　　（注）表の下部に合計欄などがあったりする表の並べ替えは，見出しを含めて並べ替えたい表全体を選択してから，［**ユーザー設定の並べ替え**］を選択する必要があります。

|操作手順 2| レベルの追加と並べ替え

　左から 2 つ目のシート名「並べ替え」を使用し，この表を**販売月の降順**で並べ替えてみます。**同じ販売月なら商品コードの昇順**に並べ替えてみます。

1) アクティブセルを表の内側におきます。**A1~F21** の範囲であれば，どこでもかまいません。［**データ**］タブ［**並べ替えとフィルター**］［**並べ替え**］をクリックすると，［**並べ替え**］ダイアログボックスが表示されます。

2) ［**レベルの追加(A)**］をクリックして，［**最優先されるキー**］を「**販売月**」「**新しい順**」，［**次に優先されるキー**］を「**商品コード**」「**昇順**」にします。 **OK** をクリックします。並べ替えを確認したら，元に戻しましょう。

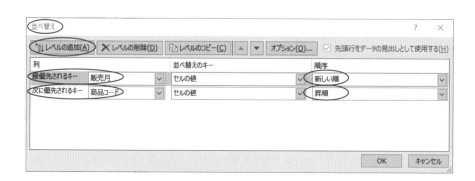

↓[問題]

練習①　この売上データベース表を，以下のとおりに並べ替えてみましょう。一問ずつ並べ替えを元に戻します。

> ファイル名：**例題 15_売上管理データベース**　シート名：**並べ替え**

1) まず，担当者番号の昇順に並べる。
2) 販売店のアイウエオ順(昇順)に並べる。(下の OnePoint「文字の並べ替え」参照)
3) 数量の降順に並べる。
4) 担当者番号(昇順)ごとに，数量の小さい順に並べる。

ここまで終わったら，ファイル名「**例題 15_売上管理データベース**」を上書き保存しましょう。シート名「**並べ替え**」も自動的に保存されます。

One Point | 文字の並べ替え

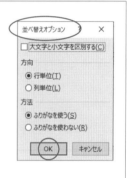

通常，販売店を昇順にしても「あいうえお」順にすることはできません。ふりがな欄などを設けるか，またはふりがな情報を利用して，並べ替える必要があります。[**データ**]タブ[**並べ替えとフィルター**][**並べ替え**]をクリックし，[**並べ替え**]ダイアログボックスの[**オプション**]をクリックすると入力時に自動的に取得されているふりがな情報を使って並べ替えることができます。

ふりがな情報の確認は[**ホーム**]タブ[**フォント**]の[**ふりがなの表示 / 非表示▼**]から[**ふりがなの表示(S)**]をクリックします。再度クリックすると，ふりがなが非表示になります。この例題のように，インポートしたデータには残念なことに，ふりがなデータが含まれていません。[**ふりがなの編集(E)**]をクリックして，ふりがな情報を取得する必要があります。

3-13-3　データベースの抽出

データベーステーブルの中から，条件に合うデータだけを抽出することができます。例えば，

・販売店が「**札幌店**」のレコードを抽出する
・担当者番号が「**T1**」のレコードを抽出する
・数量が「**100 以上**」のレコードを抽出する，などです。

条件の指定の仕方にはいろいろありますが，ここでは「**フィルター**」という機能を使って，簡単に抽出する方法を説明します。

操作手順 1　フィルター(左から 3 つ目：シート名「抽出 1」)

図 3-13-2 の左から 3 つ目にあるシート名「**抽出 1**」を使用します。**販売店が「札幌店」であるレコードを抽出**してみます。

1) アクティブセルを表の内側におきます。**A1~F21** の範囲であればどこでもかまいません。[**データ**]タブ[**並べ替えとフィルター**][**フィルター**]をクリックすると，フィールド名の横にフィルターボタン ▾ が表示され，フィルターモードになります。

2) 販売店の ▼ をクリックし，[**すべて選択**]のチェックをはずし，[**札幌店**]にチェックを入れ，OK をクリックします。この場合，該当するレコードが４件抽出されて表示されます。

3) フィルターボタンが ▼ に変わり，フィルター機能が実行されていることがわかります。

4) もう１度 ▼ をクリックして，[**"販売店"からフィルターをクリア(C)**]を選択して，元の状態に戻しましょう。(注)

（注）例えば，**担当者番号がT1** で**販売店が東京店**のレコードを抽出する場合は，連続して▼ボタンから選択していけば，**T1** で抽出して，さらに**東京店**が抽出されるというわけです。そのため，もう一度別の条件で抽出する場合，[**…からフィルターをクリア**]を必ず選択してください。

↓[問題]

練習②

「**担当者番号**」が「**T1**」かつ「**販売店**」が「**東京店**」のレコードを，**フィルター**機能を使って抽出をしてみましょう。抽出した後，ファイル名「**例題 15_売上管理データベース**」を上書き保存することで，シート名「**抽出 1**」(3 件)も保存されます。

ファイル名：**例題 15_売上管理データベース** シート名：**抽出 1**

続いて，**フィルターオプション**機能を使って，より複雑な条件を設定してみます。

操作手順 2 オートフィルターオプション(左から 4 つ目：シート名「抽出 2」)

図 3-13-2 の左から 4 つ目にあるシート名「**抽出 2**」を使用します。**数量**が「**100 以上**」のレコードを抽出してみましょう。

1) **数量**の ▼ マークをクリックし[**数値フィルター(F)**]の[**指定の値以上(O)**]をクリックします。

2) [**オートフィルターオプション**]ダイアログボックスが表示されるので，[**数量**]欄に 100 を入力し，その右側が「**以上**」であることを確認して，OK をクリックすると，該当するレコードが 10 件抽出されます。抽出を元に戻しましょう。

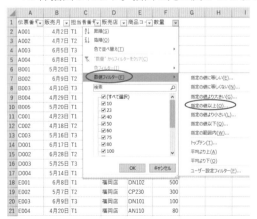

↓[問題]

<u>練習③</u>　オートフィルターオプション機能を使用して，次の条件で検索しましょう。

ファイル名：**例題15_売上管理データベース**　シート名：**抽出2**

「**抽出2**」シート上で，それぞれの設問の検索結果を確認しましょう。その後，一問ずつ検索結果を元に戻しながら進めましょう。

1) 「**商品コード**」の先頭が文字「**A**」で始まるレコードを抽出する。（5件あります）
2) 「**伝票番号**」の末尾が「**4**」のレコードを抽出する。（4件あります）
3) 「**数量**」が150以上で，かつ300以下のレコードを抽出する。（**AND**を使って2つの条件をつなぎます）（注　OnePoint「AND OR条件」参照）（6件あります）
4) 「**販売店**」が，「**東京店**」か「**大阪店**」のレコードを抽出する。（**OR**条件を使って2つの条件をつなぎます）（8件あります）
5) 最後に，ファイル名「**例題15_売上管理データベース**」を上書き保存することで，シート名「**抽出2**」（8件）も保存されます。

One Point ｜AND OR 条件

　[**オートフィルターオプション**]ダイアログボックスには，2つの条件の行の間にチェックボックスがあり，2つの条件を設定することができます。この例では，「150以上」と「300以下」という2つの条件を設定し，**AND（A）**を選択しています。すなわち，2つの条件を同時に満たす**AND条件**（「150以上」かつ「300以下」）という意味になります。

　ここで，**OR（O）**をクリックして選択すると，2つの条件のどちらかを満たす**OR条件**（「150以上」または「300以下」という意味になります。すべての件数が抽出されます。この考え方は，3-10-4項OnePoint「AND関数・OR関数」でも解説しましたね。

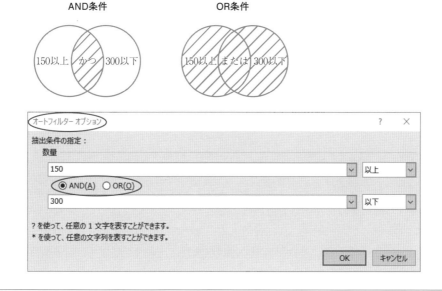

操作手順3 ワイルドカード(左から5つ目:シート名「抽出3」)

　ワイルドカードとは,任意の文字(一部不明な文字がある)を表すための特殊記号のことです。あいまいな文字列やファイルの検索,さらにネット検索にも利用できます。「**?**」「**＊**」の記号を使用します。

　　　　・「**?**」は**任意の1文字**の代わりに利用することができます。
　　　　・「**＊**」は**0個以上の任意の文字列**の代わりに用いることができます。
　　　　ワイルドカード記号を使うことで以下のような検索ができます。
　　　　・例1:「**?ABC**」と設定した場合,「**1ABC**」「**あ ABC**」「**AABC**」などが該当します。
　　　　・例2:「**＊ABC**」と設定した場合,「**ABC**」「**1ABC**」「**あいうえお ABC**」などが該当します。

　図3-13-2の左から5つ目にあるシート名「**抽出3**」を使用します。オートフィルターオプション機能を使い,ワイルドカードを使って,レコードを抽出してみましょう。

1) 抽出条件に「**?**」「**＊**」を使って,
「**商品コード**」の2文字目が「**N**」
のレコードを抽出しましょう。
2) 商品コードの ▼ マークをクリックし,[**テキストフィルター
(F)**]の[**指定の値に等しい(E)**]
をクリックします。

3) [**オートフィルターオプション**]ダイアログボックスが表示されるので,[**商品コード**]欄に「**?
N ＊**」と入力し,その右側が「**と等しい**」であることを確認して, OK をクリックします。該当するレコードが **15件**抽出されます。
4) 抽出した後,ファイル名「**例題15_売上管理データベース**」を上書き保存してください。

3-13-4　データベースの集計

　今度は,データベーステーブルの金額を集計することを考えます。総合計を求めるだけであれば,**SUM関数**を使えばよいのですが,「**販売店ごと**」や「**担当者番号ごと**」のように小グループ単位に小計を出したい場合に,毎回SUM関数を使うのは不便です。このような場合の集計方法について説明します。

操作手順 販売店ごとの集計(左から6つ目:シート名「集計(販売店)」)

　例として,販売店ごとの金額を集計してみましょう。グループごとに集計を行うとき,まず重要なことは,**集計をする前にそのグループで並べ替えをしておく**ということです。この場合でいえば販売店をキーにした並べ替えが必要です。これができていないと,正しく集計されません。

1) 図3-13-2の左から6つ目にあるシート名「**集計(販売店)**」を使用します。
2) 販売店の昇順に,表を並べ替えてください。(3-13-2項「データベースの並べ替え」参照)並べ替えが終わったら,[**データ**]タブ[**アウトライン**]
[**小計**]をクリックします。

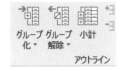

3) [**集計の設定**]ダイアログボックスが表示されるので，次のように指定します。

 ①[**グループの基準(A)**]では，「**販売店**」を選択

 ②[**集計の方法(U)**]では，「**合計**」を選択

 ③[**集計するフィールド(D)**]では，「**数量**」欄をチェック

4) [OK] をクリックすると，販売店ごとの数量の小計が表に挿入されます。また最下行には総計も表示されます。

5) 表が完成したら，ファイル名「**例題 15_売上管理データベース**」を上書き保存してください。

6) 元の状態に戻すときは，表の内部をクリックしてから，[**データ**]タブ[**アウトライン**][**小計**]を選択し，[**集計の設定**]ダイアログボックスの〈**すべて削除(R)**〉をクリックします。

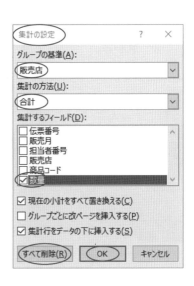

One Point　アウトライン機能

集計結果が表示されている状態では，**アウトライン機能**が実行され，画面の左側には1，2，3のボタンが表示されます。

1を押すと，総合計が表示されます。

2を押すと，各グループ計と総合計が表示されます。

3を押すと，個々の行を含めたすべてのデータが表示されます。また

+，− のボタンにより，部分的にデータを展開したり，折りたたむことができます。

伝票番号	販売月	担当者番号	販売店	商品コード	数量
D001	6月17日	T1	広島店	CN120	10
D002	6月28日	T2	広島店	BP130	23
D003	5月25日	T3	広島店	CP230	40
D004	5月14日	T1	広島店	DN102	60
			広島店 集計		133
A001	4月2日	T1	札幌店	AN110	100
A002	4月7日	T2	札幌店	BP130	150
A003	6月5日	T3	札幌店	DN101	50
A004	6月8日	T1	札幌店	BN110	80
			札幌店 集計		380
C001	4月23日	T1	大阪店	BN110	180
C002	4月18日	T2	大阪店	AP230	100
C003	5月16日	T3	大阪店	CP230	50
			大阪店 集計		330
B001	5月20日	T1	東京店	CN120	200
B002	6月9日	T2	東京店	CP230	250
B003	4月10日	T3	東京店	AN120	170
B004	4月29日	T1	東京店	DN102	75
B005	5月20日	T1	東京店	AP230	60
			東京店 集計		755
E001	6月8日	T1	福岡店	DN102	500
E002	5月7日	T2	福岡店	CP230	300
E003	6月9日	T3	福岡店	DN101	100
E004	4月20日	T1	福岡店	AN110	80
			福岡店 集計		980
			総計		2578

↓［問題］

練習④　いろいろな集計をしてみましょう。それぞれ事前に並べ替えが必要です。

　　　　　　　　　　ファイル名：**例題 15_売上管理データベース**　シート名：**集計（担当者番号）**

　　　　　　　　　　　　　　　　　　　　　　　　　　シート名：**集計（商品コード）**

1）「**担当者番号**」ごとに「**数量**」を集計する。

2）「**商品コード**」ごとに「**数量**」を集計する。

3）集計した後，ファイル名「**例題 15_売上管理データベース**」を上書き保存してください。

3-13-5　データベース関数

　データベースの表に，ある条件を与え，**件数**や**合計**を求めることができます。これを**データベース関数**といいます。（左から 9 つ目：シート名「データベース関数 1」を使用します。）

　下の図は，売上管理データベースを使って，「**商品コードが C シリーズ（C で始まる）**」，かつ「**数量が 100 以上**」という条件で，「**件数**」と「**数量合計**」をデータベース関数によって求めたものです。

ファイル名：**例題 15_売上管理データベース**

シート名：**データベース関数 1**

	A	B	C	D	E	F	G	H	I
1	伝票番号	販売月	担当者番号	販売店	商品コード	数量			
2	D001	6月17日	T1	広島店	CN120	10			
3	D002	6月28日	T2	広島店	BP130	23			
4	D003	5月25日	T3	広島店	CP230	40			
5	D004	5月14日	T1	広島店	DN102	60			
6	A001	4月2日	T1	札幌店	AN110	100			
7	A002	4月7日	T2	札幌店	BP130	150			
8	A003	6月5日	T3	札幌店	DN101	50			
9	A004	6月8日	T1	札幌店	BN110	80			
10	C001	4月23日	T1	大阪店	BN110	180			
11	C002	4月18日	T2	大阪店	AP230	100			
12	C003	5月16日	T3	大阪店	CP230	50			
13	B001	5月20日	T1	東京店	CN120	200			
14	B002	6月9日	T2	東京店	CP230	250			
15	B003	4月10日	T3	東京店	AN120	170			
16	B004	4月29日	T1	東京店	DN102	75			
17	B005	5月20日	T1	東京店	AP230	60			
18	E001	6月8日	T1	福岡店	DN102	500			
19	E002	5月7日	T2	福岡店	CP230	300			
20	E003	6月9日	T3	福岡店	DN101	100			
21	E004	4月20日	T1	福岡店	AN110	80			
22									
23	条件							データベース関数	
24	伝票番号	販売月	担当者番号	販売店	商品コード	数量		件数	3
25					C*	>=100		数量合計	750

図 3-13-5　データベース関数

　表の下側にある 2 行分（**A24~F25**）が**条件範囲**です。また，H 列と I 列は結果を表示するための場所で，この図では，**I24~I25** にデータベース関数が入力されています。データベース関数は，すべて同一の書式であり，一般的に次のように指定します。

＝関数名（データベース，フィールド，条件）

　具体的には，関数名の先頭に **D** がつきます。条件に合ったデータを取り出し，そのデータを合計（**DSUM 関数**）したり，平均（**DAVERAGE 関数**）を出したり，最大値（**DMAX 関数**）や最小値（**DMIN 関数**）を見つけたり，件数（**DCOUNT 関数**）を計算することができます。

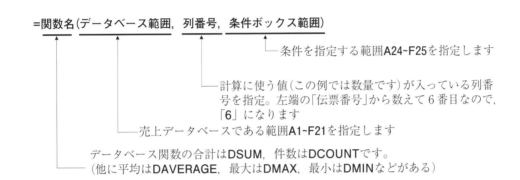

＝関数名（データベース範囲，　列番号，　条件ボックス範囲）

　　　　　　　　　　　　　　　　　　　条件を指定する範囲**A24~F25**を指定します

　　　　　　　　　　　　計算に使う値（この例では数量です）が入っている列番号を指定。左端の「伝票番号」から数えて 6 番目なので，「**6**」になります

　　　　　売上データベースである範囲**A1~F21**を指定します

データベース関数の合計は**DSUM**，件数は**DCOUNT**です。
（他に平均は**DAVERAGE**，最大は**DMAX**，最小は**DMIN**などがある）

|操作手順|　データベース関数

1) 条件を設定します。23 行目から 25 行目の部分を，図 3–13–5 と同じように入力しましょう。罫線を入れることで見やすくなります。24 行目の「**伝票番号**」「**販売月**」「**担当者番号**」の文字は 1 行目の見出しと全く同じですから，コピーして作成してください。25 行目に条件である「**商品コード**」E25 に「**C＊**」と入力し，「**数量**」F25 に「**>=100**」と入力します。

2) **I24~I25** に「**件数**」と「**数量合計**」を求めるためのデータベース関数を入力します。データベース関数は，それぞれ次のようになります。

　①件数（**I24**）　　　　　=DCOUNT（A1:F21, 6, A24:F25）（注）
　②数量合計（**I25**）　　　=DSUM（A1:F21, 6, A24:F25）

　関数名が異なるだけで，カッコの中はすべて同じであることがわかりますね。

　　（注）列番号は左から数えて 6 列目なので「6」としていますが，その列のフィールド名を設定することもできます。

3) 関数を入力すると，「**件数**」「**数量合計**」の結果が表示されます。条件ボックスにいろいろな値を入れて，結果を比べてみてください。なお，条件ボックスを空欄（何もしない）にした場合は，すべてのレコードが計算の対象になります。条件を同じ行に入力すると，「**かつ（AND 条件）**」になり，両方を満たすレコードが処理の対象になります。（注）

4) 表が完成したら，ファイル名「**例題 15_売上管理データベース**」を上書き保存します。

　　（注）条件を縦に入力すると，「**または（OR 条件）**」となります。

↓[問題]

<u>練習⑤</u>　［データベース関数 1］シートをコピーして［データベース関数 2］シートを作成し
　　　使用しましょう。

ファイル名：例題 15_売上管理データベース

シート名：データベース関数 2

条件を変えて，担当者番号が「**T1**」で，かつ販売店が「**福岡店**」のレコードを対象にして，シート名「**データベース関数 1**」と同様に「**件数**」と「**数量合計**」を計算してみましょう。
表が完成したら，ファイル名「**例題 15_売上管理データベース**」を上書き保存します。
ここまでで，シートは 10 枚となりました。

One Point | データベース関数の条件

　データベース関数の条件の指定方法はいくつかあります。
　上の図は「数量が 150 以上でかつ 300 未満」という条件を示しています。

条件					
伝票番号	販売月	担当者番号	販売店	数量	数量
				>=150	<300

　下の図は「販売店が福岡店または広島店」という条件を示しています。(OR 条件)

条件					
伝票番号	販売月	担当者番号	販売店	商品コード	数量
			福岡店		
			広島店		

3-14　ピボットテーブル

　Excel のピボットテーブルは，クロス集計表を作成できるばかりではなく，高度な集計や分析を行なうことができます。また，ピボットグラフを利用することで，その集計結果を容易にグラフ化することもできます。

［例題 16］ ここで改めて Excel の空白のブックを開きます。3-13 節「**例題 15_売上管理データベース**」の先頭のシート「**売上管理**」の **A1~F21** までのデータをコピーして，この Excel の**空白のブック**に貼り付けて，ファイル名「**例題 16_ピボットテーブル**」で保存します。シート名は「**売上管理テーブル**」とします。

ファイル名：**例題 16_ピボットテーブル**

シート名：**売上管理テーブル，クロス集計，商品テーブル，**

担当者テーブル，商品別 (支店別) 集計の 5 シート

	伝票番号	販売月	担当者番号	販売店	商品コード	数量
1	伝票番号	販売月	担当者番号	販売店	商品コード	数量
2	A001	2019/4/2	T1	札幌店	AN110	10
3	A002	2019/4/7	T2	札幌店	BP130	150
4	A003	2019/6/5	T3	札幌店	DN101	50
5	A004	2019/6/8	T1	札幌店	BN110	80
6	B001	2019/5/20	T1	東京店	CN120	200
7	B002	2019/6/9	T2	東京店	CP230	250
8	B003	2019/4/10	T3	東京店	AN120	170
9	B004	2019/4/29	T1	東京店	DN102	75
10	B005	2019/5/20	T1	東京店	AP230	60
11	C001	2019/4/23	T1	大阪店	BN110	180
12	C002	2019/4/18	T2	大阪店	AP230	100
13	C003	2019/5/16	T3	大阪店	CP230	50
14	D001	2019/6/17	T1	広島店	CN120	10
15	D002	2019/6/28	T2	広島店	BP130	23
16	D003	2019/5/25	T3	広島店	CP230	40
17	D004	2019/5/14	T1	広島店	DN102	60
18	E001	2019/6/8	T1	福岡店	DN102	500
19	E002	2019/5/7	T2	福岡店	CP230	300
20	E003	2019/6/9			DN101	100
21	E004	2019/4/20			BN110	80

売上管理テーブル

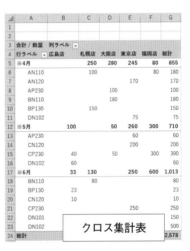

クロス集計表

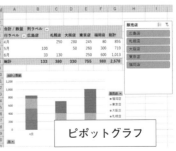

ピボットグラフ

図 3-14-1　売上管理テーブル，クロス集計表，ピボットグラフ

3-14-1 テーブルとして書式設定

3-13 節「データベース機能」では，データベーステーブルとしての表の操作を学びました。ここでは，更にピボットテーブル機能を利用するために，テーブル化を学びましょう。テーブル化した範囲には，テーブル名をつけることができます。

操作手順 テーブル化

1) ファイル名「**例題 16_ピボットテーブル**」を開きます。

2) アクティブセルを表の内側（**A1～F21** の範囲であればどこでもよい）に置きます。

3) [**ホーム**]タブ[**スタイル**][**テーブルとして書式設定**]を選択します。ここでは，[**中間**][**薄い灰色，テーブルスタイル(中間)11**]を選択しています。(注)

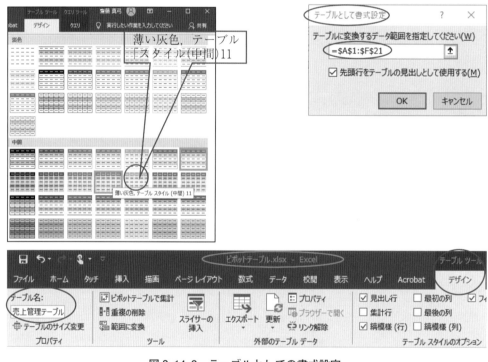

図 3-14-2　テーブルとしての書式設定

（注）テーブル化する際に，「選択範囲が，1つまたは複数の外部データ範囲と重複しています。選択範囲をテーブルに変換し，すべての外部接続を削除しますか？」の画面が表示されたら，[**はい(Y)**]をクリックします。

4) [**テーブルツール**][**デザイン**]タブ[**プロパティ**]の「**テーブル名：**」の下にテーブル名を入力します。ここでは，シート名と同じ「**売上管理テーブル**」とします。

5) ここまでで，ファイル名「**例題 16_ピボットテーブル**」およびシート名「**売上管理テーブル**」であることを確認しましょう。

One Point | テーブル化の解除（範囲に変換）

[**テーブルとして書式設定**]されたテーブルは，簡単に見やすいテーブルのスタイルが適用できます。ただ，フィルターが表示されてしまうので，不都合な場合もあります。

①テーブルのスタイルだけを残して，テーブルをもとの範囲に戻すには，テーブル内のセルにマウスポインタを置いた状態で，[**デザイン**]タブ[**ツール**]の中の[**範囲に変換**]をクリックします。

②テーブルのスタイルのみを解除するには，[**テーブルツール**][**デザイン**]タブ[**テーブルスタイル**] ☑ をクリックして，最下段の「**クリア(C)**」を選択します。

3-14-2　ピボットテーブル（クロス集計）

　集計を行うとき，基準とする単位（グループ）を **2** つに増やすことを考えてみましょう。例えば，担当者ごとに販売月別の金額を集計するようなケースです。このような集計の方法を「**クロス集計**」といい，**ピボットテーブル**という機能を使います。次のような表をイメージしてください。ピボット(pivot)とは回転軸の意味です。またクロス(cross)とは交差するという意味ですね。

作成する表のイメージ

	4 月	5 月	6 月	合計金額
担当者 **T1**				
担当者 **T2**				
担当者 **T3**				
合計金額				

操作手順 1　ピボットテーブルの作成

　この 3-14 節「**例題 16_ピボットテーブル**」を使用します。シート名「**売上管理テーブル**」をそのまま使用します。

1)　アクティブセルを，表の内側（**A1~F21** の範囲ならどこでもよい）におきます。

2)　[**挿入**]タブ[**テーブル**][**ピボットテーブル**]をクリックします。

3)　[**ピボットテーブル作成**]ダイアログボックスが表示されるので，[**テーブル / 範囲(T)**]に「**売上管理テーブル**」というテーブル名が表示されていることを確認してください。（注）

　　　（注）これは 3-14-1 項「**テーブルとしての書式設定**」で，テーブル化した表にテーブル名をつけているので，テーブル名が表示されているのです。

　　[**ピボットテーブルレポートを配置する場所を選択してください。**]を「**新規ワークシート(N)**」にして，**OK** をクリックします。

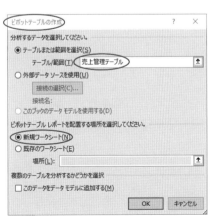

4)　新しいワークシートにピボットテーブルツールが開くので，[ピボットテーブルのフィールドリスト]から「**販売月**」を下段の[**列**]へ，「**担当者番号**」を[**行**]へ，「**数量**」を[**値**]へドラッグします。[**販売月**]をド

ラッグすると，自動的に［**月**］も追加されます。新しいシートに**クロス集計表**が作成されます。ここまでで，シート名に「**クロス集計**」という名前をつけて，ファイル名「**例題 16_ピボットテーブル**」であることを確認して保存しましょう。

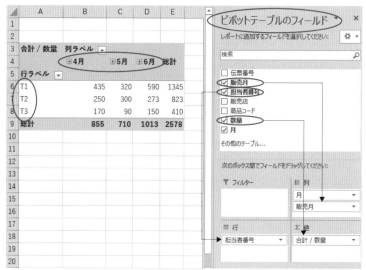

5) 値エリアに表示形式の設定をしましょう。桁区切りスタイルを設定し，3桁ごとにカンマをつけましょう。

6) 数値が入っているセル（どこでもよい）をクリックし，［**ピボットテーブルツール**］［**分析**］タブ［**アクティブなフィールド**］［**フィールドの設定**］をクリックすると［**値フィールドの設定**］ダイアログボックスが表示されます。

7) **表示形式（N）**ボタンをクリックし，分類を**数値**，**桁区切り（,）を使用する（U）**にチェックをいれて OK をクリックします。

操作手順2 ピボットテーブルの変更

　一度作成したクロス集計表を，別の基準で集計しなおすことができます。例えば，担当者番号と販売月の関係を，**販売月と販売店の関係**に直して，再度集計しましょう。

1) ピボットテーブルのフィールドより「**販売月**」「**担当者番号**」「**月**」のチェックを外します。

2) 再度「**販売月**」を［**行**］へドラッグします。「**販売店**」を［**列**］に追加します。

3) これで，「**販売月**」と「**販売店**」の関係による，新しい集計表ができました。
　このようにピボットテーブルでは，行や列の項目を入れ替えることで，いろいろな項目を基準にして，集計を行うことができます。また，このような集計を特定のデータ項目に限定して，行うこともできます。ファイル名「**例題 16_ピボットテーブル**」

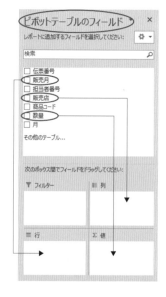

を上書き保存してください。

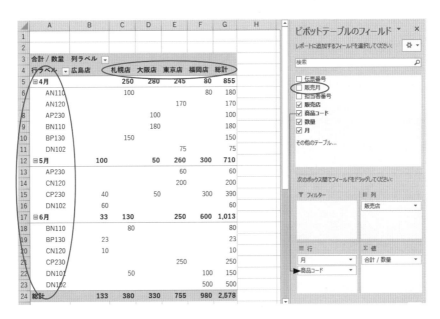

続けて，次のように操作してください。

4) 「**商品コード**」を行ラベルに追加します。「**月**」の下に移動し，「**販売月**」を削除します。

5) |⊞**4月**　　| の |+| のボタンをクリックすると，商品コードが表示され，月ごとに，「**商品コード**」と「**販売店**」の関係を見ることができます。ファイル名「**例題16_ピボットテーブル**」を上書き保存することで，シート名「**クロス集計**」も自動的に保存されます。

 │ データの更新

　売上管理テーブルのデータに誤りがあった場合，修正するとともに作成したピボットテーブルのデータも更新が必要になります。ピボットテーブル内で［**分析**］［**データ**］［**更新**］をクリックすることでデータが更新されます。

3-14-3 ピボットグラフ

　3-14-2 項「クロス集計」で作成したピボットテーブルから，ピボットグラフを作成することができます。クロス集計表のシートの下にグラフを追加します。

操作手順 ピボットグラフの作成

1) ファイル名「**例題 16_ピボットテーブル**」のシート名「**クロス集計**」に作成したピボットテーブル内をクリックします。

2) ［**ピボットテーブルツール**］［**分析**］の［**ツール**］［**ピボットグラフ**］をクリックします。

3) ［**グラフの挿入**］ダイアログボックスから，「**縦棒**」の「**積み上げ縦棒**」を選択し，OK をクリックします。

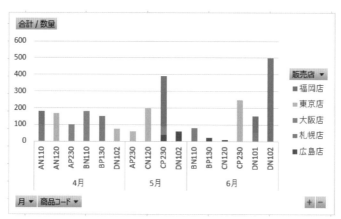

4) ［**ピボットテーブルのフィールド**］の行フィールドから「**商品コード**」を削除すると，グラフからも「**商品コード**」が削除されて，**月ごとの積み上げ縦棒グラフ**に変化します。

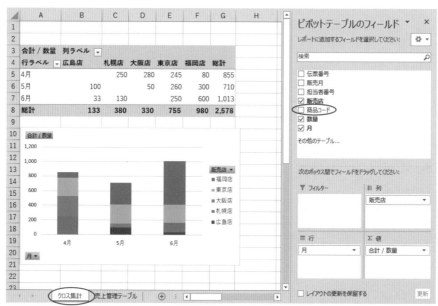

5) ［ピボットテーブルツール］［分析］の［フィルター］［スライサーの挿入］
をクリックし，［スライサーの挿入］ダイアログボックスから，「販売店」

にチェックをいれ OK
をクリックすると販売
店別のグラフを表示す
ることもできます。「東
京店」をクリックする
ことで，以下のような
グラフが表示されま
す。上書き保存しまし
ょう。

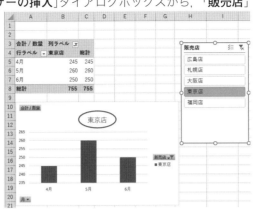

3-14-4　テーブル化とテーブル同士の関連付け

次の表を作成して，テーブル化します。テーブル化することで，すでに作成した「**売上管理テーブル**」と関連付けることができます。ファイル名「**例題 16_ピボットテーブル**」を開き，シートを 2 枚追加しましょう。

ファイル名：**例題 16_ピボットテーブル**

シート名：**商品テーブル，担当者テーブル**

	A	B	C
1	商品コード	商品名	単価
2	AN110	羽毛布団（シングル）	15,900
3	AN120	羽毛布団（セミダブル）	18,300
4	AP230	羽毛布団（ダブル）	25,800
5	BN110	遠赤外線肌掛け毛布（シングル）	5,800
6	BP130	遠赤外線肌掛け毛布（ダブル）	9,800
7	CN120	羊毛入り敷布団（シングル）	3,800
8	CP230	羊毛入り敷布団（ダブル）	6,100
9	DN101	あったか敷きパッド（シングル）	1,980
10	DN102	羽毛肌掛け布団（シングル）	8,800

	A	B	C
1	担当者番号	氏名	
2	T1	吉田　健吾	
3	T2	佐藤　由美子	
4	T3	石井　太郎	

操作手順　テーブル化（商品テーブル，担当者テーブル）

1) シート名「**商品テーブル**」「**担当者テーブル**」を作成しましょう。

2) 作成した商品テーブルの A1~C10 までを選択し，［ホーム］
［スタイル］［テーブルとして書式設定］を選択し，〈先頭行を
テーブルの見出しとして使用する〉にチェックを入れ，テーブル化します。テーブル名は，シート名と同じ「**商品テーブル**」とします。

3) 同様に担当者テーブルもテーブル化して，テーブル名は
「**担当者テーブル**」とします。（3-14-1 項「テーブルとしての書式設定」参照）

3-14-5 リレーションシップの設定

　テーブル化した3つのテーブル(売上管理テーブル，商品テーブル，担当者テーブル，クロス集計は除く)は，それぞれ共通のフィールドを持っています。つまり，

　①「**担当者番号**」フィールドは，「**売上管理テーブル**」と「**担当者テーブル**」に存在し，

　②「**商品コード**」フィールドは，「**売上管理テーブル**」と「**商品テーブル**」に存在します。共通のフィールドを持つテールにリレーションシップ(関連付け)を設定しましょう。これらを関連付けるとは，共通するフィールドを結びつけるという意味です。

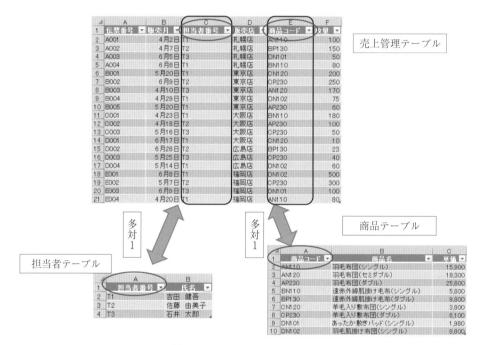

図3-14-3　共通フィールド

操作手順　リレーションシップの設定

1) [**データ**][**データツール**]の[**リレーションシップ**]をクリックします。[**リレーションシップの管理**]ダイアログボックスから[**新規作成(N)**]を選択します。

2) [**リレーションシップの作成**]ダイアログボックスが表示されます。

3) リレーショナルデータベースでは，関連付けられたテーブルの間には，「**1対1**」，「**1対多**」，「**多対多**」のいずれかの関係ができあがります。例えば，**1対多の関係**とは，一方のテーブルから他方のテーブルを見ると関係するレコードが複数存在するが，後者のテーブルから前者のテーブルを見ると1つのレコードしか存在しないという関係のことをいいます。

　(R)[**テーブル(T)**]には，関係するレコードが複数あるテーブルを指定します。[**関連テーブル**]には，関係するレコードが1つしかないテーブルを指定します。つまり，[**テーブル(T)**]が「**売上管理テーブル**」になり「**多**」，[**関連テーブル(R)**]が「**商品テーブル**」になり「1」の「**1対多**」の関係ですね。「**このリレーションシップに使用するテーブルと列の選択**」を以下のように設定しましょう。

4）｜OK｜をクリックすると，リレーションシップの管理画面に設定したリレーションシップが表示されます。続いて[**新規作成(N)**]ボタンを押して，以下のリレーションシップも作成します。
（注）「データモデルのテーブル：」の記載は省略される場合があります。

5）｜OK｜をクリックすると，再度[**リレーションシップの管理**]ダイアログボックスから，2つのリレーションシップの設定確認できます。[**閉じる**]ボタンを押してください。

3-14-6　複数のテーブルからピボットテーブルを作成

　リレーションシップが設定された3つのテーブル，「**売上管理テーブル**」「**商品テーブル**」「**担当者テーブル**」を使って，ピボットテーブルを作成しましょう。3-14-4項で作成したファイル名「**例題16_ピボットテーブル**」を使用します。

操作手順 1　**商品別（支店別）集計**

1）シート名[**売上管理テーブル**]を開き，アクティブセルを，表の内側（**A1~F21** の範囲ならどこでもよい）におきます。

2）[**挿入**]タブ[**テーブル**]の[**ピボットテーブル**]をクリックします。[**ピボットテーブルの作成**]ダイアログボックスで，「**売上管理テーブル**」が選択されています。[**新規ワークシート(N)**]にチェックが入っていることを確認します。

3）[**複数のテーブルを分析するかどうかを選択**]の「**このデータをデータモデルに追加する(M)**」にチェックをつけます。

OK をクリックすると，新しいシートが追加され，ピボットテーブルの設定画面が表示されます。

4) 表示された「**ピボットテーブルのフィールド**」画面で，［**すべて**］をクリックして，3つのテーブルを表示させます。▷**ボタン**をクリックすると各フィールドが表示されます。図のような「**ピボットテーブル**」を作成しましょう。

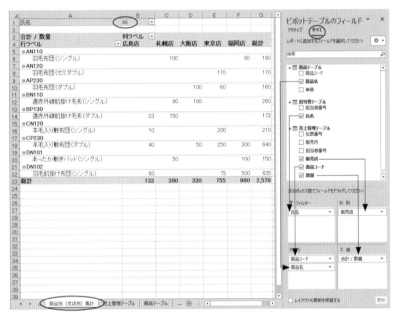

5) B1には「**All**」と表示されています。▼ボタンをクリックして **All** の左の ＋ ボタンから担当者氏名を「**吉田 健吾**」にすると，個人の売上状況をみることができます。

6) 商品名の横に小計が表示されているので，［**ピボットテーブルツール**］［**デザイン**］の［**レイアウト**］［**小計**］をクリックし，［**小計を表示しない(D)**]を選択すると小計の表示を消すことができます。

	A	B	C	D	E	F	G
1	氏名	吉田 健吾					
2							
3	合計 / 数量	列ラベル					
4	行ラベル	広島店	札幌店	大阪店	東京店	福岡店	総計
5	⊟AN110						
6	羽毛布団（シングル）		100			80	180
7	⊟AP230						
8	羽毛布団（ダブル）				60		60
9	⊟BN110						
10	遠赤外線肌掛け毛布（シングル）		80	180			260
11	⊟CN120						
12	羊毛入り敷布団（シングル）	10			200		210
13	⊟DN102						
14	羽毛肌掛け布団（シングル）	60			75	500	635
15	総計	70	180	180	335	580	1,345
16							
17							

商品別（支店別）集計　　売上管理テーブル　商品テーブル　担当 …

操作手順 2 レポートのレイアウト

　［ピボットテーブルツール］［デザイン］の［レイアウト］には［小計］［総計］［レポートのレイアウト］［空白行］があります。

1）［ピボットテーブルツール］［デザイン］［レイアウト］［レポートのレイアウト］の［**表形式で表示 (T)**］を選択すると以下のような表示になります。

	A	B	C	D	E	F	G	H
1	氏名	吉田 健吾						
2								
3	合計 / 数量		販売店					
4	商品コード	商品名	広島店	札幌店	大阪店	東京店	福岡店	総計
5	⊟AN110	羽毛布団（シングル）		100			80	180
6	⊟AP230	羽毛布団（ダブル）				60		60
7	⊟BN110	遠赤外線肌掛け毛布（シングル）		80	180			260
8	⊟CN120	羊毛入り敷布団（シングル）	10			200		210
9	⊟DN102	羽毛肌掛け布団（シングル）	60			75	500	635
10	総計		70	180	180	335	580	1,345

2）シート名を，「**商品別（支店別）集計**」として，ファイル名「**例題16_ピボットテーブル**」を上書き保存してください。

3）ここまで，ファイル名「**例題16_ピボットテーブル**」およびシート名「**商品別（支店別）集計**」であることを確認しましょう。

操作手順 3 集計方法の変更

　値エリアの集計方法は，変更することができます。平均，最大値，最小値，全体の合計に対する比

率，列や行の合計に対する比率などが選択できます。[**分析**][**アクティブなフィールド**][**フィールドの設定**]をクリックし，[**値フィールドの設定**]ダイアログボックスの[**計算の種類**]タブをクリックし，[**計算の種類(A)**]の▼ボタンから[**総計に対する比率**]を選択し，[OK] をクリックします。売上数構成比が表示されます。

	A	B	C	D	E	F	G	H
1	氏名	吉田 健吾						
2								
3	合計 / 数量		販売店					
4	商品コード	商品名	広島店	札幌店	大阪店	東京店	福岡店	総計
5	AN110	羽毛布団（シングル）	0.00%	7.43%	0.00%	0.00%	5.95%	13.38%
6	AP230	羽毛布団（ダブル）	0.00%	0.00%	0.00%	4.46%	0.00%	4.46%
7	BN110	遠赤外線肌掛け毛布（シングル）	0.00%	5.95%	13.38%	0.00%	0.00%	19.33%
8	CN120	羊毛入り敷布団（シングル）	0.74%	0.00%	0.00%	14.87%	0.00%	15.61%
9	DN102	羽毛肌掛け布団（シングル）	4.46%	0.00%	0.00%	5.58%	37.17%	47.21%
10	総計		5.20%	13.38%	13.38%	24.91%	43.12%	100.00%

One Point | フォームの表示

テーブル化したテーブルでは，Access（Microsoft 社のデータベースソフト）のように**フォーム**を表示することができます。

①「**売上管理テーブル**」内をクリックして，クイックアクセスツールバー ■ ボタンで，クイックアクセスツールバーのユーザー設定を表示させます。

②[**その他のコマンド(M)**]をクリックし，[**Excel のオプション**][**クイックアクセスツールバー**]ダイアログボックスから[**コマンドの選択(C)**][**すべてのコマンド**]内の[**フォーム**]をクリックします。

③[**追加(A)**] [OK] を押すと，クイックアクセスツールバーに[**フォーム**]ボタン ■ が追加されます。クリックすると図のような**フォーム**が表示されます。

④フォームを使用すると，図のように**1件分のレコードを1画面で表示できる**ので，レコードを追加したり，削除したり，検索することができて，ビジネスではとても便利です。また，データを追加した場合は，テーブル範囲が拡張されます。

3-15 複数ワークシートの処理・3D 集計

　1 つのブック(ファイル)の中には，複数のワークシートを持つことができましたね。更に複数のワークシートが同じ形式である場合には，グループ化して同一の操作を実行したり，ワークシート間で値を集計したりすることができます。このような集計を **3D 集計**，あるいは**串刺し集計**といいます。

[**例題 17**]　1 月から 3 月までの各月の売上と，3 ヵ月分の売上合計を複数のワークシートに作成します。表が完成したら，シート名「**第 1 四半期売上**」という名前を付けて保存します。

ファイル名：**例題 17_第 1 四半期売上**

シート名：**第 1 四半期，1 月，2 月，3 月**

	A	B	C	D	E	F	G
1							
2			***　第 1 四半期売上　***				
3							
4			テレビ	オーディオ	時計	支店合計	
5		札幌店	600	300	300	1,200	
6		銀座店	670	650	660	1,980	
7		大阪店	260	430	510	1,200	
8		福岡店	110	310	240	660	
9		製品合計	1,640	1,690	1,710	5,040	

図 3-15-1　複数ワークシートの処理

3-15-1　シートのグループ化

　画面下部にあるシート見出しは，通常「Sheet1」になっていますが，この部分をダブルクリックすると，文字入力ができる状態となり，ワークシートに名前を付けることができました。

　この例題では，4 つのワークシートを使用しますので，ワークシートを追加し，シート名にそれぞれ「**第 1 四半期**」，「**1 月**」，「**2 月**」，「**3 月**」という名前を付けましょう。3-13-1 項操作手順 3 OnePoint「ワークシートの追加と削除」を参照しましょう。

　例題 17 の表(図 3-15-1)は，3 ヵ月分の集計(**3D 集計**)が終わった最終形を表したものです。まず，4 シートの項目や罫線，関数など共通する部分をワークシートを**グループ化**して作成しましょう。

＊＊＊　1月売上　＊＊＊			
	テレビ	オーディオ	時計	支店合計
札幌店	100	100	100	
銀座店	130	140	180	
大阪店	80	100	90	
福岡店	30	40	80	
製品合計				

＊＊＊　2月売上　＊＊＊			
	テレビ	オーディオ	時計	支店合計
札幌店	200	100	100	
銀座店	140	160	280	
大阪店	80	180	170	
福岡店	40	120	80	
製品合計				

＊＊＊　3月売上　＊＊＊			
	テレビ	オーディオ	時計	支店合計
札幌店	300	100	100	
銀座店	400	350	200	
大阪店	100	150	250	
福岡店	40	150	80	
製品合計				

＊＊＊　第1四半期売上　＊＊＊			
	テレビ	オーディオ	時計	支店合計
札幌店				
銀座店				
大阪店				
福岡店				
製品合計				

図3-15-1　複数ワークシートの編集とグループ化

※「第1四半期の内容は空欄にしておきます

操作手順 複数ワークシートのグループ化

　4つのワークシート上の売上の数値はそれぞれ異なりますが，罫線や表の形，枠の中の文字，合計のSUM関数はすべて同じです。このような場合はワークシートを「**グループ化**」することで，4つの表を一度に作成することができます。まず最初に，次の手順で「**グループ化**」を行ってみましょう。

1) シート見出しの「**第1四半期**」をクリックし，続いて［ Shift ］を押しながら，「**3月**」をクリックします。すると4つのワークシート見出しが白くなり，「**グループ化**」されたことがわかります。

2) グループ化しておくと，これ以降のワークシートに対して行う操作は，4つの表すべてに対して同じ処理をすることができます。罫線や列幅の設定，枠内の文字入力など，共通する部分を4つの表に同時に作成してみましょう。製品合計と支店合計にも式を入れてください。

3) 共通部分が作成できたら，今度は「**グループ化を解除**」して，各ワークシートのそれぞれの表に売上の数字を入力してください。

　グループ化を解除するには，シート見出しを右クリックして，［**作業グループ解除(U)**］をクリックします。なお，「**第1四半期売上**」の表の売上金額欄は空欄にしておきます。

3-15-2　3D集計（串刺し集計）

　「**第1四半期**」のシートに，1月から3月までの売上合計を入れて，表を完成させましょう。ワークシートの**グループ化**が**解除**されていることを確認してから入力してください。

操作手順

1）「**第1四半期**」のシート見出しをクリックします。

2）「**札幌店**」の「**テレビ**」に対する売上合計を求めます。**C5** をクリックしてください。

　①キーボードから `=SUM(` と入力します。（小文字でもかまいません）

　　（注）Σ▾ オート SUM ボタンをクリックして，`=SUM(…)` と表示することもできます。

　②シート見出しの「**1月**」をクリックし，続いて **C5** をクリックします。

　　画面は `=SUM('1月'!C5` となります。

　③次に `Shift` を押しながら，シート見出しの「**3月**」をクリックします。最後に**)** を入力して `Enter` を押します。

3）正しい結果が得られたかを確認してください。入力した関数は数式バーに表示されます。

　　　　　　　=SUM('1月:3月'!C5)

**　　　　ワークシートの1月から3月までのセル C5 の合計**

　このように3つのシートを重ねて計算するので，3D 集計あるいは串刺し集計と呼ばれます。

4）他のセルに対しては，**C5** に入力した関数をオートフィル機能により作成してください。

　このようにして，複数のワークシートの値を集計することができます。表が完成したら，ファイル名：「**例題17_第1四半期売上**」で保存してください。

⬇[問題]

練習14 例題17のワークシートを次のように「**カメラ**」を1列追加した表に修正しましょう。完成したら，「**練習14_第1四半期売上2**」として保存してください。

　　　　　　　　　　　　　　ファイル名：**練習14_第1四半期売上2**

	A	B	C	D	E	F	G	H
1								
2			* * * 第1四半期売上 * * *					
3								
4			テレビ	オーディオ	カメラ	時計	支店合計	
5		札幌店	600	300	230	300	1,430	
6		銀座店	670	650	430	660	2,410	
7		大阪店	260	430	210	510	1,410	
8		福岡店	110	310	250	240	910	
9		製品合計	1,640	1,690	1,120	1,710	6,160	

[1月]	[2月]	[3月]
カメラ	カメラ	カメラ
40	90	100
60	120	250
80	70	60
100	40	110

3-16 | マクロ

　マクロは，繰り返し行いたい処理を自動化することができ処理時間を節約することができます。**マクロ**が完成したら，**マクロ**をボタンを割り当て，ボタンをクリックすると**マクロ**が実行されるようにできます。

[例題 18]　　同友館に用意されている**例題 18_マクロ元.xlsx** を使用します。（注）
「販売店集計」「販売店集計リセット」の 2 つのマクロを作成し，マクロボタンを作り割り当てましょう。　　　　ファイル名：**例題 18_マクロ命令.xlsm**

	A	B	C	D	E	F	G	H	I
1	販売月	販売店	商品名	数量	単価	金額			
2	2021/4/10	東京店	C商品	55	1,500	82,500			
3	2021/4/18	大阪店	D商品	190	2,500	475,000		販売店集計	
4	2021/4/20	福岡店	B商品	25	4,500	112,500			
5	2021/4/23	大阪店	B商品	230	4,500	1,035,000			
6	2021/4/29	東京店	D商品	85	2,500	212,500		販売店集計リセット	
7	2021/5/7	福岡店	A商品	250	5,800	1,450,000			
8	2021/5/14	広島店	D商品	150	2,500	375,000			
9	2021/5/16	大阪店	C商品	40	1,500	60,000			
10	2021/5/20	東京店	A商品	60	5,800	348,000			
11	2021/5/20	東京店	D商品	150	2,500	375,000			
12	2021/5/25	広島店	C商品	90	1,500	135,000			
13	2021/5/25	札幌店	B商品	50	4,500	225,000			
14	2021/6/5	札幌店	C商品	80	1,500	120,000			
15	2021/6/8	札幌店	B商品	70	4,500	315,000			
16	2021/6/8	福岡店	D商品	350	2,500	875,000			
17	2021/6/9	東京店	B商品	300	4,500	1,350,000			
18	2021/6/9	福岡店	B商品	120	4,500	540,000			
19	2021/6/17	広島店	B商品	50	4,500	225,000			
20	2021/6/28	広島店	A商品	75	5,800	435,000			
21	2021/6/30	札幌店	A商品	100	5,800	580,000			

（注）同友館
http://www.doyukan.co.jp/download/

図 3-16-1　マクロ

3-16-1 | マクロ　記録の準備

操作手順 1　**開発タブを表示**

　まず，次の手順でリボンに[**開発**]タブを追加しましょう。マクロの記録や実行や編集などのボタンが用意されています。

1）[**ファイル**][**オプション**]をクリックし，[**Excel のオプション**]ダイアログボックスの[**リボンのユーザ設定**]を選択します。

2)［**開発**］にチェックを入れて，　OK　をクリックします。リボンに開発タブが表示されます。

3-16-2　マクロの記録

　まず，「販売店ごとに集計するマクロ（**販売店集計**）」を作成します。手順としては販売店ごとに並べ替えを行ってから小計を実行します。

　次に，「販売店ごとの集計をリセットするマクロ（**販売店集計リセット**）」を作成します。これは小計を元に戻してから，販売月昇順に並べ替え元の状態に戻します。

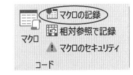

操作手順 1　販売店集計マクロ

1) 同友館にあらかじめ用意されている「**例題 18_マクロ元.xlsx**」を使用します。

2) **A1**（販売月）をクリックしておきます。

3)［**開発**］タブ［**コード**］［**マクロの記録**］をクリックします。

4) マクロ名（M）に「**販売店集計**」と入力し，　OK　をクリックします。

5) ここから先は「**記録の終了**」を押すまで操作が保存されますから，慎重に操作しましょう。

6) **B1**（販売店）をクリックします。［**データ**］［**並べ替えとフィルター**］［**並べ替え**］をクリックし，［**最優先されるキー**］を［**販売店**］とし，［**順序**］を［**昇順**］とし　OK　をクリックします。

7) 次に［データ］［小計］をクリックし，［集計の設定］ダイア
ログボックスから，［グループの基準(A)］を［販売店］とし，
［集計の方法(U)］を［合計］とし，［集計するフィールド(D)］
を［金額］とし， OK をクリックします。

8) 最後に**A1**をクリックしてから［開発］の［記録終了］をクリ
ックしマクロ記録を終了します。

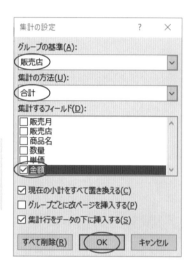

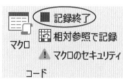

操作手順2 販売店集計リセットマクロ

1) 操作手順1と同様に［開発］タブ［コード］［マクロの記録］をクリックし，［マクロ名(M)］を「**販
売店集計リセット**」とします。ここからマクロの記録が始まります。

2) ［データ］［小計］から［集計の設定］ダイアログボックスから，［**すべて削除(R)**］をクリックしま
す。

3) つぎに，**A1**（販売月）をクリックしてから，［**データ**］［**並べ替えとフィルター**］［**並べ替え**］をクリ
ックして，［**最優先されるキー**］を「**販売月**」とし，［**順序**］を［**古い順**］として OK をクリックし
ます。

4) 最後に**A1**をクリックしてから［開発］の［記録終了］をクリックしマクロ記録を終了します。

操作手順3 マクロ命令の確認

1) ［開発］［コード］［マクロ］をクリックします。［マクロ］ダ
イアログボックスが表示されます。）

2) ［**マクロ名(M)**］から実行したいマクロを選択して，［**実行
(R)**］をクリックすることでマクロを実行することもでき
ます。

3) マクロを削除したいときは，登録したマクロ名を選択し
てから，［**削除(D)**］をクリックします。

3-16-3　マクロボタンの作成

作成したマクロ命令をボタンに割り当て，ボタンから実行できるようにしましょう。

操作手順 1　販売店集計マクロの登録

1) [**開発**][**コントロール**][**挿入**]をクリックして[**フォームコントロール**]内の[**ボタン（フォームコントロール）**]をクリックします。

2) 図 3-16-1 のように表の右側の任意の場所をドラッグします。あらかじめドラッグする位置や大きさをそろえるようにしましょう。

3) [**マクロの登録**]ダイアログボックスから登録したいマクロ名を選択します。

4) 「**販売店集計**」を選択して，**OK** をクリックします。

5) ボタンの名前を「**販売店集計**」と変更します。

操作手順 2　販売宛集計リセットマクロの登録

1) 同様に[**開発**][**コントロール**][**挿入**]をクリックして[**フォームコントロール**]内の[**ボタン（フォームコントロール）**]をクリックします。

2) 操作手順 1 と同様に，ボタンを作成して，マクロ名「**販売店集計リセット**」を登録します。

操作手順 3　マクロボタンの調整

1) マクロボタンの位置やサイズを変更したい場合は，注意が必要です。ボタンをクリックしてしまうとマクロが実行されてしまうからです。マクロボタンを右クリックして[**コントロールの書式（F）**]から変更できます。

2) 簡単に変更したい場合は，マクロボタンを **Ctrl** を押しながらクリックすると，ハンドルマークが表示されるので，ハンドルをドラッグしたり移動したりすることができます。

3-16-4　マクロの保存

マクロを記録したファイルは「Excel ブック」の形式で保存することはできません。マクロを登録した「**例題 18_マクロ元.xlsx**」を**マクロ有効ブック**として保存する必要があります。

操作手順 1　マクロ有効ブックとして保存する

1) [**ファイル**]タブをクリックし，[**エクスポート**]をクリックします。

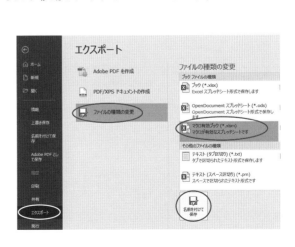

2) [**ファイルの種類の変更**]をクリックして，[**ブックファイルの種類**]を[**マクロ有効ブック**]を選択して，最後に[**名前を付けて保存**]ボタンをクリックします。

3) [**名前を付けて保存**]ダイアログボックスが表示されるので，[**ファイルの種類**]が「Excel マクロ有効ブック（＊.xlsm）」になっていることを確認し，「**例題 18_マクロ命令.xlsm**」で保存します。

4) ファイルの拡張子が「**.xlsm**」になっていることを確認し，保存しましょう。

5) 保存した「**例題 18_マクロ命令.xlsm**」を開くと，[**セキュリティの警告**]が表示されます。

6) 〈**コンテンツの有効化**〉をクリックします。

	A	B	C	D	E	F	G	H	I	J
1	販売月	販売店	商品名	数量	単価	金額				
2	2021/4/10	東京店	C商品	55	1,500	82,500				
3	2021/4/18	大阪店	D商品	190	2,500	475,000		販売店集計		
4	2021/4/20	福岡店	B商品	25	4,500	112,500				
5	2021/4/23	大阪店	B商品	230	4,500	1,035,000				
6	2021/4/29	東京店	D商品	85	2,500	212,500		販売店集計リセット		
7	2021/5/7	福岡店	A商品	250	5,800	1,450,000				
8	2021/5/14	広島店	D商品	150	2,500	375,000				

7) マクロボタン「**販売店集計**」をクリックする前に，マクロボタン「**販売者集計リセット**」をクリックすると，図のようなエラーが表示されます。[**終了(E)**]をクリックしてください。」

⬇[問題]

練習 15 「**例題 18_マクロ命令.xlsm**」を開き，以下のマクロを追加作成し，それぞれマクロボタンを作成しましょう。ファイル名「**練習 15_マクロ命令2.xlsm**」で保存します。

ファイル名：**練習 15_マクロ命令 2.xlsm**

マクロ名：商品名集計
商品名集計リセット

第 4 章

PowerPoint の
使い方

Windows

4-1 プレゼンテーション

プレゼンテーション(presentation)とは，「**講演会や会議などで，計画・企画・意見などを発表したり提示すること**」です。略して，プレゼンとも呼ばれます。現代では，ビジネス現場や地域活動あるいは教育現場や研究発表において，プレゼンテーションは重要な道具になっています。

4-1-1 プレゼンテーションと PowerPoint

プレゼンテーションは，「**限られた時間のなかで自分の考えや情報を，わかりやすく伝え納得してもらう**」ことを目的としています。情報を入手するための**情報活用能力**はもちろんのこと，目的や内容にそった**文章構成力**や，効果的な情報伝達のための**発表技術力**も同時に求められます。

一方，プレゼンテーションソフトとは，「**プレゼンテーションで用いる資料を作成するためのソフトウェア**」で，主に発表技術力を助けるソフトウェアのことをいいます。PowerPoint は，Microsoft 社のプレゼンテーションソフトの名称です。効果的な説明・説得が必要な場面では，PowerPoint のような便利なプレゼンテーション用ソフトを活用することが主流になっています。

PowerPoint は，発表で使うスライドの作成だけでなく，配布資料作成，図，絵，写真などのレイアウト，アニメーション効果などの便利な機能がついていて，インパクトのあるプレゼンテーションを行うことができます。動画や音声なども簡単に取り込むこともできます。

PowerPoint のようなプレゼンテーションソフトを学ぶことは，社会人としての必須条件ともいえます。まず，PowerPoint の基本機能を学びましょう。

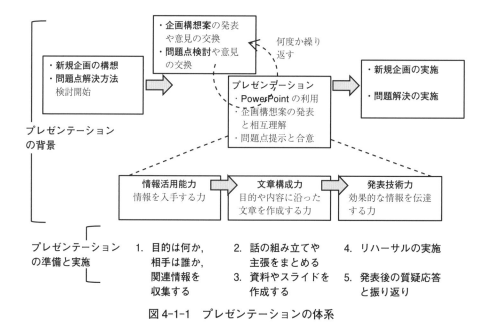

図 4-1-1　プレゼンテーションの体系

4-1-2　プレゼンテーションの準備

　プレゼンテーションの準備から終了までの流れを確認しましょう。図 4-1-1「プレゼンテーションの体系」の下段の（プレゼンテーションの準備と実施）を説明します。

1.　目的は何か，相手は誰か，関連情報を収集する

　効果的なプレゼンテーションを行うためには，まずプレゼンテーションの目的を認識することです。「**相手に説明して理解してもらう**」「**相手を説得して納得してもらう**」ために目的を明確にし，相手を理解し，どのようなプレゼンテーションを行うかについて考えましょう。**聴き手や相手の知識**がどの程度あるかによって表現内容も変わってきます。

2.　話の組み立てや主張をまとめる

　重要なのは，起承転結をはっきりさせて，**話を組み立てること**，**主張を明確にする**ことです。話の骨組みをしっかり作ったら，それをもとにスライドを作成していきます。

3.　資料やスライドを作成する

　図やグラフなどを使って**わかり易く見せる**ことも工夫しましょう。挿絵やアニメーションの利用はあくまで二次的なもので，**相手に対してよい印象やインパクトを与える**ための効果です。

　過度に多くの色やアニメーション効果を使うことは，本来の目的からそれたマイナス効果になる場合もあります。一方，スライドの配色などの**デザインを検討**することも大事で，よいプレゼンテーションは，内容やデザインはともに優れています。

4.　リハーサルの実施

　発表内容を十分に検討し，必ず発表の事前練習つまり**リハーサル**を行いましょう。プレゼンテーションを行う部屋の大きさ，聴衆の数やプロジェクターの機能確認はもちろんのこと，**配布資料の準備**やパソコンなどの**機器のチェック**も重要です。

　発表時には，聞きやすい速度と発声で，ときには抑揚をつけるなどして聞き手を惹きつける工夫も必要です。また，**制限時間を守る**ことも大切なことです。話の運びや**タイミング**に気をつけて，聞き手の様子にも気を配ることができる余裕が必要です。

5.　発表後の質疑応答と振り返り

　発表後は通常，**質疑応答**が行われます。質疑応答はあらかじめ準備することが難しいので，もっとも緊張する場面かもしれません。質問の内容を落ち着いて聞き取り，質問の内容が理解できない場合には，あいまいな返答をせずに再度質問してもらいしましょう。プレゼンテーション技術は，なんどか経験することで上達していきます。**一回一回のプレゼンテーションを大切にし，良かった点や悪かった点などを振り返り，次の機会に生かしましょう。**「失敗は成功のもと」というように，失敗を恐れず，まずは素直な熱意が伝わるよう頑張りましょう。

4-2 PowerPoint の基本

　プレゼンテーションソフト「PowerPoint」を起動して，画面各部の名称と意味，各種の表示モードについて確認しましょう。最後にスライドを保存して，PowerPoint を終了しましょう。

4-2-1　PowerPoint の開始と終了

[操作手順]

1) PowerPoint を起動して，テンプレート選択画面を開きます。
2) ［**新しいプレゼンテーション**］をクリックすると，新しい画面「**プレゼンテーション 1**」が表示されます。

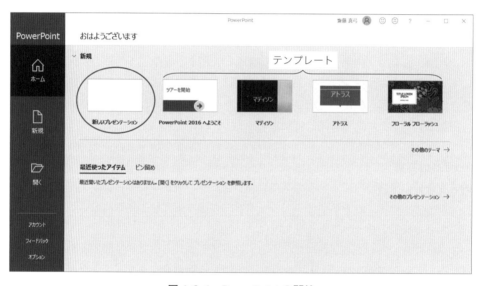

図 4-2-1　PowerPoint の開始

 One Point ｜ テンプレートからの開始

> 　PowerPoint には数々のテーマのテンプレートが用意されています。テーマに適するテンプレートをクリックすることで，テーマに沿って指定されたレイアウト，配色のプレゼンテーションを作成することができます。

図 4-2-2　PowerPoint の初期画面

　画面の名前と各部の名称を確認しましょう。

　標準表示画面には「**サムネイルペイン**」と「**スライドペイン**」の 2 つのウィンドウが同時に表示されます。画面の構成は，画面中央にスライドペインが，画面左にサムネイルペインが表示されます。「**ノートペイン**」は初期設定では非表示になっていますから，ステータスバーの ≙ノート をクリックして，表示してみましょう。

　①「**スライドペイン**」には，スライドが一枚ずつ表示されます。

　②「**サムネイルペイン**」には，スライドのサムネイル(縮小版)が表示され，スライドの移動やコピー，選択ができます。

　③「**ノートペイン**」は，スライドペインに表示されているスライドに関してのノートを記述する部分です。作成段階で気がついたことや，補足説明などの書き込みに利用します。

3)　画面の表示切替は，[**表示**]タブ[**プレゼンテーションの表示**]より，左から①**標準**②**アウトライン表示** ③**スライド一覧** ④**ノート** ⑤**閲覧表示**を選択することができます。ステータスバーの表示選択ボタン 回 品 睡 早 からも一部の表示の選択が可能です。(4-2-3 項「画面表示モード」参照)

図 4-2-3　表示リボン

4-2-2 スライドの作成

[例題1] 次のようなタイトルスライドと目次スライドを作成し，スライドのサイズを変更しましょう。

ファイル名：**例題1_営業報告**

> 新製品アロエミント営業
> 報告
>
> ＡＢＣ株式会社
> 第１営業部

> 目次
>
> ・アロエミント月別売上比較
> ・アロエミント売上概況
> ・試食アンケート結果ベスト7
> ・今後の課題
> 　・リニューアルのポイント
> 　・プロジェクトチーム

図4-2-4　タイトルスライドと目次スライド

操作手順 1　**タイトルスライドの作成**

1) PowerPoint の「**標準表示**」画面に，「**タイトルスライド**」レイアウトのスライドが表示されます。「**タイトルを入力**」と表示されているタイトル用のプレースホルダーをクリックします。**プレースホルダー**とは，スライド上の破線で囲まれた枠のことです。カーソルが表示されたら，「**新製品アロエミント営業報告**」と入力します。同様にサブタイトル部分も入力します。

2) プレースホルダーのなかでクリックすると，**ハンドル**が表示されます。ハンドルをドラッグすることで，プレースホルダーの大きさを調整できます。

3) プレースホルダーの枠線の上で，マウスポインターが右の矢印のような表示になったところでドラッグすると，タイトルの位置を移動することができます。

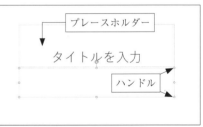

タイトルスライド

操作手順 2　**スライドの追加**

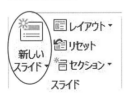

1) [**ホーム**]タブ[**スライド**][**新しいスライド**]をクリックします。「**タイトルとコンテンツ**」レイアウトのスライドを2枚目に追加します。箇条書き部分は，自動的に箇条書き行頭記号の「・」が挿入されます。（注）

2) 目次スライドで「**リニューアルのポイント**」を入力する前に，[Tab] を押して箇条書きレベルを一段階下げましょう。

　箇条書きレベルを戻す場合は [Shift]＋[Tab] を押します。詳しくは，4-4-5 項「箇条書きレベル」で解説します。

　　（注）スライドのテーマを変更すると，箇条書き行頭の記号も変更されます。

3）スライドのレイアウトは，適宜変更することができます。レイアウトを変更したい場合は，[**ホーム**]タブ[**スライド**][**レイアウト**]をクリックし，変更することができます。

4）不要なスライドはサムネイルペインにあるスライドを右クリックして，[**スライドの削除（D）**]をクリックします。 Delete を押してもスライドを削除することができます。

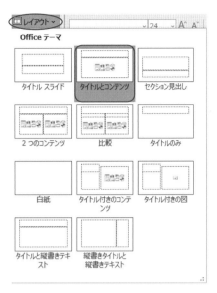

図 4-2-5　スライドのレイアウト

| 操作手順 3 | スライドのサイズ変更

　PowerPoint2013 からスライドのサイズが**ワイド画面（16：9）**になっています。[**デザイン**]タブ[**ユーザー設定**][**スライドのサイズ**]から**標準（4：3）**のサイズに変更できます。実際にプレゼンテーションを行うスクリーンのサイズなどに合わせて設定することができます。

図 4-2-6　スライドのサイズ変更

 スライドの増やし方

　プレゼンテーション資料を作成するときに，最初に白紙のスライドを何枚か作っておき，作り始めたいと思うことがあります。「スライドのサムネイル」（図 4-2-2「PowerPoint の初期画面」）をクリックしてから， Enter を何回か押してみましょう。複数の白紙のスライドが追加されます。

 コンテンツ用プレースホルダーのアイコン

［**タイトルとコンテンツ**］レイアウトのスライドの中央部分に，少し薄くみえるアイコンが 8 個並んでいます。
上段左から［**表の挿入**］［**グラフの挿入**］［**SmartArt グラフィックの挿入**］［**3D モデル**］，下段左から［**図**］［**オンライン画像**］［**ビデオの挿入**］［**アイコンの挿入**］へのショートカットになっています。

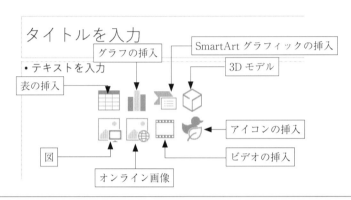

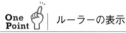 ルーラーの表示

PowerPoint も Word と同様，ルーラーを表示させることができます。［**表示**］タブ［**表示**］の〈**ルーラー**〉にチェックを入れます。また，〈**グリッド線**〉にチェックを入れると図形作成時の図形の位置揃えなどに便利に使えます。

4-2-3 画面表示モード

PowerPoint にはさまざまな画面表示があり，用途により切り替えます。

操作手順 画面表示モードの切り替え

1）4-4 節「プレゼンテーションスライドの作成」まで進み，8 枚のスライドが完成したら，**画面表示モード**の切り替えを行ってみましょう。
　　［**表示**］タブ［**プレゼンテーションの表示**］を［①**標準**］から［②**アウトライン表示**］［③**スライド一覧**］［④**ノート**］［⑤**閲覧表示**］に切り替えて確認しましょう。
2）ファイルを保存する場合は，4-2-4 項「保存と終了」を参照してください。

図 4-2-7　画面表示モードの切り替え

3）画面表示モード切替 ①② ③ ⑤ ⑥ 回 品 冊 早 ボタンからも①**標準**②**アウトライン表示**③**スライド 一覧**⑤**閲覧表示**⑥**スライドショー**に切り替えることができます。このボタンは図 4-2-3「表示 リボン」と連動します。

①〈**標準**〉表示は「スライドペイン」「サムネイルペイン」「ノートペイン」が同時に表示されます。 「ノートペイン」の表示は，[**表示**]タブ[**表示**][**ノート**]で表示します。再度，モード切替ボタン 回をクリックすると，〈アウトライン表示〉になります。

②〈**アウトライン表示**〉は「サムネイルペイン」の部分がテキストのみの表示に変わります。再度，モ ード切替ボタン回をクリックすると，〈標準〉表示になります。

③〈**スライド一覧**〉表示をクリックすると，作成したスライドの一覧が表示されます。プレゼンテー ション全体の構成を確認することができ，スライドの追加や移動などがドラッグにより簡単に行 えます。

④〈**ノート**〉表示は，スライドの下部にノートが表示され，ノート部分に発表時のメモや補足説明を 書き込むことができます。印刷すれば，手元資料になります。〈ノート〉表示は，図 4-2-3「表示

リボン」から表示できます。

⑤〈**閲覧表示**〉は PowerPoint ウィンドウでスライドショーを再生します。全画面のスライドショーに切り替えなくても，〈閲覧表示〉の中で，アニメーションや画面切り替えを確認できます。〈**閲覧表示**〉を終了するには，キーボード左上の Esc を押すか，スライドショーの最後の画面まで進んでクリックします。

⑥**スライドショー**は，［**スライドショー**］タブ［**スライドショーの開始**］からも実行できます。

4-2-4 保存と終了

PowerPoint で作成したプレゼンテーションを保存する方法は，他の Windows のソフトウェアと同じです。［**ファイル**］の［**名前を付けて保存**］をクリックし，［**参照**］から保存先を指定し「**例題 1_営業報告**」で保存すると，画面上のタイトルバーに「**例題 1_営業報告.pptx**」と表示されます。

通常，［**ファイルの種類（T）**］は，**PowerPoint プレゼンテーション（*.pptx）** 形式で保存しますが，PDF 文書など，ファイル形式を変更して保存することもできます。（4-9-2 項「PDF 形式の保存」参照）

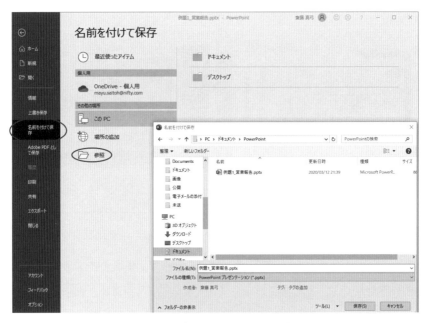

図 4-2-8　プレゼンテーションの保存

PowerPoint を終了する方法も，他のソフトウェアと同じです。Microsoft PowerPoint ウィンドウの ✕ 〈**閉じる**〉をクリックしてください。

4-3 スライドの編集

PowerPoint には，多くの種類のデザインテンプレートが用意されています。テンプレートとは，一部を変更するだけでくり返し利用できる「ひな形」のことです。テーマから選択するだけで，スライドの背景や文字の色や書式などのデザインが適用されます。

4-3-1 スライドのデザイン

[**例題 2**] 「例題 1_営業報告.pptx」を開き，**テーマ**を適用して，スライドをより見やすくしてみましょう。

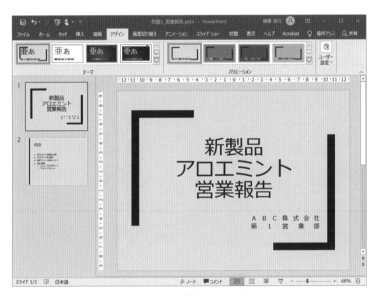

図 4-3-1　デザインの適用

操作手順 1 スライドのテーマの適用

1) [**デザイン**]タブ[**テーマ**]グループの右の ▼ ボタンをクリックします。〈**テーマ**〉一覧から，ここでは〈**トリミング**〉をクリックしてみましょう。

2) すべてのスライドに同じテーマが適用され，自動的に文字色や箇条書きのマークなどが変更されています。〈**トリミング**〉に変更することで，箇条書きの先頭レベルのマークも変更されていますね。

3) デザインが適用されることで，文字の配置を調整する必要が出てきます。また，次の OnePoint を参照し，スライドの配色や組み込みフォントを変更してみましょう。

One Point　スライドのバリエーション

[デザイン]タブ[バリエーション]の ▾ ボタンをクリックすると，図のように[配色(C)][フォント(F)][効果][背景のスタイル]が表示され，それぞれ変更することができます。

[テーマ]を選択してから，組み込まれているフォントや配色を変更することができます。

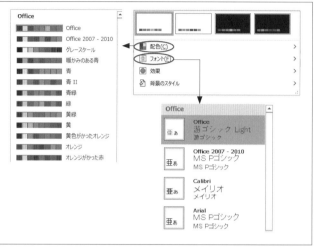

操作手順2　プレースホルダーの調整

プレースホルダーとは，スライド上に表示される枠線で囲まれたボックスのことをいいましたね。スライドタイトル，サブタイトル，テキスト，グラフ，表，クリップアートなどのオブジェクトを追加するための場所という意味です。

プレースホルダー内では，**破線の枠**のときは**文字入力ができる状態**であり，**実線の枠**のときは**プレースホルダー全体が選択された状態**になり，まとめてサイズ変更などが可能になります。

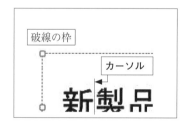

1) 「**新製品アロエミント営業報告**」の文字の上でクリックします。

2) プレースホルダーに**破線の枠**とハンドルマークが表示され，プレースホルダー内にカーソルが表示されます。この状態は，**プレースホルダーに文字入力ができる状態**を示しています。
   プレースホルダーの位置を調整するときは，もう一度プレースホルダーの枠をクリックします。**破線の枠**が**実線の枠**に変わりました。また，プレースホルダー内で Ctrl を押しながらクリックすると，直接実線の枠になり，プレースホルダー全体を選択したことになります。図のように**中央揃え**にし，改行を入れます。

3) 例題2を参考にして，サブタイトルのプレースホルダーを選択し，プレースホルダーを適度なサイズに調整し右に配置しましょう。大きさの調整は画像などのサイズの変更と同じ方法です。

4) 「**ABC 株式会社**」と「**第1営業部**」は実線の枠線を表示させたら，[**ホーム**]タブ[**段落**][**均等割り付け**]をクリックすると，プレースホルダー全体が**均等割り付け**されます。試してみましょう。

4-4　プレゼンテーションスライドの作成

第4章

　この節ではイラストや写真，Excel のグラフや表を，オブジェクトとしてスライドに挿入する方法について学習します。オブジェクトにはさまざまな種類があります。Excel の表やグラフ，Word などの文書，ビデオ動画，サウンドなどもオブジェクトの一種です。

　以下のスライドを作成しながら画像の挿入，図形の利用，グラフや表の挿入などを学びましょう。また，SmartArt(スマートアート)機能を使用し，図解する方法も練習しましょう。自分の説明や主張を，より明確に伝えるためにスマートアートなどの機能を利用しましょう。

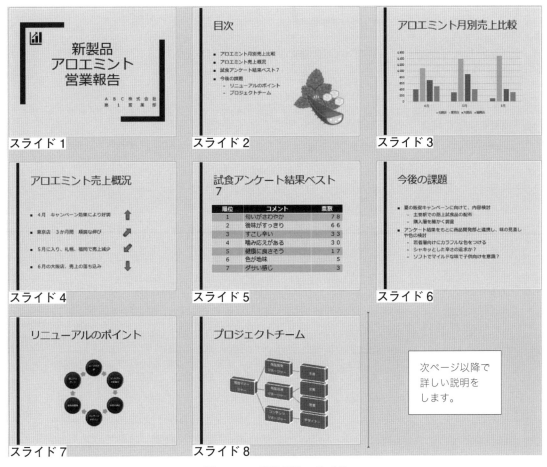

図 4-4-1　営業報告スライド

4-4-1 画像の挿入

[**例題3**]　ファイル名「**例題1_営業報告.pptx**」を使用します。作成例を参考にして,「タイトル」スライドと「目次」スライドに画像を挿入しましょう。

ファイル名：**例題1_営業報告**

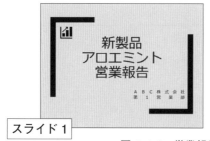 

スライド1　　　　　　　　　　　　　　　　　　　　　　　　スライド2

図4-4-2　営業報告 タイトルと目次

操作手順 画像の挿入

1) すでに作成した「**例題1_営業報告.pptx**」を開きます。スライド1(営業報告スライド)の「タイトル」とスライド2(目次)に図や画像を挿入してみましょう。

2) **スライド1**の左上の「グラフの画像」は,[**挿入**]タブ[**図**][**アイコン**]の〈**分析**〉から選択し,画像を挿入します。

3) 画像の挿入には,あらかじめダウンロードしておいた画像を挿入する方法と,オンライン画像をクリックして挿入する方法があります。

4) **スライド2**で使用している画像は,フリー素材サイトの「いらすとや」のサイト内で「**ミント**」または「**アロエ**」で検索し,ダウンロードしています。利用規定を確認して利用しましょう。ダウンロードした画像は[**挿入**]タブ[**画像**][**画像**]を選択して挿入します。

5) オンライン画像を利用する場合は,[**挿入**]タブ[**画像**][**オンライン画像**]を選択します。オンライン画像については第2章で詳しく解説しました。(2-11-1項「図形描画」OnePoint「オンライン画像」参照)

6) 画像が挿入されると,周りにハンドルマークが表示されます。画像の移動やサイズの変更は,第2章のWord(2-11-1項「図形描画」)を参照してください。画像を元のサイズより大きくする場合は,解像度に気を付けてください。不鮮明な画像を挿入しても良いスライドにはなりませんね。

7) 最後に,ファイル名「**例題1_営業報告**」を上書き保存しましょう。

第 4 章

4-4-2 グラフの入ったスライド

[**例題 4**]　スライドを追加して，図のようなグラフの入ったスライドを挿入しましょう。

アロエミント月別売上比較

スライド 3

図 4-4-3　グラフの挿入

操作手順 1 グラフの挿入

1) [**ホーム**]タブ[**新しいスライド**]をクリックし，スライド（**タイトルとコンテンツ**）を追加します。

2) コンテンツ用「プレースホルダー」を選択し，[**挿入**]タブ[**図**][**グラフ**]をクリックします。スライド中央のアイコンからもグラフの挿入ができます。（4-2-2 項「OnePoint コンテンツ用プレースホルダーのアイコン」参照）

　[**グラフの挿入**]ダイアログボックスから，[**縦棒**][**集合縦棒**]を選択し，[OK] を押すと Excel が開いて，**Microsoft PowerPoint 内のグラフ**が開き，**データシートのサンプル**が表示されます。

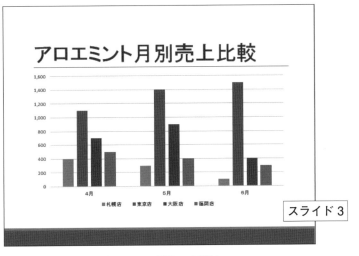

データシートのサンプル

3)「データシートのサンプル」の表に，次の図 4-4-4「PowerPoint 内のグラフ」と同じ数値を入力しましょう。

図4-4-4　PowerPoint内のグラフ
（注）このデータは3-4節「例題2_支店別売上一覧表」で作成したExcelデータです。

4) 図4-4-4内にある **[Microsoft Excelでデータを編集]** をクリックすると，ExcelがPowerPoint内で起動し，Excelの各種リボンが表示されます。入力した数値を選択し，桁区切りスタイル **⁹** を設定しましょう。

5) 設定したら，**[Microsoft PowerPoint内のグラフ- Excel]** の画面を ✕ で閉じます。

6) この段階では，グラフは右図のような状態です。グラフタイトルを削除するには，グラフ要素を選択し，右上に表示される **＋** ボタンからグラフタイトルのチェックを外します。

操作手順2 グラフ要素の変更

1) グラフ内のデータを再編集したい場合は，**[グラフのデザイン]** タブ**[データ][データの編集]** から **[Excelでデータを編集(D)]** をクリックすると，PowerPoint内に再びExcel画面が表示されます。

2) **[行/列の切り替え]** をクリックすると，行と列の系列を切り替えることができます。横軸と凡例が切り替わりましたね。

3) **[データの選択][データソースの選択]** ダイアログボックスから **[行/列の切り替え(W)]** を選択することもできます。

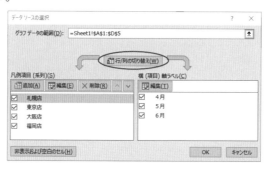

第4章

 グラフの削除

　作成したグラフを削除するときは，[Ctrl] を押しながら，グラフ要素をクリックし [Delete] を押すか，グラフ要素のプレースホルダーの枠を 2 回クリックしプレースホルダー全体を選択したら [Delete] を押します。

4-4-3　図形の入ったスライド

[例題 5] 図形描画機能を使って，図のようなグラフの入ったスライドを挿入しましょう。

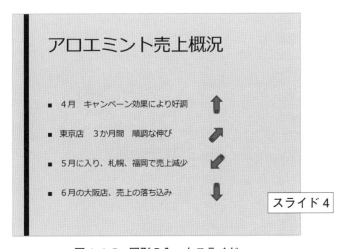

図 4-4-5　図形の入ったスライド

|操作手順| 図形の挿入

1) 新しいスライドを追加し（4-4-2 項操作手順 1「グラフの挿入」の 1）参照），図 4-4-5 のようにタイトルと箇条書きの文字を入力しましょう。箇条書きの部分の行間を広げます。プレースフォルダー全体を選択し，[**ホーム**]タブ[**段落**][**行間**]から「**2.5**」を選択します。

2) 文字列の横にストライプ矢印を入れます。[**挿入**]タブ[**図**][**図形**]をクリックします。[**ブロック矢印**] [**矢印：ストライプ**] ⇨ の図形をドラッグして追加しましょう。

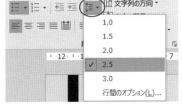

3) [**図形の書式**]タブが前面に表示され，図形のスタイルを変更することができます。

4) 作った矢印の図形をコピーして利用しましょう。図形を選択して [Ctrl]+[C] でコピーし，そのまま [Ctrl]+[V] を 3 回くりかえすと矢印が 3 つ作成されます。それぞれの矢印をドラッグして各行の右側に移動します。

5) 回転は， のハンドルマークをドラッグしてください。[**描画ツール**][**書式**]タブ[**配置**][**回転**][**その他の回**

転オプション]から角度を設定することもできます。

6) 図形の位置を揃えるには，[Shift]を押しながら4つの矢印の図形を選択し，[描画ツール][書式]タブ[配置][配置（オブジェクトの配置）]をクリックし，[左右中央揃え(C)]および[上下に整列(V)]を選択します。

4-4-4　表の入ったスライド

[例題6] スライドを追加して，図のような表の入ったスライドを挿入しましょう。

図4-4-6　表が入ったスライド

|操作手順| 表の挿入

1) 新しいスライドを追加し，[挿入]タブ[表][表]をクリックして**3列8行**の表を挿入しましょう。あるいはスライド中央のコンテンツ用プレースホルダーの(**表の挿入**)ボタンからも表の挿入ができます。図4-4-6「表が入ったスライド」を参照して，文字と数字を入力しましょう。

2) 表のスタイルを変更したい場合は，[**テーブルデザイン**]タブの[**表のスタイル**]や[**表スタイルのオプション**]から〈中間〉〈**スタイル（中間）2**〉を選択します。

3) 表中の「順位」は一桁の数値なので**中央揃え**としますが，「票数」の数値は**右揃え**にすることを忘ないでください。

4) 表全体を選択して表内のフォントサイズを「**24**」に変更しましょう。縦罫線の位置も調整します。

5) タイトルが2行になっていますが，ここでは，このままにしておきましょう。4-5節「スライドマスター」で説明します。

Excel の表を貼り付ける方法（オブジェクトの挿入）

例題ではありませんがここで，Excel で作成した表を PowerPoint スライドに貼りつける方法を確認しましょう。

①[**挿入**]タブ[**テキスト**][**オブジェクト**]をクリックします。図のような〈**オブジェクトの挿入**〉ダイアログボックスが表示されます。

②〈**ファイルから(F)**〉を選択し，3-4 節「**例題 2_支店別売上.xlsx**」を指定します。

③[**オブジェクトの挿入**]ダイアログボックスで OK をクリックします。

④スライドに「**支店別売上一覧表**」の表が挿入され，図のような枠が表示されます。ハンドル枠をダブルクリックすると，Excel の表が表示されますから，データを修正することもできます。

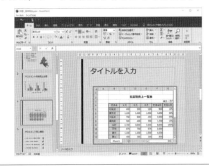

第4章

4-4-5　箇条書きレベル

[**例題 7**]　スライドを追加し「今後の課題」スライドを作成しましょう。

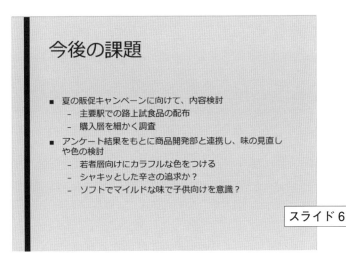

図 4-4-7　箇条書き

　箇条書きレベルの行頭の記号は，スライドのスタイルにより自動的に変更されますが，きちんと箇条書きレベルを設定しなければ適用されません。PowerPointの操作では重要なポイントです。

|操作手順|　箇条書きレベルの変更

1）新しいスライドを追加し，タイトルを入力します。

2）図4-4-7下段のテキストのプレースホルダーの1行目に「**夏の販促**…」と入力し，[Enter]を押します。行頭に「■」が表示されます。

3）ここで[Tab]を押すとレベルが下がり，第2レベルの行頭に「一」が表示されます。「**主要駅での**…」を入力しましょう。「**購入層を細かく**…」を入力したら，[Enter]を押してから，[Shift]+[Tab]を押すとレベルが上がり，最初のレベルに戻るので「**アンケート結果を**…」を入力しましょう。

4）このように，**箇条書きレベルを下げる**には，[Tab]を押します。[Tab]を押すたびに箇条書きレベルを8段階まで下げることができます。**箇条書きレベルを上げる**には，[Shift]+[Tab]を押します。

5）[**ホーム**]タブ[**段落**][**インデントを減らす／増やす**]からも設定できます。

One Point 👆│箇条書きの記号

┌───┐
│　スライドのテーマにより箇条書きの先頭の記号は異なります。スライドのテーマを「**レトロスペクト**」に設定すると，第1レベルの箇条書きの記号は無印で，第2レベルの箇条書きの記号は「。」が表示されています。いろいろなテーマを選んで比べてみましょう。（右図参照）

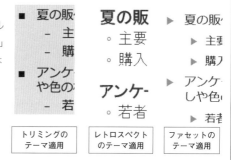

└───┘

4-4-6　SmartArt グラフィックの利用

[**例題 8**]　SmartArt を利用して，7 枚目，8 枚目に以下のスライドを作成しましょう。

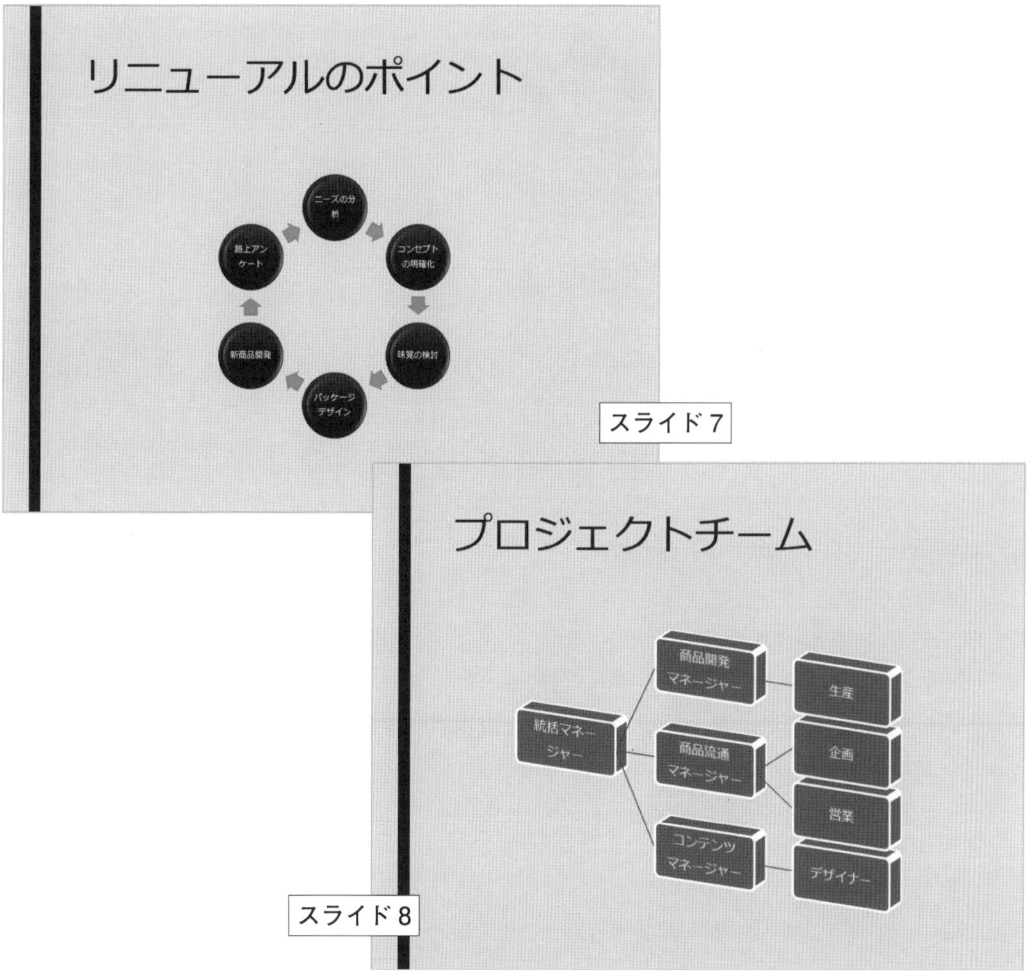

図 4-4-8　SmartArt グラフィック

SmartArt グラフィックは，簡単に図表（チャート）を作成できる機能です。連続した流れを示す「ドーナツ型図表」や重なる要素を示す「ベン図型図表」，「組織図」などを作成できます。

One Point　SmartArt グラフィックの挿入

SmartArt グラフィックは PowerPoint だけでなく，Word，Excel などでも利用することができます。方法は PowerPoint と同じです。（次の 4-4-6 項操作手順「SmartArt の挿入」参照）

操作手順 1 SmartArt の挿入 (循環)

1) 新しいスライドを挿入します。[**挿入**]タブ[**図**][**SmartArt**]をクリックします。コンテンツプレースホルダー中央の[**SmartArt グラフィックの挿入**]アイコンから挿入することもできます。

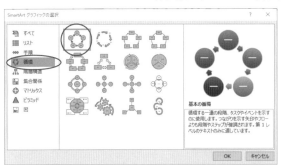

2) [**SmartArt グラフィックの選択**]ダイアログボックス[**循環**]の[**基本の循環**]を選択し OK をクリックします。
[**テキスト**]に文字を入力します。適宜，文字サイズなどを変更し，調整しましょう。

3) この例題のスライドは図形(円)が 6 個必要なので円を追加します。図形の追加は，[**SmartArt ツール**][**デザイン**]タブ[**グラフィックの作成**][**図形の追加**]をクリックします。

操作手順 2 SmartArt の挿入 (階層構造)

1) 同様に，図 4-4-1「営業報告スライド」8 枚目の「プロジェクトチーム」スライドにも **SmartArt グラフィック**を挿入します。[**挿入**]タブ[**図**][**SmartArt**][**SmartArt グラフィックスの挿入**][**SmartArt グラフィックスの選択**]ダイアログボックスから[**階層構造**][**横方向階層**]を選択し OK をクリックします。

2) スライド8 も図形(長方形)を追加します。[**図形の追加**]の▼ボタンをクリックし，[**前に図形を追加(B)**]を選択します。右図のように図形の追加には 4 つの選択肢があります。工夫して図形を追加しましょう。

3) ここで，ファイル名「**例題 1_営業報告.pptx**」を上書き保存しましょう。

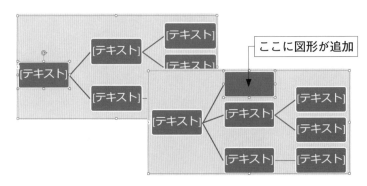

図 4-4-9　SmartArt 階層構造

操作手順3 SmartArt のデザイン

1) 挿入した SmartArt は，色の変更やスタイルを選択することができます。

2) SmartArt のプレースホルダーを選択して，［**SmartArt のデザイン**］タブ［**SmartArt のスタイル**］から，選択します。

3) スライド 7 の SmartArt は，［**3-D**］の〈**凹凸**〉，スライド 8 の SmartArt は［**3-D**］の〈**ブロック**〉を選択しています。

4) 色の変更もできますが，文字が読みにくくならないように注意が必要です。

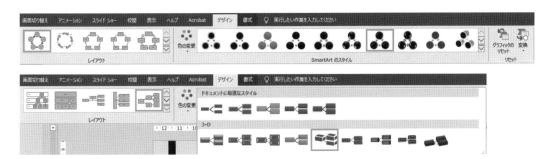

One Point ビデオ動画の挿入

［**挿入**］タブ［**メディア**］［**ビデオ**］をクリックし，［**このコンピューター上のビデオ(P)**］を選択します。挿入したい動画ファイルを選択し，［**挿入(S)**］ボタンをクリックします。［**オンラインビデオ(O)**］を選択すると，URL を入力することで Youtube などのビデオを挿入することができます。

One Point サウンドの挿入

［**挿入**］タブ［**メディア**］［**オーディオ**］をクリックし，［**このコンピューター上のオーディオ(P)**］を選択します。挿入したいサウンドファイルを選択し，［**挿入(S)**］をクリックします。［**サウンドの録音(R)**］を選択するとサウンドを録音することができます。

4-5 スライドマスター

スライドマスターを使用すると，複数のスライドに対して統一したデザインなどを適用できます。

4-5-1 スライドマスター

フォントを変更したり，塗りつぶしや画像の挿入など，同じレイアウトのすべてのスライドに，同じ変更を適用することができるのが，**スライドマスター**です。ここでは，「タイトルとコンテンツ」のスライド（スライド 2 から 8）について，スライドマスターを適用してみましょう。スライドマスターを編集することでまとめて変更ができます。

[**例題9**]　例題1_営業報告を開き，スライドマスターを編集し上書き保存しましょう。

ファイル名：**例題1_営業報告**

スライドマスター適用前

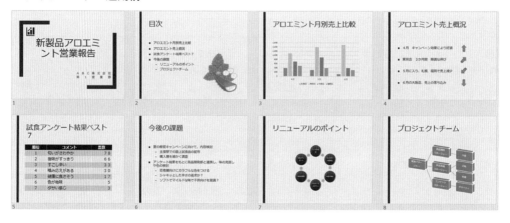

スライドマスター適用後

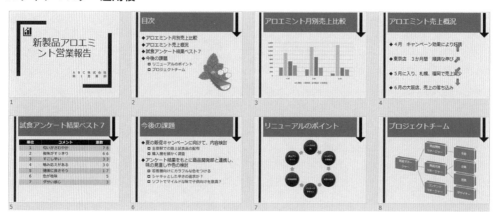

図 4-5-1　スライドマスター

| 操作手順 | スライドマスター |

1) ［表示］タブ［**マスター表示**］［**スライドマスター**］を選択し，スライドマスター表示を開きます。

2) 「マスタースライド」は，ウィンドウの左側に表示されるサムネイルウィンドウの一番上のスライドです。スライドマスターのすぐ下に，関連付けられたレイアウトマスターが表示されます。

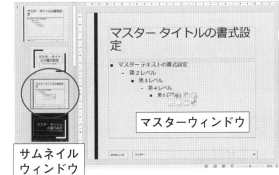

3) 「マスタースライド」を編集すると，そのマスターに基づくすべてのスライドに変更が反映されますが，ここでは，上から3番目の「タイトルとコンテンツ」のレイアウトスライドのみを編集してみましょう。本来，スライドマスターは個々のスライドを作成する前に編集しておくほうがよいです。スライド作成後の修正は，一部反映されない場合もあり，既存のスライドレイアウトを再適用する必要があります。

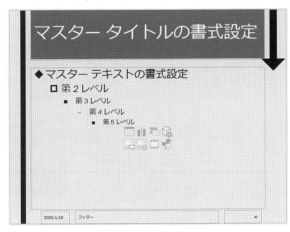

4) 図を参考に練習してみましょう。

①「**タイトル**」プレースホルダーの大きさや位置を調整し，［**描画ツール**］［**書式**］から塗りつぶし，文字色を自由に変更しましょう。（2-11-1 項「図形描画」参照）

②［**ホーム**］タブ［**段落**］［**文字の配置**］から［**上下中央揃え（M）**］を選択し，文字位置を調整します。

③「タイトル」の下のプレースホルダー内の箇条書きレベルのフォントサイズを，第 1 レベルを **28**pt，第 2 レベルを **24**pt とし，それぞれ，［**ホーム**］タブ［**段落**］［**箇条書き**］から，第 1 レベルには「◆」を，第 2 レベルには「□」に変更します。

④［**挿入**］タブ［**図**］［**図形**］から［**ブロック矢印**］「**矢印・下**」を使って，デザインを加えています。
以上，スライドのデザインは自由に選択して変更してかまいません。

5) 最後に，［**スライドマスター**］タブ［**閉じる**］の［**マスター表示を閉じる**］をクリックします。

6) スライド 2 から 8 に変更したレイアウトが適用されますが，スライドによっては変更が反映されない場合があります。例えば，スライド 7，8 はプレースホルダーのサイズを大きくした分，SmartArt が大きく適用されない場合があります。うまく適用されないスライドは，［**ホーム**］タブ［**スライド**］［**レイアウト**］から「**タイトルとコンテンツ**」のレイアウトを再度適用してください。（注）グラフの軸や SmartArt 内の文字の大きさも再度チェックしましょう。

（注）スライドマスターとレイアウトの編集は，個々のスライドを作成する前に行えばレイアウトの再度適用をする必要はなくなります。

4-6 スライドショー

　パソコンを使用したプレゼンテーションを行うための機能として，「**スライドショー**」があります。「スライドショー」機能は，スライドが画面全体に表示され，話の流れに沿って一画面ずつ画面を展開していくものです。実際のプレゼンテーションでは，スライドショーを実行します。プレゼンテーションを行うときは，パソコンに機材を接続し，スクリーンにスライドを映し出します。

4-6-1 スライドショーの実行

図 4-6-1　スライドショー

操作手順 スライドショーの開始と終了

1）作成したスライドを確認するため，スライドショーを実行してみましょう。[**スライドショー**]タブ[**スライドショーの開始**][**最初から**]をクリックしてください。またはステータスバーの〈**スライドショー**〉をクリックしても同じです。

あるいは，F5 を押してスライドショーを実行することもできます。「**1枚目のスライド**」が画面いっぱいに表示されます。

2）スライドショーでは**画面をクリックする**か，Enter または→を押すと，次の画面に変わります。N，↓を使うこともできます。前の画面に戻る時は，Back space または←を使います。あるいは P，↑を使うこともできます。

3）最後は，黒い画面が表示されて，上部に小さく「**スライドショーの最後です。クリックすると終了します。**」のメッセージが表れるとスライドショーの終了です。スライドショーを**途中で終了**するには，キーボード上の Esc を押すか，画面上で右クリックしショートカットメニューから「**スライドショーの終了**」をクリックします。スライドショーが終了すると，元の画面に戻ります。

One Point｜スライド番号を指定して移動する

スライドショーの実行中にスライド番号を入力して Enter を押します。たとえば 5 番目のスライドに移動したいときは，まず「**5**」を入力してから，Enter を押します。

One Point｜ペン・レーザーポインターの利用

スライドショーの実行中に，ペンの機能を使って直接スライドに書き込みができます。スライドショー実行中に画面左下のスライドショーツールボタンをクリックし，〈**ペン**〉や〈**蛍光ペン**〉などペンの種類を選びます。ペンの色は下部の〈**インクの色**〉で変更できます。ショートカットキー（Ctrl＋P）でも開始できます。

また〈**レーザーポインター**〉も利用できます。もともとレーザーポインターは，離れた場所からレーザー光線を用いて，スクリーンの一点を指し示すためのペン型の道具です。会議やプレゼンなどでよく使われています。PowerPoint のレーザーポインターは，スライドショーの画面に，レーザー光線が当たっているような図形がマウスポインターの代わりに表示される機能です。スライドショー中に，レーザーポインターに変更したい場合は，ショートカットキー（Ctrl＋L）を使うとスムーズに利用できます。

4-6-2　目的別スライドショー

　同じスライドを利用していろいろな場面でプレゼンテーションを実施する場合，与えられた発表時間が異なる場合も多いでしょう。たとえば，「**20 分で発表したプレゼンテーションを今回は 5 分で行う**」などの場合，それぞれ別のプレゼンテーションファイルを事前に作成しておくのは繁雑です。

　[スライドショー]タブ[**目的別スライドショー**]から[**目的別スライドショー（W）**]を選択し[**新規作成（N）**]で 5 分間で発表するスライドだけを事前に選択し，目的別スライドを作成しておきます。この場合，たとえば[**スライドショーの名前（N）**]に「**5 分プレゼン**」という名前をつけておくと便利です。OK をクリックし[**閉じる（C）**]で終了します。実際にプレゼンテーションを実行する時に[**目的別スライドショー**]から，目的別スライドショー名（「**5 分プレゼン**」）を選択し実行ます。

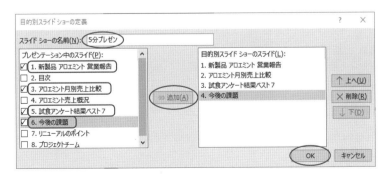

図 4-5-2　目的別スライドショー

4-6-3 リハーサル

与えられた時間内にプレゼンテーションを実行する場合，事前に時間内に収まるように何度か**リハーサル**を行っておくべきです。どんなに内容が良くても時間を超過することは避けなければなりません。PowerPoint では，[**スライドショー**]タブ[**設定**][**リハーサル**]を使用して，簡単にタイミングを記録することができます。

操作手順 リハーサル

1）[**スライドショー**]タブ[**設定**][**リハーサル**]をクリックします。スライドショーのリハーサルが開始され，時間の記録が始まります。実際に本番を想定してプレゼンテーションを実行しましょう。記録したタイミングは基本的には保存せずに繰り返し練習することを勧めます。

2）記録したタイミングで自動プレゼンテーションを実行することもできます。[**スライドショーの記録**]をクリックし，ナレーションとともにスライドショーを記録できます。リハーサルの記録を削除するには，[**スライドショーの記録**][**クリア**]を選択します。

One Point | 非表示スライドに設定

スライドショーで，表示したくないスライドに対して，非表示の設定ができます。表示したくないスライドを選択し，[**スライドショー**]タブ[**設定**][**非表示スライドに設定**]をクリックします。非表示のスライドを選択すると，「非表示スライドに設定」がグレーになっています。

One Point | ファイルのショートカットからスライドショー実行

エクスプローラーのファイル表示から，ファイル名を右クリックし，ショートカットメニューから[**表示(h)**]を選択すると，PowerPoint を起動せずに，直接スライドショーが実行できます。

4-7 画面切り替えとアニメーション効果

スライドショー実行時の画面切り替え効果やアニメーション効果について学びましょう。特に文字や画像に設定するアニメーション効果は，スライドをわかりやすく見せるための有効な機能です。

4-7-1 画面切り替え効果

[例題 10]

すでに作成した「例題 1_営業報告.pptx」を開き，[**ファイル**]タブ[**名前を付けて保存**]をクリックして，ファイル名を「**例題 2_アニメーション効果**」として保存してから始めます。**画面切り替え効果**を設定しましょう。

ファイル名：**例題 2_アニメーション効果**

スライドショーを実行するときの画面全体の特殊効果のことを「**画面切り替え効果**」といい，スライドの切り替えに動きをつけることができます。画面切り替え効果は，必ず設定しなければならないものではありません。動きが激しい画面切り替えなどは，かえって実際のプレゼンにそぐわない場合もあるでしょう。必要に応じて使いましょう。

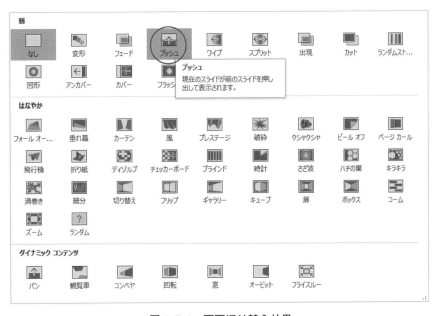

図 4-7-1　画面切り替え効果

226

操作手順 画面切り替え

1) スライド1を表示させ, [**画面切り替え**]タブ[**画面切り替え**]の右端の ▼ を
クリックします。図4-7-1「画面切り替え効果」から〈**プッシュ**〉を選択してみ
ましょう。

2) [**効果のオプション**]の▼ボタンから[**右から (R)**]を選択する
と, 切り替えの方向を変更することができます。

3) [**画面切り替え**]タブ[**タイミング**][**すべてに適用**]をクリックす
ると, 各スライドのサムネイルに星マーク ★ が表示され, す
べてのスライドに同じ効果が適用されます。(下の図4-7-2「ア
ニメーションの設定」参照)

4) [**画面の切り替え**][**プレビュー**]または, 実際に[**スライドショー**]タブ[**最初から**]を
クリックし, 結果を確認しましょう。その他, いろいろな効果を試してみましょう。

One Point 画面切り替え効果の解除

画面切り替え効果を解除する場合は, [**画面切り替え**]の一覧から[**なし**]を選択し, [**すべてに適用**]をクリック
します。

4-7-2 アニメーション効果

[例題11] 目次の箇条書きテキストの文字に, アニメーション効果を設定しましょう。

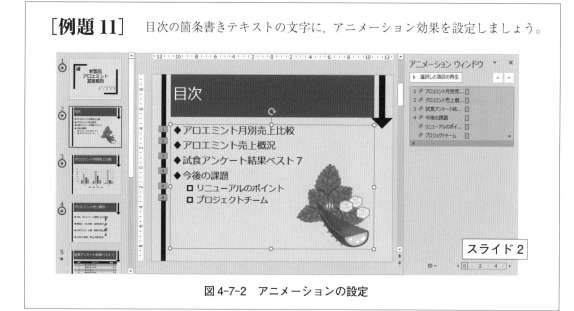

図4-7-2　アニメーションの設定

アニメーション効果とは, スライド内のオブジェクトに, さまざまなアニメーションを設定するこ
とです。スライドのタイトル, 箇条書きなどのテキスト, 図形, グラフなどに**動き**をつけて, **効果的
なプレゼンテーション**を作成できます。

アニメーション効果には, **開始**, **強調**, **終了**, **アニメーションの軌跡**があります。これはアニメー
ション効果を開始するタイミングの設定です。いろいろ試してみましょう。

操作手順 1 文字のアニメーション効果

1) まず，図 4-4-1 のスライド 2 の目次部分が表示されているプレースホルダーを選択します。

2) [**アニメーション**]タブ[**アニメーション**]の▼ボタンをクリックします。[**アニメーション ギャラリー**]が表示されるので，右図のように[**開始**][**スライドイン**]を選びます。

3) [**効果のオプション**]から，方向は〈**右から(R)**〉を選択します。〈**プレビュー**〉ボタンをクリックして，再度スライド上で効果を確認してみましょう。他の効果も試してみましょう。

操作手順 2 アニメーション効果の詳細設定

アニメーションのタイミングは以下の種類があります。

①**クリック時(C)**

②**直前の動作と同時(W)**

③**直前の動作の後(A)**

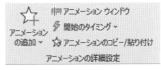

1) [**アニメーション**]タブ[**アニメーションの詳細設定**]⏱◀**アニメーション ウィンドウ** ボタンをクリックすると，画面の右側にアニメーションウィンドウが表示されます。

2) 〈アニメーションウィンドウ〉の「リニューアルのポイント」という項目を選択し，右側の▼ボタンをクリックします。[**直前の動作の後(A)**]を選択して，右側のアニメーションのタイミングが右にずれたことを確認しましょう。「**今後の課題**」という文が表示された直後に，自動的に「リニューアルのポイント」が表示されます。（図 4-7-3 参照）

3) 「プロジェクトチーム」という項目も同様に，[**直前の動作の後(A)**]を設定しましょう。実際にプレゼンテーションを実行して，動きを確認してみましょう。

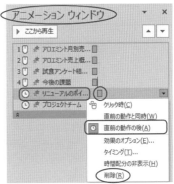

図 4-7-3　アニメーション効果

 One Point｜アニメーション効果の解除

> アニメーション効果が設定されているプレースホルダーを選択して，アニメーションウィンドウの文字列の右側の▼ボタンから[**削除(R)**]をクリックすることで，設定したアニメーション効果を解除できます。

[**例題 12**]　グラフや図などにも同様にアニメーション効果を設定することができます。グラフに以下のアニメーション効果を設定してみましょう。

アニメーション　　〈開始〉〈フロートイン〉
効果のオプション　〈方向〉〈フロートアップ(U)〉
　　　　　　　　　〈連続〉〈系列の要素別(E)〉

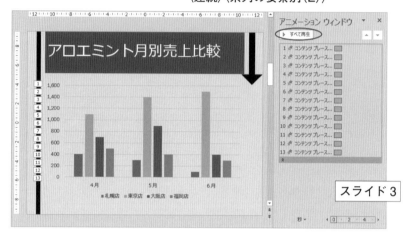

図 4-7-4　グラフアニメーション

|操作手順|　グラフアニメーション

1) 図 4-4-1「営業報告スライド」のスライド 3（アロエミント月別売上比較）を表示させて，グラフ部分を選択します。[**アニメーション**]タブ[**アニメーション**]〈開始〉から〈**フロートイン**〉を選択すると，グラフ全体にアニメーション効果が設定されます。

2) 系列別にアニメーションを実行するには，[**効果のオプション**]から，[**連続**]「**系列の要素別(E)**」をクリックします。[**アニメーションウィンドウ**]内の[**選択した項目の再生**]をクリックすると再度確認することができます。

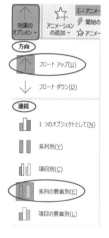

↓[問題]

練習①

　例題 10 ファイル名「**例題 2_アニメーション効果**」のスライド 4（**アロエミント売上概況**）の文字や図形にアニメーション効果を設定してみましょう。1 行ごとに文字列が表示されると同時にストライプ矢印が表示されるようにしてください。上書き保存しましょう。

文字列	〈開始〉〈スプリット〉〈クリック時〉
ストライプ矢印	〈開始〉〈グローとターン〉〈直前の動作と同時〉

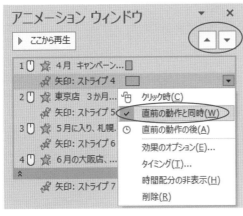

図 4-7-5　アニメーションの開始

作成のヒント：

▲ ▼ボタンで**順序**を調整することができます。

「**4 月キャンペーン…**」の後のストライプ矢印は[**直前の動作と同時（W）**]に設定しましょう。他の矢印も同様です。

図形にアニメーション効果を設定するときは，Shift（または Ctrl）で複数の図形をまとめて選択し，効果の設定をしてから，タイミングを調整しましょう。

4-7-3　アニメーションの追加

［例題 13］　上の練習 1 で開始のアニメーション効果を設定したスライド 4 のストライプ矢印にアニメーションを追加しましょう。

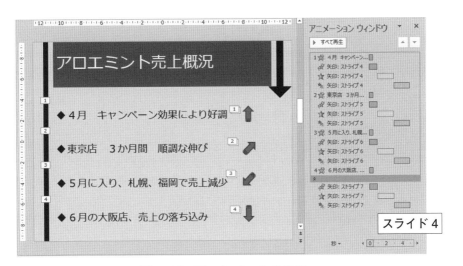

図 4-7-6　アニメーションの追加

　アニメーション効果は「**開始**」以外に**強調，終了，アニメーションの軌跡**を追加することができます。ここでは，画像にアニメーション効果を追加してみましょう。

操作手順　**アニメーションの追加**

　　　　　　1）「営業報告スライド」のスライド4(アロエミント売上概況)
　　　　　　　　スライドを表示させて，[Shift](または[Ctrl])を押しながら4つの矢印の図形を選択しましょう。

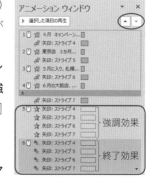

2）[**アニメーション**]タブ[**アニメーションの詳細設定**][**アニメーションの追加**]をクリックし，[**強調**]〈**塗りつぶしの色**〉を選択します。[**強調**]の効果が追加されました。塗りつぶしの色は，[**アニメーション**]の[**効果のオプション**]から変更できます。

3）再度[Shift]を押しながら4つの矢印の図形を選択します。
[**アニメーション**]タブ[**アニメーションの詳細設定**]から，さらに[**アニメーションの追加**]を選択し[**終了**]〈**ターン**〉を選択し追加します。

4）最後に順序を調整し，下記のように設定してください。
　実際にスライドショーを実行して動きを確認しましょう。

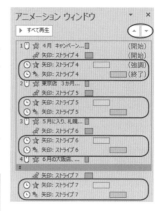

文字列と矢印(アニメーションの種類)	タイミング	動き
文字列(開始)	クリック時	スプリット
ストライプ矢印(開始)	直前の動作と同時	グローとターン
ストライプ矢印(強調)	直前の動作の後	塗りつぶしの色
ストライプ矢印(終了)	直前の動作の後	ターン

5）アニメーションの設定の種類をまとめてみます。

アニメーションの種類	動き	アイコンの色
開始	最初は表示されず，開始によりオブジェクトが表示される。	緑色
強調	表示されているオブジェクトに対して強調の効果をつける。	黄色
終了	表示されているオブジェクトが，終了により非表示になる。	赤色
アニメーションの軌跡	オブジェクトが軌跡により移動する。	水色

6）最後に，ファイル名「**例題2_アニメーション効果.pptx**」を上書き保存しましょう。

　アニメーションの軌跡

　アニメーションの軌跡は，[**アニメーション**]タブ[**アニメーション**]〈**アニメーションの軌跡**〉または〈**その他のアニメーションの軌跡効果(P)**〉から選択することができます。アニメーションの軌跡は，アニメーションの動きを指示することができます。例えば，人型のアニメーション画像を使って，スライドショー時に「会場内の順路」を示したりすることができます。

4-8　プレゼンテーションの印刷

プレゼンテーションの印刷は，用途に応じて，いろいろな方法があります。
　発表用のスライドを印刷しておくこと以外に，聞き手に配布する資料を作る必要もあります。
PowerPoint のいろいろな資料の作成や印刷について確認しましょう。

4-8-1　スライド・配布資料の印刷

図 4-8-1　スライドの印刷

操作手順 1 印刷プレビューと印刷

1) Word や Excel の印刷と同様に[**ファイル**]タブ[**印刷**]をクリックすると，右側に[**印刷プレビュー**]画面が表示されます。[**設定**][**フルページサイズのスライド**]が選択されていますが，このまま印刷すると，スライド 1 ページが 1 枚の用紙に印刷されます。[**フルページサイズのスライド**]の▼ボタンから，印刷レイアウトを変更することができます。

2) カラーのスライドをモノクロで印刷する場合は，[**設定**][**カラー**]の▼ボタンから，次のような 2 種類の指定が可能です。目的に応じて選んでください。

- **グレースケール**：カラーの色調に応じて，グレーのハーフトーンで印刷します。
- **単純白黒**：白黒に置き換えて印刷します。

3) 印刷画面から，〈**ヘッダーとフッターの編集**〉をクリックし，ヘッダーやフッターを挿入することができます。

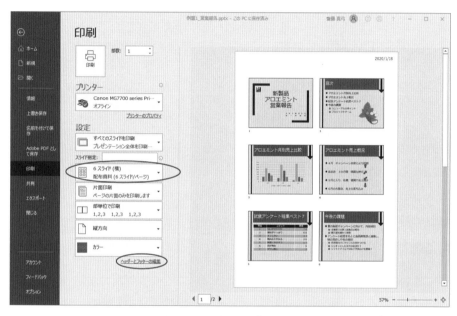

図 4-8-2　印刷オプション

操作手順 2 配布資料の印刷

1) 印刷画面から[**設定**][**フルページサイズのスライド**]の▼ボタンをクリックし，**配布資料**の中から，1 ページあたりのスライド数(1〜9)を設定することができます。図 4-8-2 は，[**6 スライド(横)**]に指定した例です。

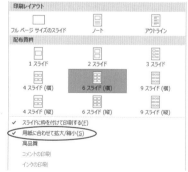

2) [**6 枚スライド(横)**]を選択し，プレビュー画面で確認しましょう。

3) スライド数を[**3 スライド**]にすると，用紙の左半分に 3 枚分のスライドが縮小され，右半分が**メモ**の形になります。

4) [**用紙に合わせて拡大/縮小(S)**]にチェックを入れると，スライドが一回り大きくなりますが，印刷するたびにチェックしなければなりません。

第 4 章

| 操作手順 3 | ノート・アウトラインの印刷

1) ノート印刷の方法は，スライドや配布資料の印刷方法と同じです。印刷プレビュー画面から，[**設定**]〈**印刷レイアウト**〉を〈**ノート**〉に設定します。ノートペインに書き込んだ内容がスライド単位に一緒に印刷されます。

2) アウトライン表示印刷は，[**設定**][**印刷レイアウト**]を[**アウトライン**]に設定します。アウトラインの部分が印刷されるので，プレゼンテーションの流れを検討するときに便利です。

One Point ✋ | ヘッダーとフッター

Word や Excel にもヘッダーとフッターが設定できました。PowerPoint の場合は，「**スライド**」には日付と時刻，スライド番号，フッターを追加することができ，「**ノートと配布資料**」には，日付と時刻，ページ番号，ヘッダー，フッターを追加することができます。（右図）

[**挿入**]タブ[**テキスト**][**ヘッダーとフッター**]ダイアログボックスから設定します。〈**すべてに適用（Y）**〉をクリックすると，複数枚の資料に共通して表示することができます。印刷プレビュー画面の[**ヘッダーとフッターの編集**]からも設定できます。

One Point ✋ | プリンターのプロパティから設定する割り付け印刷

PowerPoint の印刷の設定から選択する印刷方法以外に，プリンターのプロパティから**割り付け印刷**を選択して，資料を印刷することもできます。方法は，プリンターの種類により違いますが，大きめに印刷できるので便利です。

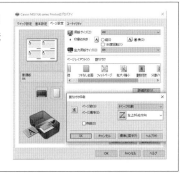

⬇[問題]

練習②

ファイル名「**例題 1_営業報告.pptx**」を配布資料 **6 スライド（横）**で，**配布資料**にはページ番号をつけて，6 枚のスライドが A4 用紙に入るように印刷しましょう。印刷は 2 ページになるので，両面印刷ができるプリンターの場合は，両面印刷にしてみましょう。（注）

（注）ワンポイント「ヘッダーとフッター」を参照し，スライド番号，ページ番号をつけましょう。

4-9 より効果的なプレゼンテーション

　より効果的なプレゼンテーションをサポートするために，PowerPoint には多くの機能が用意されています。プレゼンテーションの基本を十分に学習した後，更にさまざまな機能について学習しましょう。

4-9-1 ハイパーリンクの設定

　ハイパーリンクとは特定のスライドから別のスライド，他のプレゼンテーションのスライド，電子メールアドレス，Web ページ，またはファイルへ接続することです。
　ハイパーリンクは，**テキスト**または**オブジェクト**（図，グラフ，図形，ワードアートなど）から設定できます。

|操作手順| ハイパーリンクの設定

1) ハイパーリンクを設定するオブジェクト，つまりテキストや画像などを選択します。ここでは，スライド 2（目次）の「**アロエミント売上概況**」を選択しその文字に，スライド 4（アロエミント売上概況）へのリンクを設定します。

2) ［**挿入**］タブ［**リンク**］［**リンク**］［**リンクを挿入(I)**］をクリックし，［**リンク先**］は［**このドキュメント内(A)**］を選択します。図 4-9-1 のようなウィンドウが表示されます。

3) ［**ドキュメント内の場所(C)**］を「**4. アロエミント売上概況**」にして OK をクリックします。

4) 目次スライドからハイパーリンクを確認しましょう。

5) ハイパーリンクの設定は，右クリックで，ショートカットメニューの中から選択することもできます。

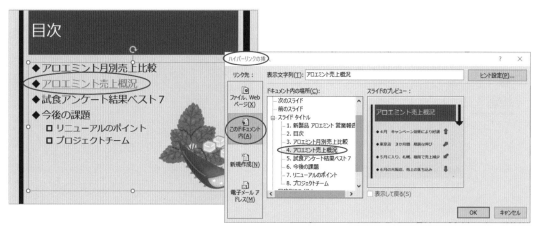

図 4-9-1　ハイパーリンク

4-9-2　PDF 形式の保存

PowerPoint のスライドは **PDF**（Portable Document Format）形式で保存することができます。**PDF 文書**にすることにより，パソコンの使用環境にかかわらず，閲覧できます。

図 4-9-2　PDF 形式で保存

操作手順　PDF 形式の保存

1）ファイル保存時に，［**ファイルの種類（T）**］を「**PDF（*.pdf）**」に変更し，保存します。拡張子が変わるので，ファイル名を変更する必要はありません。「**例題 1_営業報告.pdf**」で保存されます。

2）保存された「**例題 1_営業報告.pdf**」は，ダブルクリックで開くことができます。OneDrive に保存すれば，スマホでログインすることでスマホからも閲覧できます。（図 4-9-3 参照）

図 4-9-3　PDF 文書をプログラムから開く（スマホ画面）

4-9-3 発表者ツール

スライドショー実行中に，**発表者専用の画面**を利用できます。つまり，聞き手側のプロジェクター画面には通常のスライドショーを表示し，発表者側のパソコンには**発表者ビュー**を表示することができます。発表者ビューには，現在表示しているスライド，次に表示するスライド，経過時間，ノートなどが表示されるので，操作に慣れれば，スムーズなプレゼンテーションを行うことができます。

図 4-9-4　発表者ビュー

操作手順 発表者ビューの表示

1) パソコンを機器に接続し，［**スライドショー**］［**モニター**］の［**発表者ツールを使用する**］にチェックが入っているか確認しましょう。

2) スライドショーを実行します。

3) 発表者側のモニターには，［**メモ**］が表示されると同時に，次に表示されるスライドが表示されます。閲覧者側は，通常のスライドショー画面が表示されます。

↓[問題]

練習1　作成のヒントを参考に，以下のプレゼンテーションを作成してみましょう。

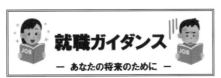

スライド1

スライド2

スライド3

スライド4

スライド5

スライド6

（注）スライドの右下の★マークは，アニメーションの設定があることを示しています。

作成のヒント：

　このプレゼンテーションには，スライドのテーマ(4-3-1 項「スライドのデザイン」参照)は適用していません。フォントは主にゴシック系を使用しています。

スライド1　図4-2-4「**スライドのレイアウト**」「**タイトルスライド**」を利用し，タイトル「**就職ガイダンス**」に**枠線**を入れます。

スライド2　図4-2-4「**スライドのレイアウト**」「**タイトルとコンテンツ**」を利用し，タイトルプレースホルダーを**塗りつぶして**ください。
　　　　　　スライドマスター機能を使用することもできます。(4-5 節「スライドマスター」参照)

スライド3　Step1〜Step4 の同じ図形は，コピーして作成しましょう。このスライドには**アニメーションの設定**がされています。図を参考にして設定しましょう。[**スライドイン**]，効果のオプションを[**個別**]に設定します。
　　　　　　SmartArt を利用していますね。[**リスト**][**グループリスト**]の図形を追加して作成しています。大きさを調整し
　　　　　　このスライドにある右矢印の図形には，[**ワイプ**]を選択し，[**効果のオプション**]で，[**左から**]を選択してください。

スライド3の動き

スライド4の動き

スライド4　中央にある画像は[**挿入**]タブ[**画像**][**オンライン画像**]から「**フリー素材　人**」などのキーワードで検索して好きな画像を挿入します。画像には著作権がありますから，フリー画像などを利用しましょう。(注)3 つある説明文を囲む四角枠は図形描画を使っていますね。箇条書きや段落番号は Word で勉強しましたね。アニメーションの設定は右図を参考にしてください。
　　　　　　(注) フリー素材サイト「いらすとや」の画像を使用しています。

スライド5　4-2-2 項図 4-2-5「**スライドのレイアウト**」から「**2 つのコンテンツ**」を利用して作成しましょう。また，**箇条書き**を段落番号に変更しましょう。箇条書きレベルにも注意してください。アニメーションは自由に設定しましょう。

スライド6　「**スライドのレイアウト**」から「**タイトルとコンテンツ**」を利用しますが，必要に応じてテキストボックスを追加しましょう。テキストボックスは[**挿入**]タブ[**テキスト**][**テキストボックス**]から[**横書きテキストボックス(H)**]で追加できます。

↓[問題]

ファイル名：**練習 2_プラネタリウム**

練習 2　PowerPoint を使って，ポスターを作成してみましょう。スライドのサイズを変更して作成しましょう。

作成のヒント：

1) [**デザイン**]タブ[**ユーザー設定**]の[**スライドのサイズ**][**ユーザー設定のスライドのサイズ(C)**]から[**スライドのサイズ指定(S)**]を「**A4**」サイズにして，スライドの印刷の向き「**縦(P)**」に設定し OK をクリックします。

2) 背景を右クリックし，[**背景の書式設定(B)**]を選択します。[**塗りつぶし（図またはテクスチャ）(P)**]を〈**画像ソース**〉[**挿入する(R)**]をクリックし，[**図の挿入**]ダイアログボックスから[**オンライン画像**]などを利用しましょう。作成例では，「いらすとや」の画像を使っています。

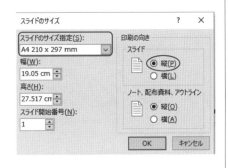

日時：7月24日（土）15：30〜17：00
料金：大人（高校生以上）300円／小・中学生100円
定員：86名（小学生以上）
締切日は7月3日（水）必着

往復ハガキによる申し込み抽選制です。
下記の募集要項をよくご確認の上、申し込んでください。

天体写真家による、星空の生解説です。星に関する多数の
エピソードが聴けますよ。

品川プラネタリウムセンター
℡ 03-9999-0000 ✉ star-shinagawa@shina.com

練習 3　自由なテーマでポスターを作成しましょう。

ファイル名：**練習 3_自作ポスター**

240

↓[問題]

ファイル名：**練習4_論文募集**

練習4　以下のようなポスターを作成してみましょう。

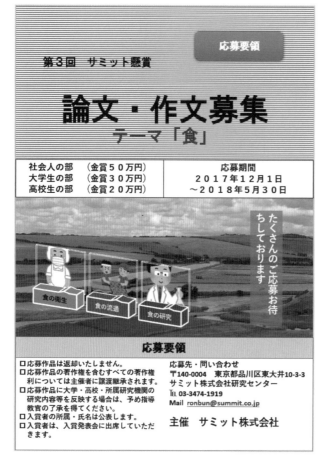

作成のヒント：

1) スライドのサイズを変更し，A4縦にします。

2) 横書きテキストボックス，縦書きテキストボックスを使用し，文字を入力しましょう。背景はパターンで塗りつぶしをしています。

3) 「応募要項」は〈四角形：角を丸くする〉の図形に文字を入れています。[図形の効果]で影(S)をつけています。

4) 「社会人の部」の部分は，1行×2列の表を挿入しています。

5) 縦書きの部分は塗りつぶしの色が透けて見えるようにします。[図形の塗りつぶし]の[色の設定]ダイアログボックス下部の[透過性(T)]で調整します。

6) イラストの部分は，[挿入]タブ[図][SmartArt]をクリックし，[SmartArtグラフィックの選択]ダイアログボックスから[図][自動配置の表題付き画像リスト]を使用しています。[SmartArtのスタイル]を「3D」「ブロック」を選択すると，図のようになります。イラスト画像や写真は好きな画像を使いましょう。

7) 応募要領の部分は，**横書きの2段組み**に設定し，行頭は**箇条書きの行頭文字**を使用しています。

8) 配色を考えて作成しましょう。スライドのサイズを変更すれば，大きいサイズのポスターや，はがきサイズに印刷することもできます。

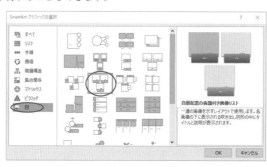

索引

《著者略歴》

齋藤　真弓

　　元山脇学園短期大学准教授

　　文京学院大学経営学部講師

　　日本大学商学部講師

　　元青山学院女子短期大学講師

海老澤　信一

　　文京学院大学名誉教授

　　元文京学院大学経営学部教授（学部長）

　　元日本大学商学部講師

　　元文教大学経営情報専門学校講師（教務部長）

　　元㈱日本ユニバックシステムエンジニア

《表紙デザイン》

齋藤　佐代子

1998年3月11日　　　初版第1刷　発行
2020年4月30日　　　新訂7版第1刷　発行
2023年4月18日　　　　　第2刷　発行

新訂7版・情報リテラシー基礎——入門からビジネスまで

著　　者　　　齋　藤　真　弓
監修・著　　　海　老　澤　信　一
発　行　者　　　脇　坂　康　弘

発　行　所　　　株式会社　同　友　館
東 京 都 文 京 区 本 郷 3 丁 目 38 番 1 号
TEL (3813) 3966　FAX (3818) 2774
URL https://www.doyukan.co.jp/

落丁・乱丁本はお取り替えいたします。　　　三美印刷／松村製本所

ISBN978-4-496-05473-0　C3030　Printed in Japan